대자유로 가는 길
나는 없다

대자유로가는 길
나는 없다

초판 1쇄 발행 2007년 4월 27일
초판 12쇄 발행 2023년 4월 12일

지은이 무위 해공

펴낸이 김현태
펴낸곳 책세상
등록 1975년 5월 21일 제2017-000226호
주소 서울시 마포구 잔다리로 62-1, 3층 (04031)
전화 02-704-1251
팩스 02-719-1258
이메일 editor@chaeksesang.com
광고·제휴 문의 creator@chaeksesang.com
홈페이지 chaeksesang.com
페이스북 /chaeksesang   **트위터** @chaeksesang
인스타그램 @chaeksesang   **네이버포스트** bkworldpub

ISBN 979-11-5931-628-8 03200

ⓒ 무위 해공, 2007

• 잘못되거나 파손된 책은 구입하신 서점에서 교환해드립니다.
• 책값은 뒤표지에 있습니다.

대자유로 가는 길
나는 없다

무위 해공 지음

책세상

윤회는 없다
천국과 지옥도 없다
사후세계도 없다
그 모든 것은
인간의식이 만들어낸
환상에 불과하다

| 머리말 |

　60억 인류 가운데 그 누구라도 자신의 삶에 뒤집어 씌워져 있는 온갖 굴레를 벗어던지고 어디에도 걸림이 없는 자유를 누리며 행복한 인생 살기를 바라지 않는 사람은 없을 것이다. 그러나 현실은 어떠한가? 자유는커녕 시간이 흐르면 흐를수록, 나이가 들면 들수록, 재산과 권력과 명예가 쌓이면 쌓일수록 깊은 수렁에 빠져들어 자유로운 삶이나 행복한 삶과는 점점 거리가 멀어져가고 있다. 정신은 황폐해지고, 육체는 병들었으며, 모든 사람과 환경이 호시탐탐 나를 노리는 적처럼 보인다. 현대인들은 이처럼 사방이 꽉 막혀있는 질식할 것 같은 현실 속에서 하루하루 인생을 살아가고 있다. 항상 다람쥐 쳇바퀴 도는 듯한, 희망이라고는 전혀 찾아볼 수 없는 이러한 삶 속에 갇혀있는 것이다.
　몇 해 전 이웃나라 일본에서 커다란 관심을 끈 사건이 있었다. 몇몇 대기업 간부들이 어느 날 갑자기 증발되어 추적해보니, 시골의 온천장에서 신발정리하는 날품팔이 일을 하고 있더라는 것이다. 일류대학을 졸업하고 일본사회의 엘리트로서 부족함 없는 지위를 가지고 있던 그들이 왜 그러한 선택을 했는가 알아봤더니, 업무에서 오는 스트레스와 가족들로부터 받는 압박감에 도저히 숨을 쉴 수 없는 지경에 이르게 되어 모든 것으로부터 자유로워지고자 잠적했다는 대답이었다. 그러나 문제는 그들이 현실을 도피해서 시골이나 산으로 들어갔다 할지라도 정말 자기 인생에 있어서 자유를 찾을 수 있겠느냐는 것이다.

지금 내가 살아가고 있는 이 자리, 이 현실에서 그 문제를 극복하지 못한다면 몸이 어디에 가있든 상관없이 자유를 얻기 힘들다. 먼저 의식이 결정하게 되면 몸과 마음이 그 결정에 따라 행동으로 옮기는 것이기 때문에, 세상 속에 있든지 산 속에 있든지 상관없이 의식을 먼저 해결해야 된다. 의식이 자유를 얻지 못하면 몸과 마음이 어디에 있든지 역시 자유를 얻을 수 없다. 그렇다면 우리는 이 현실 속에서 닥쳐오는 모든 고통과 번뇌를 떨쳐내고 참 자유를 누릴 수 있는 방법을 알아야 한다. 몸이 도망간다고 해서 해결되는 것이 아니기 때문이다. 어디에 있건, 무슨 일을 하건 속박을 벗어나 자유로운 삶을 영위할 수 있는 방법을 찾아야 한다.

대자유인이 되는 방법을 찾기 위해서 이제까지 수없이 많은 사람들이 노력을 해왔다. 그것을 우리는 보편적으로 '도(道)'라고 부른다. 인생에 있어 구속된 우리의 삶을 해결하고 대자유를 누릴 수 있는 참진리를 깨닫기 위해서 바른 길을 알려줄 스승과의 만남은 너무도 중요한 문제다. 역사 이래로 수없이 많은 사람들이 대자유 찾기를 갈망했으나 완전한 깨달음을 체득하고 대자유인이 되기는 너무 힘이 들었다. 그 이유는 깨달음에 이를 수 있는 정확한 방법을 제시해 주는 참스승을 만나지 못했기 때문이다.

석가모니 부처님은 자신이 너무도 어렵게 체득한 깨달음의 경지를 다른 사람들도 도달할 수 있도록 쉽고 간단한 방법으로 이끌어 주었다. 모르는 길을 갈 때는 헤매게 되어 있지만, 일단 목적지에 도달한 사람은 자신의 시행착오를 되풀이하지 않게끔 다른 사람들을 이끌 수 있는 법이다.

그러나 현재의 종교계와 정신세계에서는 도맥이 끊기고 깨달은 사람의 부재로 말미암아 맹인이 맹인을 인도하는 웃지 못할 상황이 벌어지고 있다. 옛 성현들의 껍데기에 불과한 종교적 교리와 수행법에 매여서 기술적이고 개념적인 방법만 추구하고 있다. 방편에 속으면 테크닉만 개발될 뿐, 평생을 닦는다 해도 깨달을 수 없다. 그러므로 구도자에게 있어서 먼저 깨달은 스승을 만난다는 것은 너무도 중요하다. 그러한 관점에서 볼 때 스승의 정확한 안내 없이 무조건적인 믿음, 기도, 주문, 참선, 화두, 명상, 요가, 단전호흡 등으로 막연하게 수행해서는 깨달음을 체득하기 힘들다.

참스승을 만나기 위해서는 먼저 마음이 비워져 있어야 한다. 문제는 현대인들이 너무나 에고가 강하다는 데 있다. 오랜 세월동안 자기 나름대로 정립해 놓은 교리적 진리체계가 고정관념이 되어 너무도 강하게 마음속에 박혀있다. 그리고 그것은 또 다른 에고를 형성한다. 참으로 어린아이처럼 순수한 사람에게는 진리란 너무나 단순하고 쉬운 것이다. 인간의 복잡한 머리 때문에 오히려 깨달음이 방해를 받는다. 본래성품을 깨닫는 데 알아듣기도 힘든 그 많은 용어들이 무슨 소용이 있단 말인가. 오로지 "현상계에 존재하는 모든 사물에는 독립된 인격체로서의 '나'라는 것은 없다"는 사실을 가슴으로 체득해 일체 시비분별이 끊어진 중도(中道)에 머물 때, 더 이상 '나'라는 착각에 빠지지 않는 상태, 즉 '무아'를 깨닫는 것이다.

미얀마에서 수행을 마치고 돌아와 깨달은 진리를 정리해서《완전한 깨달음》을 펴낸 후 1년 동안 제자들에게 명상을 지도하면서 진리에 대한 이론정립이 선결돼야 한다는 것을 절실하게 느꼈다. 일주일에 4~5시간씩 강론을 하면서 진리에 대해 가장 기본적인 것에서부터 가장 깊이 있는 것까지 총망라하다보니 어느 때는 망원경으로, 또 어느 때는 현미경으로 살펴보았다.

이렇게 만들어진 강의록과 먼저 쓴 책에서 핵심만 뽑아 한 권의 책으로 묶은 것이 바로 이 책이다.

전체인 숲과 부분인 나무를 동시에 볼 수 있는 안목이 갖추어져야만 진리를 바르게 볼 수 있다. 이 단계가 되면 이제는 실수행을 통해서 자아에 대한 집착이 끊어져야 하고 모든 것에 대해 시비하고 분별하는 마음이 사라져야 한다. 그때야 비로소 안과 밖에서 일어나고 사라지는 모든 현상을 있는 그대로 바라볼 수 있게 된다. 그렇게 되면 일체 매이는 바 없는 여여한 상태에서 본래의 내가 없다는 무아를 체득하게 된다. 그러나 실제에 있어서 현대의 구도자들은 너무도 안타까운 상태에 처해있다.

현대 문명의 복잡성과 에고를 충족시켜주는 세속적 재미가 도처에 깔려있어서 많은 사람들이 그 수렁에서 허우적거리느라 참진리에 눈을 돌릴 여유가 없다. 설사 세상의 물질과 권력, 그리고 명예의 허망함을 알고 구도의 세계에 뛰어든다 해도 상황은 그렇게 호락호락하지 않다. 참진리를 찾는 일은 드넓은 모래밭에서 바늘을 찾는 것보다 더 힘든 상황이기 때문이다. 수천 년을 내려온 전통 있는 종교든, 새 시대 새 기운을 받고 나왔다는 신흥종교든 에고를 더욱더 강화시켜주는 점에서는 매한가지일 뿐이다.

이미 왜곡될 대로 왜곡되어버린 혼돈의 시대에 어떻게 밝은 눈과 열린 귀를 찾을 수 있을까.

오직 인연이 있을 뿐이다.

이제 때가 되어 소중한 인연을 만나 진리가 세상에 빛을 보게 되었다. 참으로 고마운 일이다.

정해년 봄
무위 해공

차례

머리말 ······· 5

완전한 깨달음 ······· 13
  진리란 무엇인가 ······· 15
  절대와 상대는 하나 ······· 52
  윤회와 우주론 ······· 70
  시간과 공간의 비밀 ······· 92
  무아연기와 개체 윤회 ······· 104
  왜곡된 진리적 용어들 ······· 127

구도자의 길 ······· 141
  깨달음이란 무엇인가 ······· 143
  깨달음의 순간 ······· 157
  깨달음을 검증하다 ······· 168

종교는 방편이다 185
    종교란 달을 가리킨 손가락이다 187
    불교 사상 190
    기독교 사상 210

101가지 지혜 227

질문과 대답 265

깨달음의 노래 305

완전한 깨달음

진리란 무엇인가

진리란 무엇인가? 진리에 대한 올바른 개념정립이 되어있지 않고서는 수행을 하든, 명상을 하든, 또는 흔히 말하는 도를 닦는다고 오랜 세월동안 노력해도 모두 헛수고가 되는 일이 비일비재하다.

스님들을 비롯해 이 땅의 많은 구도자들이 올바른 진리를 정립하지 못한 상태에서 몸과 마음을 닦기 때문에 너무나 큰 고생에도 불구하고 참진리를 깨닫지 못하는 안타까운 실정이다. 이처럼 진리에 대한 정확한 이론적인 정립이 선행되어야 한다는 것을 절실히 느끼기에 먼저 그 이야기를 하고자 한다.

왜 깨달아야 하는가

진리가 무엇인가에 대해 이야기하기 전에 우리가 '왜 깨달아야 하는가'라는 근본문제부터 생각해보자. 이 문제는 너무나 중요하지만 한마디로 대답하기란 아주 막연하다. 왜 깨달아야 하는가? 구도자들은 왜 세상의 많은 유혹을 다 뿌리치고 참으로 고생스럽고 힘들

뿐, 누구도 알아주지 않는 깨달음을 향한 구도의 길을 가는 것일까? 거기에는 반드시 목적과 이유가 있다.

첫째는 삶의 고통을 없애기 위해서다. 이것은 석가모니 부처님이 모델을 보여주셨다. 석가모니 부처님이 출가를 한 이유는 인간이 살아가면서 항상 겪는 근본적인 문제인 생로병사의 고통을 해결하기 위해서였다. 불교에서 "인생은 고해(苦海)"라고 말한다. 왜 인생이 고통의 바다일까? 인생, 즉 삶은 생멸하기 때문이다. 생했다가 반드시 멸하는 인생에 집착하기 때문에 고통이라는 것이다. 생겨나서 변함없이 유지되면 좋을 텐데, 이 우주 현상계에 존재하는 모든 동식물, 하다못해 돌멩이 하나까지도 생겨나면 반드시 사라진다.

왜 사람들이 인생을 살아가면서 그런 고통을 끊임없이 받고 있는가. 생겼다가 사라져버리는 무상하고 덧없는 삶에 집착하기 때문이다. 나타났다 사라지는 인생에 집착하더라는 말이다. 바로 '나의 인생'이기 때문에 그토록 집착하게 된다. 이 세상에 존재하는 수많은 고통의 뿌리는 바로 '나'에서 출발한다. 이 몸과 마음을 나라고 착각해서 집착을 하니 고통이 생긴다. 그래서 행복도, 자유도, 생명도 잃어버리게 되었다. 아마도 사람들은 이렇게 반박할 수 있을 것이다. "아닙니다. 나는 인생을 살면서 행복한 적도 있었고, 자유로운 적도 있었고, 지금도 살아있으니까 생명이 있습니다."

그러나 우리가 이야기하는 진리적 행복, 진리적 자유, 진리적 생명이라는 것은 영원한 상태를 말한다. 지금까지 세상을 살면서 느꼈던 행복과 자유와 생명은 영원한 것이 아니라 순간적인 것이다. 영원하지 않다는 점이 인간을 슬프게 하고 고통 속으로 몰아가고 있다. 우리가 진리를 추구하는 단 한 가지 이유는 영원한 행복과 영원한 자유와 영원한 생명을 얻기 위해서다.

그러기 위해서는 이 몸과 마음이 내가 아니라는 사실을 알아야 한다. 내가 아닌데도 나라고 착각하고 있는 것이다. 그럼으로 해서 나와 나를 둘러싸고 있는 세상, 즉 사람이나 물질, 명예와 권력 같은 것에 집착하고 그것들이 마음대로 되어주지 않으면 고통을 받게 된다.

깨달은 사람과 그렇지 못한 사람의 차이점이 바로 이것이다. 깨달은 사람은 이것을 나라고 착각하지 않는다. 그렇기 때문에 이를 통해서 순간적인 행복이나 자유, 생명을 얻으려 하지 않는다. '참나'는 절대성인 본래성품이기 때문에, 한낱 먼지와 같이 잠깐 동안 존재하다가 사라져버리는 이놈에게 집착하지 않는 것이다. 나라고 말할 수 있는 것은 오직 본래성품뿐이다.

구도자란 무엇인가

전 세계 인구 60억을 진리 입장에서 보면 부처와 중생이 따로 있을 수 없지만, 상대세계에 펼쳐진 현상적 측면으로 봤을 때, 크게 네 부류로 구분할 수 있다. 이 분류에 따라 피라미드 도형을 그려본다면 가장 저변에 많은 부분을 차지하는 층이 세속인이다. 세속인은 말 그대로 물질을 추구하는 사람이다. 두 번째 부류가 종교인. 여기에는 기성 종교인뿐 아니라, 이른바 단전호흡, 기수련, 신통술 같은 종교성을 띠고 있지 않더라도 그와 유사한 정신세계를 추구하는 사람들까지 포함된다.

　세속인과 종교인은 물질과 정신이라는 차이만 다를 뿐, 둘 다 자기 자신, 즉 에고의 행복을 추구하는 점에서는 동일하다. 세속인은 물질이나 육체적인 것을 추구하는 사람들이고 종교인은 영적이며 정신적인 에고를 추구하는 사람들이다. 정신적인 것을 추구하는 양상이 물질적인 것보다 약간 고차원적으로 보이지만 이 역시 모두 에고에서 기인한다. 에고란 '개체적 자아'로 물질이든 정신이든, 세속인이든 종교인이든 자신만을 위하는 것이다. 자신의 행복 또는 나로 인해서 맺어진 가족이나 자기가 속해있는 어떤 동아리의 행복을 위해서 살아가는 사람들이다. 그러다보니 오늘날의 모든 종교가 기복으로 빠져든다. 이런 종교나 정신세계를 쫓는 일들도 정신적, 영적 차원일 뿐 물질적인 것과 다를 바 없다. 그 차이를 알게 되면 이 단계를 뛰어넘게 되는데 이 상태가 구도자다.

　구도자(求道者)란 무엇인가. 구도자란 순수 진리를 추구하는 사람이다. 이 세상의 많은 이들이 너나 할 것 없이 "나는 구도자다."라고 말들을 하고 있지만, 실제적으로 구도자는 매우 드물다. 물질적, 정신적, 영적인 행복을 추구하는 사람들이 대부분일 뿐이다. 종교를 신앙하고 있다고, 정신세계에 조금 심취해 있다고 해서 자칭 구도자라고 하지만 진정한 구도자는 어떤 에고적인 자아의 완성을 추구하

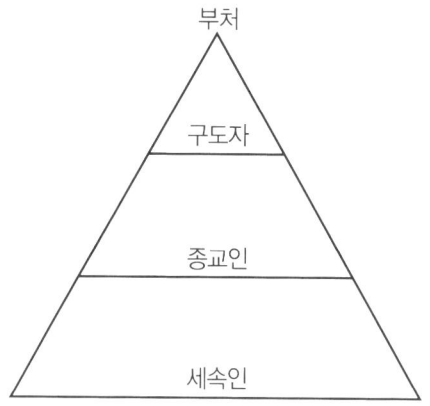

거나 도모하는 사람이 아니다. 심지어는 점쟁이들도 도인(道人), 도사(道士)라는 말을 쓴다. 도인이나 도사라는 말은 '도 자체가 되어 도를 가르치는 사람'이란 뜻이기에 깨달은 사람에게만 붙일 수 있다.

이렇게 말할 때 사람들은 "출가한 스님이나 성직자들이 구도자인가?"라는 질문을 한다. 이런 외형적인 신분이나 직업과는 전혀 상관이 없다. 겉으로는 판단할 수 없는 내면의 세계가 순수 진리를 추구하고 있는 사람이 구도자다. 순수 진리란 '무아(현상적 무아=본질적 진아)'를 말한다. 무아, 즉 에고가 없는 차원이 순수 진리의 차원인데, 그쪽으로 가고자 하는 사람들이 곧 구도자다. 60억 인구 가운데 99% 이상이 세속인과 종교인 범주에 들어가고 실질적인 순수 진리를 추구하는 구도자는 1%도 안 된다. 순수 진리를 추구하다가 진리 그 자체가 된 깨달은 사람이 제일 마지막 정점인 붓다.

석가모니 부처님처럼 완전한 깨달음에 도달한 붓다, 즉 깨달은 사람은 비율로 말할 수조차 없는 상황이다. 그런데 오늘날 불교계나 기타 여러 단체들에서 보면 깨달았다고 하는 사람이 굉장히 많다. 심지어 어느 곳에서는 일주일이면 누구나 깨닫는다고 한다. 이처럼 깨달음이라고 하는 것이 왜 발에 차이는 돌멩이처럼 굴러다니고 있는가. 깨달음에 대한 올바른 정의가 내려지지 않았기 때문이다.

깨달음이라는 말의 진정한 의미를 살펴보자. 진정한 깨달음이란 잘못 알고 있었던 것, 근본무명에 의해서 착각하고 있던 것을 바로 잡아서 본래성품을 깨달았다는 뜻이다. 무아, 즉 본래성품을 깨닫는 순간에 현상적 부처가 된다. 이것이 완전한 깨달음이다.

현재 불교에서 말하는 깨달음은 돈오점수(頓悟漸修)를 가리킨다. 먼저 깨닫고 나서 습기를 점차 닦아 성불한다는 뜻이다. 그러나 이런 것은 없다. 구도자가 수행을 하는 이유가 무엇인가. 깨닫기 위해서가 아니던가? 삼척동자도 다 아는 이야기인데 한국 불교의 내로라하는 고승들이 전부 착각을 해서 돈오점수를 주장했다. "나는 견성은 했지만 아직 성불을 못했다."고 말한다. 그래서 계속 닦아나간다는 것이다. 즉 견성과 성불을 다른 것으로 보고 있다. 그런데 실제로 견성(見性), 즉 본래성품을 깨달으면 그것이 곧 성불(成佛)이다.

본래 자신이 누구인지 알게 되었는데 무엇을 더 닦을 필요가 있겠는가. 완전한 깨달음인 무아를 체득하고 나면 그때는 두 번 다시 착각하지 않게 된다. 그러므로 견성이자 성불이다. 그러면 깨닫기는 했는데 아직 성불하지 못했다는 이야기가 왜 나오는가? 그것은 완전한 깨달음이 아닌 단순한 알음알이기 때문이다. 본래성품을 머리로 알았다는 뜻이다.

깨달음은 결코 머리로 아는 것이 아니다. 그래서 굳이 '체득한다'고 표현한다. 머리가 아닌 가슴으로 아는 것이다. 가슴이란 존재의 중심을 뜻한다. 존재란 개체를 말하는 것이 아니고 본래성품을 가리키는 것이다. 깨닫지 못한 사람은 자신을 개체적으로 보고 있기 때문에 깨달은 사람이 하는 이야기를 자신이 가진 에고라는 틀에 끼워 맞추려고 하다보니 이해가 안 되는 것이다.

깨달은 사람이 '나'라고 말할 때 이 '나'는 본래성품인 '참나'를 의미하는 것인데 깨닫지 못한 사람들은 개체적 '나'로 받아들인다. 그러니 동문서답이 되고 마이동풍이 되고 만다. 이렇게 서로 언어가 통하지 않으니 "달을 가리키면 달을 봐야지, 왜 손가락을 쳐다보느냐."는 말이 나왔다. 똑같은 언어라도 자신이 갇혀있는 틀만큼밖에 이해를 못하는 것이다.

그리고 사람들이 착각하는 결정적 요인은 성불이라는 표현이 잘못되었다는 데 있다. '부처를 이루었다' 또는 '부처가 되었다'라는 뜻이므로 그 말에 매일 수밖에 없게 된 것이다. 깨달음은 결코 개체적 자아가 부처로 완성되는 것이 아니다. 이 문제는 앞으로 계속 설명해나가도록 하자.

개체의식의 틀

에고, 즉 개체의식의 틀이 얼마나 천차만별인지를 깨우치게 되면 자연스럽게 재미있는 사실들을 알게 된다. 태어난 후부터 이 개체를 나라고 인식하는 것을 개체의식 또는 에고라고 부른다. 나라고 인식한 의식이 점점 진화하고 성장하면서 그 틀이 커지게 되는데 나 다음에 형성되는 것이 가족이다. 따라서 제일 처음 상태는 자기밖에 모르기 때문에 '개인주의', 그 다음은 '가족주의'라고 부를 수 있다.

가족 단위에서 조금만 더 확장되면 지역이란 틀이 된다. 이것을 '지역주의'라 하고, 여기서 조금 더 커지면 국가 단위로 의식이 커져서 '국가주의' 또는 '민족주의'가 된다. 정신적 측면에서 틀이 형성되면 '종교주의', '사상주의'가 되고, 여기서 더 확장되면 종교나 사상을 초월한 '인류주의', 더 커지면 인간만이 아닌 모든 생명체를 존중하는 '생명주의'가 나오게 된다. 그리고 가장 큰 틀인 우주 전체를 하나로 인식하는 '우주주의'가 되는 것이다.

에고로서 그 의식이 확장될 수 있는 최고의 상태가 되었을 때 "나는 우주다"라고 표현한다. 구도자들 중에 깨달음을 착각하는 사람들의 대다수가 여기 속한다. 이 한 점에 불과한 개체로서의 나를 의식이 뻥튀기 되어 현상계 안에서 가장 큰 덩어리인 우주라고 생각하는 것이다. 이것을 '에고의 극대화'라고 한다. 이런 사람들은 이기주의에 빠져있는 사람들의 눈에는 그릇이 큰 사람으로 보이게 된다. 노는 스케일이 다르기 때문이다. 이 몸뚱이 하나를 자기라고 하는

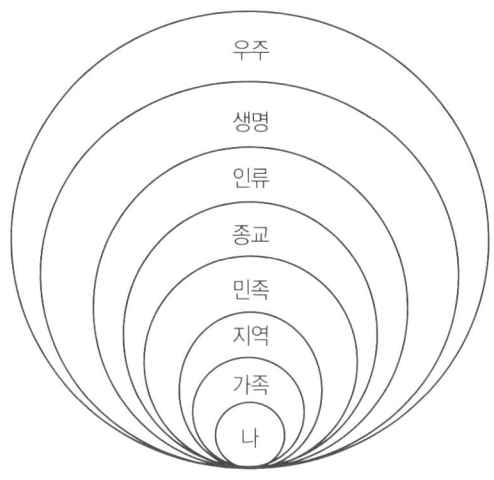

사람이 접시 물에서 논다면, 우주의식을 가진 사람들은 태평양에서 놀고 있는 격이다. 의식이 어디서 노느냐에 따라 같은 인간이라도 그릇이 다르다고 말할 수 있다.

그러면 가장 큰 의식의 테두리인 이 우주의식이 깨달음일까? 아니다. 이것은 단지 에고의 극대화일 뿐이다. 그러면 도대체 무엇이 깨달음이란 말인가. 깨달음이란 바로 무아다. 나라는 존재가 없다는 이야기다. 노력해서 없어진 것이 아니라 본래 없는 것이다.

"자아라는 것은 본래 없다."라는 말 속에서 자아란 어떤 상태를 말하는가? 이 말은 곧 상대적 존재로서의 개체인 나라는 것이 본래 없다는 뜻이다. 따라서 에고의 가장 기본 단위인 '개체로서의 나'가 확장을 거듭해 우주의식이 되었다 할지라도 그 중심에는 내가 들어 있다. 그러므로 이것은 여전히 에고가 착각을 하는 것이다. 자신이 우주가 되었다는 말보다 더 큰 착각이 어디 있겠는가? 깨달았다는 생각만큼이나 위대한 착각인 셈이다.

처음에는 요만한 것으로 생각하다가 이만한 것으로 착각할 뿐 진정한 깨달음은 아니다. 실제로 지금까지 인도나 중국, 그리고 한국에서 역사적인 사건들이 참 많았다. 한 예로 인도의 신비주의자 람 티어스는 우주의식을 체험하고 보니 자신이 우주라는 생각을 하게 되었다. 그래서 몸뚱이가 거추장스러워진 것이다. 마지막으로 게송을 하나 읊고 갠지스강으로 걸어 들어가 죽었다.

나는 우주가 되었다.
이제 나는 이 몸이 짐스럽고 불필요함을 느낀다.
그래서 나는 그것을 되돌려 보낸다.
이제 어떤 경계선도 필요하지 않다.
나는 무한한 브라흐만이 되었다.

인도에서 아주 유명한 사건으로 전해지고 있지만, 사람들은 어떻게 이해하고 받아들여야 될지, 이 사람이 진짜 깨달았는지 여부를 알 수가 없다. 하지만 나는 깨달은 사람으로서 한눈에 알 수 있건대 그 사람은 속은 것이다. 뻥튀기 된 개체의식에게 속아 죽어버린 것이다.

중국의 영윤선사는 우주의식을 체험하고 모든 것이 하나라는 사실을 알게 되었다. 우주 덩어리 전체가 바로 나라는 생각을 하게 된 것이다. 사람이든, 개미새끼든, 돌멩이든, 물이든, 불이든 이 안에 들어있는 모든 것이 곧 나라고 생각했다.

의식이 모든 것을 다 싸잡아버렸다. 영윤선사가 산길을 지나가는데 마침 산불이 나서 여기저기로 퍼져나갔다. 다른 스님들은 다 도망가는데 영윤선사는 "불과 나는 하나다." 하면서 불 속으로 그냥 걸어갔다. 잘못 깨달으면 이렇게 되고 만다. 참으로 우스운 이야기다.

갠지스강에 빠져죽은 사람이나 불 속으로 걸어 들어간 사람이나 용감하기는 하다. 그야말로 죽음을 초월했지 않았는가. 우주의식을 체험했기 때문에 목숨도 아끼지 않는다. 그러면 목숨이 아깝지 않은 사람은 모두 깨달은 사람이란 말인가?

전혀 그렇지 않다. 그런 기준으로 판단한다면 안중근 의사나 윤봉길 의사처럼 민족을 위해 자기 한 몸 희생한 사람들, 민주화 운동을 위해 목숨을 던진 대학생들도 모두 깨달았다는 말이 된다. 진리를 잘못 알게 되면 의식만 부풀려져서, 개체와 극대화된 의식이 조화를 이루지 못한다.

지금 불교에서 이야기하고 있는 견성은 '공(空)'을 깨달았다고 착각하는 우주의식이다. 이것을 머리로 체험했는데 몸이 안 따라주니까, 이 몸과 마음을 계속 열심히 닦아나가려고 애쓴다. 본래성품과 몸과 마음을 하나 되게 만들려고 열심히 닦는 것이다. 자기가 머리로 아는 본래성품과 현재의 몸과 마음을 하나로 일치시키기 위해서 말이다. 이것을 불교에서는 점수라고 한다. 점차적으로 닦는다는 뜻이다. 그러나 이는 대단히 큰 착각이다. 이 착각에 빠져있는 한 백년이 아니라 천년, 만년을 닦아도 절대로 깨달음은 없다.

오늘날 모든 구도자들이 불가능한 일을 하려고 하기 때문에 깨달음이 나오지 않는다. 이 몸과 마음을 닦아서 진리인 본래성품과 하나로 만들려고 하니 안 되는 것이다. 이것은 절대로 불가능하다. 지금부터 진리가 어떻게 되어 있기에, 우주 현상계의 가장 큰 덩어리인 우주의식을 체험했어도 깨달음이라 할 수 없는 이유를 살펴보자.

순수 진리란 무엇인가

구도자가 순수 진리를 추구한다고 하는데, 과연 순수 진리가 무엇인지나 알고 구도의 길을 가고 있는지 의문이다. 진리가 무엇인지 정확하게 정립되어 있으면, 그대로 따라가기만 하면 될 텐데 문제는 무엇이 진리인지도 모르고 그저 "진리, 진리" 하면서 무턱대고 쫓아다닌다는 데 있다. "성경에 이렇게 씌어있다, 불경에 이렇게 씌어있다, 그래서 이게 진리다, 내가 신앙하고 있는 종교의 교주가 말했으니까 진리다." 이런 식으로 진리를 이야기해서는 안 된다. 진리가 무엇인지 이론적으로 분명하게 정립되어 있지 않기 때문에 잘못 빠져 헤매고, 정신을 못 차리고 놀림감이 되고 만다. 가르치는 사람도 엉터리로 가르치고 배우는 사람도 엉터리로 배우게 되는 것이다.

그래서 세상은 맹인이 맹인을 붙잡고 길을 인도하는 그런 지경에 빠져있다. 깨닫기 위해서 구도자가 되었으니 뭘 깨달을 것인지, 뭘 깨달아야 생로병사를 해결하고 우리 마음속에 가득한 고통을 훌훌 털고 대자유인이 될 수 있는지 정확하게 알아야 한다.

진리는 '절대(絶對)'다.

노자는 《도덕경》 1장 1절에서 "도를 도라고 하면 그것은 이미 항상한 도가 아니다."라고 전제를 한 뒤에야 도에 대해서 이야기했다. 말을 하자니 그렇고 안 하자니 그렇고 해서 노자도 꽤 고민했던 모양이다. 그래서 첫머리에 도는 언어 이전의 것이라는 점을 미리 전제해놓고서 풀어나간 것이다. 그러나 진리가 무엇인지 말하기 위해서는 절대라는 개념을 들고 나올 수밖에 없다. 이 절대성의 중요함을 정말 가슴으로 느껴야 한다. 이것을 가슴으로 느끼지 못하고 머리로 따지고 있는 한 결코 깨달음에 접근조차 할 수 없다.

절대란 무엇인가?

절대를 보통 상대의 반대말로 여긴다. 그런데 절대는 상대의 반대말이 아니다. 절대의 '대'는 대상을 의미하는 것이고, 이 대상은 상대를 말한다. 따라서 절대는 상대 그 자체가 끊어져버렸다는 뜻이다. 우리가 인식을 하려면 상대적으로 존재할 때만 가능하다는 의미다. 보는 자와 보이는 대상이 있어야 한다. 그런데 그러한 상대적 인식이 끊어져버리니, 상대적 인식이 불가능해진다. 그러니 절대는 상대적 개체의식으로는 인식이 되지 않는다. 이제 이 절대성이 품고 있는 깊은 의미를 하나씩 짚어보자.

절대는 인식할 수 없다.

인식의 기본은 인식하는 '나'와 인식되는 대상으로서의 '너'가 상대적으로 존재할 때만 가능하다. 그러나 절대는 나누어지지 않기 때문에 인식할 수가 없고 따라서 '하나'라는 것이다. 이 하나는 숫자 개념으로서의 하나가 아니고, 그냥 전체로서의 하나를 의미한다. 오직 하나기 때문에 인식할 수 없다.

자신은 자신을 볼 수 없다. 눈이 눈을 볼 수 없고 귀가 귀를 들을 수 없다. 홀로 오직 하나인 것은 인식이 불가능한 상태다. 또 인식되지 않기 때문에 현상적으로는 존재하지 않는 것처럼 느껴진다. 존재한다면 인식이 되어야 한다. 그런데 인식이 될 수 없기 때문에 현상적 존재가 아니다. 이 현상계 입장에서 봤을 때는 존재하지 않는다는 뜻이다. 그런데 역설적으로 상대적 현상으로는 존재하지 않기 때문에 실재가 된다. 실재란 '존재 그 자체'기 때문에 참으로 변함없이 존재하는 것이라는 뜻이다.

존재하지 않는 것이 진짜로 존재하는 것이라니 이게 무슨 말인가. 이 말을 이해하려면 우리는 존재라는 뜻을 자세히 연구해야 한다. 존재란 나타났다는 뜻이다. 나타난 것을 존재라고 한다. 드러났기 때문에 존재성을 인식할 수 있다. 그런데 나타난 것은 반드시 사라진다. 그렇다면 잠깐 동안 나타났다가 사라져버리는 그 존재가 어떻게 실재인가. 사라짐이란 없어짐이다. 없어지는 것이 어떻게 실재가 되는가. 그런 것들은 순간적으로만 존재할 수밖에 없는 허상이다. 이 세상에 존재라고 말할 수 있는 모든 것들은 반드시 나타났다가 사라지는 것이기 때문에, 이것이 시간상으로 1년이든, 100년이든, 1,000년이든 나타났다가 사라진다는 점에서는 다 똑같다. 드러나 있는 그 순간만 존재하다가, 사라져버리면 없어지기 때문에 그것은 실재가 아닌 허상이다.

따라서 사라지지 않으려면 현상적으로 존재하지 않아야 한다. 존재하지 않으려면 나타나지 않아야 한다. 진리는 이렇게 엄청나게 아이러니한 것이다. 실재라는 말은 영원한 것이라는 뜻이다. 영원해야만 실재다.

진리인 본래성품의 성질은 절대적인 것이고, 절대적이기 때문에 오직 하나이며, 하나이므로 상대적 인식이 불가능하고, 인식이 불가능하기 때문에 현상계의 입장에서는 존재하지 않는 것처럼 보이며, 존재하지 않는 것처럼 보이기 때문에 오히려 그것이 참존재라는 뜻이다. 영원하지 않은 것은 나타났다가 사라져버리기 때문에 전부 허상이다. 그러므로 이 절대인 진리로서의 본래성품은 쉽게 이야기해서 상대적 현상계에 태어난 적이 없기 때문에 죽지도 않는 것이다. 그래서 영원하다.

그런데 사람들은 이 '영원'이라는 단어를 잘못 사용하고 있다. 영원을 '끝이 없다'라는 뜻으로 착각하고 있다. 그러다 보니까 종교, 특히 기독교에서는 태어나서 살다가 예수 잘 믿으면 죽어서 천국 가서 영원히 살고, 예수 안 믿으면 죽어서 지옥에 떨어져 영원히 고통

받는다고 이야기한다. 또 불교에서는 사람이 태어나서 살다가 육신은 죽고 영혼은 살아있을 때 행한 행위, 즉 선업과 악업에 의해서 다시 윤회한다고 말한다.

이 말들을 살펴보면 영혼의 시작은 있는데 끝은 없다는 뜻이 된다. 한 술 더 떠서 육신을 가지고 영생한다는 곳도 있다. 이런 믿음의 뿌리는 선도라고도 부르는 도교다. 여기서의 주장은 사람이 태어나서 몸과 마음을 잘 닦으면 육신을 가지고 신선이 되어서 영원히 죽지 않고 산다는 것이다. 이것을 이용해서 '뭐 힘들게 기 수련을 해서 영생을 하느냐, 나만 믿으면 그대로 영생한다' 고 하는 종교도 있다. 그런데 이런 곳에서 말하는 영원은 시작은 있어도 끝은 없다는 말이다. 이 얼마나 잘못된 말인가.

시작한 것은 반드시 끝이 있다. 이 세상에 인간을 비롯한 어떤 생명체, 어떤 물질적 현상도 태어난 것은 반드시 죽게 되어 있다. 피할 길이 없다. 그 유명한 진시황이 영생을 목적으로 불사초를 구하기 위해 신하들을 보냈지만 천하를 호령하던 그도 결국은 죽었다. 죽지 않을 수 없기 때문에 죽은 것이다. 태어난 모든 것은 반드시 죽는다. 우주조차도 시작이 있었으니 끝장나게 되어있다. 그것이 상대적 우주 현상계의 존재법칙이다. 시작과 끝은 쌍으로 존재하는 것이다. 그것이 생멸법칙이다. 생하면 반드시 멸한다. 시작은 있는데 끝이 없는 것도 없고, 시작하지 않았는데 끝나는 것도 없다.

이 두 가지는 쌍으로 존재한다. 영원이란 시작과 끝이 동시에 없다. 시작이 없을 때 끝도 없다. 따라서 현상세계에는 영원이 존재할 수 없다. 예수 잘 믿으면 영생한다는 것은 새빨간 거짓말이다. 어떻게 영생을 한다는 말인가? 태어난 사람이 몸은 죽지만 영혼이 영생한다는 것인데, 영혼은 태어났는데 왜 안 죽는가? 몸이 태어나서 죽으면 영혼도 태어나서 죽는 법이다. 무지하기 때문에 상대적 세계의 기본 원리도 모르고 하는 말이다. 영생한다는데 싫어할 사람이 어디 있겠는가? 시작도 끝도 없는 것이 영생이다. 영원이란 생하고 멸하는 것이 동시에 없는 상태다.

그래서 석가모니 부처님이 깨닫고 나서 처음 한 말이 "나는 생사를 해탈했다."였다. 사람들은 이 말을 아주 쉽게 생각하는 것 같지만 이 말은 "나는 죽지 않는다."는 뜻이 아니라 "나는 태어나지도 않고 죽지도 않는다."라는 말이다. 석가모니 부처님은 분명히 태어나서 죽었다. 그러면 무엇을 깨달았기에 "나는 생사를 해탈했다."라는 말을 했을까. 깨닫기 전까지 나라고 착각했던 이 영혼과 육체가 생사를 해탈한 것이 아니고, 참나, 즉 절대인 본래성품이 태어나거나 죽는 것이 아니라는 뜻이다. 절대 진리로서의 참나는 태어나거나 죽는 일이 없는 영원한 존재다.

절대는 영원하다. 시작과 끝이 없기 때문에, 상대적 개체로는 존재하지 않기 때문에 영원한 것이다. 존재하지 않는다는 것은 실제로 존재하지 않는다는 뜻이 아니라 상대세계인 현상계 입장에서 봤을 때 존재하지 않는다는 말이다. 절대 진리의 측면에서는 오직 이것만이 존재하는 것이기에, 이것을 실재라고 한다. 실재(實在)란 실제로 존재한다는 뜻이다.

그래서 절대 진리를 일원상으로 표현하기도 한다. 원은 하나이면서 또 시작과 끝이 없다. 시작점과 끝점이 원에는 없다. 그러나 원 자체는 있다. 끝없이 돌고 도니까 시작과 끝이 없이 계속 존재하고 있는 것이다. 또 허공성이므로 그 안에서 만물이 생멸을 끝없이 반복한다. 생했다가 멸하는 것은 물질이지 허공이 아니다. 있으되 분별되지 않고 시작과 끝이 없다. 그래서 이것을 가리켜 '본래성품'이라고 한다.

기독교 조직신학의 대가인 폴 틸리히가 이런 말을 했다. "신은 인간 희망의 종교적 상징이다. 이 세상에 존재하는 모든 것의 근원으로서의 신은 존재 그 자체기 때문에 존재하지 않는다."

폴 틸리히가 찾아냈던 절대 진리는 그 자체로서는 모습을 드러내지 않지만 모든 존재, 즉 모든 생명 현상을 일으키는 주체라는 것이다. 기독교에서 이것을 잘못 인격화시켜 '절대자 하나님'이라고 불렀지만 절대는 어떤 개체적 존재가 아니기 때문에 절대로 그렇게 불러서는 안 된다. 지금까지 인류에게 전해 내려오는 모든 종교와 신화 속에 등장하는 신의 모습은 인간의식이 인간의 형상을 따라서 만들어낸 상상의 창조물에 불과하다. 절대란 이 모든 생명, 우주 현상계에 가득 차 있는 이 모든 생명 현상을 일으킬 수 있는 근본 바탕이다.

절대에서 이 모든 생명, 즉 이 우주 현상계가 나왔는데 그 절대의 성품을 가지고서는 그 모습을 드러낼 수가 없기 때문에, 인식이 안 되기 때문에, 그 절대 진리가 자기 모습을 드러내기 위해서는 어쩔 수 없이 상대성으로 드러나게 된다. 여기에 모든 핵심이 다 들어있다.

이제 이 '절대'와 '상대'를 정확하게 알아야 한다. 오늘날 모든 종교인들, 구도자들이 이 절대와 상대에 대해 제대로 이해를 못해서 절대를 상대로 이야기하고, 상대를 절대로 잘못 이야기하고 있다. 이 두 마디 안에 진리의 근본도 들어있고 그 진리가 투영시킨 이 우주 현상계의 모든 삼라만상이 담겨있다. 절대와 상대라는 말 자체는 말로써 감당할 수 없는 엄청난 뜻을 갖고 있다. 절대는 상대적 인식으로 드러나 있지 않기 때문에, 하나의 현상으로 나타나 있는 것이 아니기 때문에, 우리는 어쩔 수 없이 이 상대세계를 샅샅이 파고 들어가 이해함으로써 절대를 깨달아야 한다.

상대성이란 무엇인가

이제 우리가 이 절대성인 본래성품을 깨닫기 위해서 이 절대 진리가 자기 모습을 드러낸 우주 현상계, 즉 상대세계의 원리를 터득해야 한다. 이것을 제대로 터득하기만 하면 인식할 수 없는 절대인 본래성품을 깨닫게 된다. 여기서 하나의 의문이 생길 것이다. '아니, 절대가 그냥 자기 모습을 드러내면 될 것을 왜 복잡하게 변해서 상대성으로 모습을 드러낼까?' 앞에서 설명했지만 절대는 하나이므로 현상적으로는 인식이 되지 않고 인식체계를 넘어선 의식 이전이기 때문에 인식할 수가 없는 것이다. 따라서 우리는 어찌되었건 이 상대성을 붙잡고 씨름을 해야 한다. 그래서 이 상대라고 하는 것이 가슴속에서 완전히 다 녹아버리면 그때 절대가 깨달아지는 것이다. 따라서 시비분별로 인식될 수 없는 절대가 자기 모습을 드러내기 위해서 반드시 인식이 가능한 상대성을 띠게 된다. 이것이 이 우주 현상계의 비밀이다. 절대가 자기 모습을 드러낼 때는 반드시 상대성인 모습으로 나타나는데 그것이 바로 색과 공이고, 그중에 색이라는 물질세계는 지금 우리가 눈으로 보고 이렇게 살고 있는 우주 현상계다. 그러면 상대세계, 즉 상대성은 어떠한 특징을 가지고 있는지 살펴보자.

첫째, 상대성은 인식이 되어져야 한다.

인식이 안 되면 상대성이 아니다. 반드시 인식이 되어져야 한다. '공'이라는 개념도 '색'의 반대개념이기에 상대적 인식 안에 들어 있는 것이다. 인식이 되기 위해서는 둘 이상이어야 한다. 하나인 절대의 상태에서는 관찰자와 대상으로 나누어지지 않기 때문에 인식이 안 된다. 따라서 인식이 되기 위해서는 나누어져야 한다. 그런데 둘 이상이라는 이것이 골치를 아프게 한다. 하나가 인식되기 위해서 둘로 나누어진 후에 둘이 그대로 가면 좋을 텐데, 나누어진 이것이 또 나누어지고 계속 나누어진다. 단순히 둘이 아니고 이 둘이 계속 갈라지다 보니 우주 만상이 되었다. 그래서 우주 현상계가 이렇게 복잡한 것이다.

둘째, 상대성은 존재해야 한다.

절대는 존재 그 자체이기 때문에 상대적 개념인 현상적 개체로는 존재할 수 없지만, 상대는 인식되어야 하는 상태이기 때문에 존재 상태여야 한다. 존재 상태이기 위해서는 새로 태어나야 한다. 다시 말해서 '생' 해야 한다. 또한 시작해야 한다. 그런데 생했으면 반드시 멸해야 된다. 시작했으면 반드시 끝이 있어야 한다는 말이다. 이 둘은 사실 한 단어다. 둘 중에 하나가 없으면 다른 하나도 없다. 쌍으로 존재하는 개념이기 때문이다. 시작이라는 말은 끝이 있기 때문에 존재하는 것이며, 끝도 시작이 있기에 가능하다. 따라서 모든 현상은 '쌍생쌍멸' 한다. 상대적 존재는 그 존재 방식이 대상을 필요로 하기 때문이다. 이치적으로 말해서 상대적 개념으로 되어있다는 것이다. 결론적으로 상대적 존재는 반드시 생멸을 해야 한다. 그러므로 이 존재라고 하는 것은 생했다가 멸해버리기 때문에 실재가 아니고 허상이다. 참존재는 사라질 수가 없다. 그런데 눈으로 보이는 이 모든 존재는 반드시 생했다가 멸하여 사라져버리기 때문에 허상이다.

영원한 존재가 아니라 순간적인 존재라는 뜻이다. 생과 멸 사이에 잠깐 동안만 나타나는 존재이기 때문이다. 이것을 석가모니 부처님은 "이 세상의 모든 존재는 조건 지어졌다."라고 말했다. 그 조건이 바로 이것이다. 생멸의 그 찰라 사이에 들어있는 순간적인 존재라는 뜻이다. 생해서 멸하도록 조건 지어져 있다는 말이다. 우주 현상계에서 하나의 생명적 형태로 존재하는, 그것이 인간이든지, 개나 돼지든지, 나무든지, 돌멩이든지, 어떤 형태의 것이든 존재하는 것은 모두가 생멸하기 때문에 순간적으로만 조건 지어져서 존재한다는 말이다. 여기서 왜 이 존재가 허상으로 나타날 수밖에 없느냐 하는 문제, 이 수수께끼를 풀어봐야 한다.

절대가 자기 모습을 드러낸 상태가 상대 우주 현상계인데, 왜 그 안에 각각의 존재들은 실재가 아닌 허상으로 나타났다가 사라질 수밖에 없는가. 앞에서 본래성품이 그 모습을 드러낼 경우 인식되어져야 하기 때문에 둘 이상으로 나뉜다고 했는데, 이렇게 절대인 본래성품에서 상대적 존재인 개체로 생할 때, 생하는 법칙이 '연기성'으로 되어있다는 것이다. B라고 하는 것이 태어나기 위해서는 A라고 하는 어떤 매개체가 있어야 한다. A는 B를 생해 놓고 멸하고, B는 C를 생해 놓고 멸하고, C는 D를 생해 놓고 멸하고, 이렇게 생멸이 이어서 유지되는 이것이 바로 연기다. 이어서 일어난다는 뜻이다.

사람으로 이야기하면 할아버지가 아버지를 낳고, 아버지가 아들을 낳는 것처럼 계속 이어서 도는 것이다. 나무로 비유하면 나무가 씨앗을 내고, 씨앗이 나무가 되고, 그 나무가 자라서 또 씨앗을 만들듯이 계속 돌고 도는 것이다. 그런데 석가모니 부처님의 '무아연기'가 '무아' 따로, '연기' 따로가 아니고, 무아가 곧 연기고, 연기가 곧 무아인 셈이다. 연기설에는 두 가지의 중요한 법칙이 있다.

첫째, 타에 의해서만 생겨난다.

연기되어지는 존재이기 때문에 스스로 존재할 수가 없다. 인간을 비롯한 그 어떤 생명체도 자기 스스로 태어나지 못한다.

둘째, 홀로 존재하지 못한다.

혼자 있으면 인식이 안 된다. 이 상대세계에서는 상대적으로 존재해야만 인식이 가능하기 때문에 홀로 존재할 수가 없다.

이 두 가지, 즉 스스로 존재할 수 없고, 홀로 존재할 수도 없는 이것이 연기법칙이다. 타에 의해서 생기고 타와 더불어 있어야 된다는 것이다. 쉽게 얘기해서 '너'가 없으면 '나'라는 것은 존재할 수 없다. 그러면 이런 것을 어떻게 주체로서의 나라고 할 수 있겠는가.

주체가 무엇인가? 스스로 존재할 수 있어야 하며 영원히 변하지 않아야 주체라고 할 수 있다. 그런데 타에 의해서 생해서 타와 더불어 존재하다가 결국 멸해야만 하는 상태라면 그건 주체가 아니다. 계속 변화되며 결국 사라져버리는 허상은 주체가 될 수 없다. 연기법을 깨닫고 보면 무아가 저절로 깨달아진다. "연기되어서 생멸하고 있는 이 우주 현상계에 존재하는 모든 생명체는 독립적으로 존재하는 자아가 없다" 이것이 바로 무아다. 독립적으로 존재하는 자아는 없다. 연기되어지는 존재기 때문이다.

석가모니 부처님께서 깨닫고 나서 던진 첫 말씀이 바로 이것이다.

"이것이 생하므로 저것이 생하고 이것이 멸하므로 저것이 멸한다. 이것이 있음으로 저것이 있고 이것이 없음으로 저것이 없다."

이 말은 스스로 존재하지 못한다는 것과 홀로 존재할 수 없다는 것을 설명한 것이다. 이것이 석가모니 부처님의 핵심사상인 '무아연기설'이다. 2,500년 전 인도 사회의 중심은 브라만 사상이었다. 그 기본체계가 윤회 사상이다. 그런데 깨닫고 보니까 무아더란 말이다. 돌긴 도는데 연기법칙에 의해 돌 뿐이지, 그 안에 주체가 없더란 것이다. 자성이 공하다는 말은 모든 생명적 현상 안에는 나라고 주장할 수 있는 주체가 없다는 뜻이다. 주체가 있으면 죽지 말아야지, 왜 죽는가? 주체로서의 나는 없다.

이 무아연기설은 그 당시 인도의 모든 사상을 뒤엎은 엄청난 사건이었다. 그런데 이런 불교가 오랜 세월이 흐르면서 힌두교의 거센 파도에 쓸려버렸다. 그래서 힌두불교가 되어버린 것이다. 지금 불교에서는 무아와 윤회를 같이 사용하고 있다. 무아를 이야기하면서 한편으로는 윤회를 설명하고 있다.

무아와 윤회가 공존할 수 있는가? 내가 없는데 도대체 누가 윤회를 한다는 것인가? 윤회한다는 말은 윤회하는 주체가 있다는 것인데, 이 주체를 영혼으로 보는 것이다. 그러나 존재계의 법칙은 쌍생쌍멸이므로 영혼과 육체가 상대적 법칙에 의해서 쌍으로 나왔다가 죽을 때 쌍으로 사라져버리는 것이 진리다. 이런 기본법칙도 모르기 때문에 무지한 소리를 계속 하고 있는 것이다.

이런 풍토에서는 깨달음이 나오지 않는다. 나름대로 부처님의 깨달음을 이어받겠다고 무던히도 애쓰는 스님들도 많지만 교리 자체가 이렇게 왜곡되어 있는 상황 속에서 평생을 해봐야 소용없다. 참으로 애통한 일이 아닐 수 없다.

무아면 무업이고 무업이면 무윤회다.

그러면 나는 누구인가? '참나'는 누구인가. 현상적으로는 무아고, 절대 진리 측면에서는 본래성품이다. 그리고 본래성품이 발현한 순수의식은 너와 내가 나누어지지 않은 전체가 하나인 주체로서의 나다. 그러면 현상계에서 나라고 하는 것은 무엇인가? 주체로서의 나가 아니고 상대적 세계의 상대적 개념에 의한 너의 반대말로서 나다. 그러면 상대적 존재로 태어나서 상대적 개념을 가지고 살아가고 있는 이 부분을 좀더 깊이 있게 알아보자.

상대세계에 존재하는 모든 생명체는 상대적 존재고, 상대적 존재들은 상대적 개념을 가지고 있고, 상대적 개념을 가지고 있는 존재는 상대적 인식체계를 가지고 있다. 인간들의 의식이 그렇게 되어있다는 말이다. 그래서 인간들이 쓰는 개념 자체가 모두 상대적인 쌍으로 존재한다. 이것을 벗어나는 것은 하나도 없다.

그러면 우리가 쓰고 있는 상대적 개념 중에 대표적인 몇 가지를 알아보도록 하자. 가장 근본적인 상대적 개념인 나와 너, 그 다음에 음과 양, 선과 악, 옳고 그름, 아름다움과 추함, 아무튼 대단히 많을 것이다.

나와 너

상대세계에서의 나는 너의 반대되는 의미다. 나라는 말이 없다면 너라는 말도 없다. 이 두 개는 한 쌍이다. 하나가 사라지면 다른 하

상대적 개념

나	너	사랑	미움
남	여	기쁨	슬픔
양(+)	음(-)	유정	무정
유	무	관심	무관심
색	공	유식	무식
선	악	상생	상극
성	속	원인	결과
생	멸	만남	이별
시	종	밝음	어둠
미	추	과거	미래
주	객	시간	공간
체	용	동양	서양
흑	백	원시	문명
냉	온	부모	자식
낮	밤	남편	아내
안	밖	천재	바보
노	소	선배	후배
강	약	하늘	땅
영혼	육체	크다	작다
부처	중생	많다	적다
보리	번뇌	길다	짧다
천국	지옥	높다	낮다
천사	악마	깊다	얕다
행복	불행	깨끗함	더러움
진실	거짓	가벼움	무거움
평화	전쟁	천천히	빠르게

나도 같이 사라져버리는 상대적 개념이다. 기준이 상대적인 개념이기 때문에 상대성으로만 적용된다는 뜻이다. 만약 이것이 절대, 즉 주체로서의 나라면 어떤 일이 벌어지겠는가. 주체라는 것은 변하지 않아야 한다. 즉 어떤 일이 있더라도 끝까지 나여야 한다. 그런데 내가 말할 때만 나가 된다. "내가 너한테 돈 꿔줬잖아." 이렇게 말하면 상대방은 어떻게 대답하는가? "내가 언제 너한테 돈 꿨어?" 금방 나가 너로 돼버린다. 절대적 주체로서 나라면 이렇게 바뀔 수 있겠는가? 그런데 말하는 사람이 바뀌니까 금방 나에서 너로 변해버린다.

여기서 우리가 지금까지 착각하고 있었다는 사실을 알 수 있다. 지금까지 철석같이 나라고 믿고 있던 놈이 절대적인 것이 아닌 상대적이면서 주관적 개념으로서만 존재하는 나라는 것이다. 나라는 것은 있지도 않은 것이다. 절대 기준에 의해서 이것이 나라면 다른 사람이 나를 부를 때도 나라고 호칭을 해야 한다. 너는 항상 너가 되어야 한다. 그런데 말하는 상대에 따라서 그게 뒤집어지는 것이다. 나가 너 되고 너가 나 되고 이렇게 수시로 변한다. 그래서 상대세계에서는 고정적인 나는 없다. 고정적인 너도 없다. 이것이 지금까지 우리가 변함없는 나로 생각했던 이놈의 정체다. 나라는 것은 개념으로서만 나일 뿐이다.

그러면 절대인 본래성품은 어떤가. 이것은 오로지 하나기 때문에 나니 너니 하는 것이 없다. 상대세계는 존재를 해야 하기에 나와 너라는 개념이 있어야 한다. 인식해야 되니까 말이다. 따라서 이것은 절대 진리인 본래성품이 그 모습을 수십억의 모습으로 나투었을 때 따라붙는 개념이다. 상대세계에 존재할 때만 있는 것이다. 현상계에서 사라지고 나면 그런 시비분별이 붙을 자리가 없다.

음(陰)과 양(陽)

상대적 세계에는 상대적 존재로서만 나타날 수 있다고 했다. 상대적 존재로 튀어나오다 보니 개념조차도 상대적 모습으로 나타나는 것이다. 이 우주 현상계 안에 들어있는, 생명현상을 띠고 있는 모든 존재들은 전부 음양으로 나타난다. 사람도 남자와 여자, 동물은 수컷과 암컷, 식물도 수술과 암술, 하다못해 무성생식을 하는 단세포 생물도 그 안에는 음양이 같이 존재한다. 그런데 이게 그리 간단한 문제가 아니다. 외관상 양으로 보이는 남자는 머리끝부터 발끝까지 온통 양으로만 되어 있는가? 여자는 음으로만 구성되어 있는가? 그렇게 되면 존재할 수가 없다.

존재라는 그 자체가 이미 음양의 조화로서 상대성을 갖추어야 존재할 수 있는 것이다. 크게 볼 때는 남녀가 음양으로 되어있지만 그 각각의 안에는 또 음양을 갖추고 있는 것이다. 이것이 상대성이 갖고 있는 심오한 세계다. 동양철학에서는 인체를 음양오행설로 설명한다. 인체 안에 음과 양의 조화 기운으로 한 몸이 유지되고, 남자와 여자라고 하는 음양의 조화로 인해 종족의 생명체가 유지되며, 더 크게 보면 천지의 음양 조화에 의해 이 우주가 잘 굴러가고 있는 것이다.

　이 현상계 내의 아주 미세한 먼지에서부터 거대한 우주까지 어느 하나 빠짐없이 이 음양의 조화 속에 있다. 그리고 아주 중요한 문제는 존재하고 있는 모든 것은 음양의 법칙에 의해서 존재하기 때문에 눈에 보이는 육체인 음과 눈에 보이지 않는 영혼인 양으로 이루어져 있다는 것이다. 이 영혼이라는 말은 정신이나 마음으로 바꾸어도 같은 의미다.

　그런데 동양에서 말하는 정신(精神)과 서양에서 말하는 정신(spirit)은 의미가 다르다. 동양 철학에서 '정(精)'은 육체를 말하는 것이고 '신(神)'은 영혼을 의미한다. 그래서 물질인 '정'과 영혼인 '신'이 조화를 부려서 발생하는 것을 '기(氣)'라고 한다. '정(精)-기(氣)-신(神)' 그러니까 우리가 보통 서양적 관점에서 '정신'을 'spirit' 즉 영적인 것으로 이야기하는데, 동양적 사고에서는 이미 이것이 '영'과 '육'의 복합체로 이해되고 있다는 것이다. 정은 몸을 구성하고 있는 음적인 에너지고, 신은 눈에 보이지 않는 양적인 에너지다. 이 두 개가 합해져서 조화를 이뤄 에너지 파동이 일어나는 것을 기라고 한다. 음이 없어지면 양이라고 하는 것도 없어진다. 양은 음의 반대말이기 때문이다. 하나가 사라지면 나머지도 사라져버리는 상대적 개념인 것이다.

　그런데 지금 세상 사람들, 종교인들이 모두 착각하고 있다. 마치 몸과 마음이 따로 있는 것으로 보고, 음과 양이 따로 있는 것으로 알고 있다. 그러나 개념상 나누어져 있는 것이지 따로 존재할 수가 없다. 이 음양 원리 하나만 제대로 터득해도 기독교의 천국과 지옥, 불교의 윤회 같은 문제들은 전부 해결된다.

음과 양이 함께 생했다가 함께 멸하는 것이다. 그래서 쌍생쌍멸이다. 전기를 비유로 들어보자. +와 -가 결합된 그 상태에서만 불이 들어오게 된다. +와 -가 떨어지는 그 순간에 +도 -도 동시에 사라져버린다. +와 -가 결합될 때에만 전기적 생명현상이 일어나는 것이다. 이게 떨어지면 현상도 사라지고 +도 -도 드러날 수가 없다. 다시 말해서 몸과 마음은 태어날 때 쌍생한다는 뜻이다. 음양 법칙에 의해 동시에 함께 튀어나오는 것이다. 그래서 이것이 조화롭게 지내다가 멸하는 순간 몸과 마음의 존재성은 동시에 사라져버린다. 쌍으로 태어났다, 쌍으로 유지되고, 쌍으로 사라지는 것이다. 이것이 쌍생쌍멸이다. 이것은 존재계의 피할 수 없는 법칙이며 진리다. 이 쌍은 떼려야 뗄 수가 없다. 한 쪽이 사라지면 나머지 한 쪽도 사라지는 것이다.

옛날부터 무지의 깃발아래 모인 종교계에는 기상천외한 코미디들이 많이 있었는데, 그중에 중세시대의 가톨릭 신부들이 모여서 '하나의 촛불 위에 얼마나 많은 천사가 강림할 수 있을까' 하는 문제를 진지하게 토론했다는 이야기는 압권이 아닐 수 없다. 그런데 중세시대뿐 아니라 지금 세상에서까지 더 진지하게 논의되는 문제가 있으니 그것은 바로 영혼이 임신 몇 개월째에 태아에게 들어오는가 하는 문제다. 그들은 영과 육을 쌍으로 인식하지 못하고 독립적 주체로 보기 때문에 그런 우스운 고민을 하고 있다.

몸이 생하면 마음도 생하는 법이다. 육체가 사라지면 영혼도 사라지고, +가 사라지면 −도 사라진다. 그런데 기독교에서는 육체는 죽지만 영혼은 죽지 않고 심판을 받은 뒤 천국이나 지옥으로 가게 되고, 불교에서는 몸은 죽어서 흙으로 돌아가고 영혼은 자기가 살았을 때 지은 업에 의해서 좋은 일을 많이 한 사람은 다음에 부귀한 사람으로, 나쁜 일을 많이 한 사람은 짐승으로 윤회한다고 말하고 있다.

지금 다들 그렇게 믿고 있지 않은가? 종교가 사람들을 다 세뇌시켜 버린 결과다. 이런 엉터리 생각이 왜 나왔을까. 절대는 그만 두고라도 우주 현상계의 상대적 법칙을 모르기 때문이다. 쌍으로 태어나서 쌍으로 사라지는 법이다. 아주 간단한 원리인데 왜 이것을 모를까. 왜 윤회를 믿을까? 그것은 에고 때문이다. 자기가 사라진다니 얼마나 끔찍하겠는가. 육신이 죽는 것도 감당을 못하는데 영혼까지 사라진다니 혼비백산해져서 영혼불멸설을 믿어버리는 것이다. 그러나 어떻게 하겠는가. 법칙이 쌍생쌍멸이기 때문에 함께 생하고 함께 멸할 수밖에 없다.

석가모니 부처님이 2,500년 전에 위빠사나를 통해서 있는 그대로의 진리를 깨닫고 보니 무아연기임을 알았다. 쌍생쌍멸이기 때문에 "본래 나라는 것은 없다, 모든 생명적 현상 속에는 그 자성이 공하다."라고 말씀하신 것이다.

미(美)와 추(醜)

사람들은 무엇을 보고 아름답다, 추하다고 하는가. 사람을 놓고 이야기할 때, "저 여자는 아름다워." 또는 "저 여자는 못생겼어." 하는데 기준이 무엇일까. 그 기준은 사람마다 다르다. 내가 볼 때는 아주 못생겼는데 다른 사람은 죽자 사자 쫓아다니는 일이 있다. 또 어떤 사람은 마른 사람을 좋아하고, 어떤 사람은 뚱뚱한 사람을 좋아하고, 또 어떤 사람은 키가 큰 사람을 좋아하고, 어떤 사람은 아담한 사람을 좋아한다. 여기까지는 아름다움이고 여기까지는 추함이라는 기준이 있다면 다를 수 있을까? 그 기준이 상대적이라는 것이다. 모든 것이 다 그렇다.

시비, 옳고 그르다고 하는 것도 기준이 정확하게 있으면 사람들이 왜 싸우겠는가? 절대적 기준이 없으므로 내가 옳으니, 네가 옳으니 하며 매일 싸우지 않는가? 서로 잘났다고 하면서 말이다.

선(善)과 악(惡)

오늘날 사람들이 가장 헷갈리고 괴롭힘을 당하는 개념이다. 모든 종교에서 '착하게 살자', '선을 행하라', '악하게 살면 벌을 받는다'와 같은 말들을 하며 선을 강조했는데 한번 잘 생각해보자. 선과 악을 나누는 기준이 있는가? 기준이 있어야 착하게 살든지 악하게 살든지 할 것 아닌가? 나 역시 깨닫기 전에 많이 생각을 해봤다. 착하게 살고 싶었으니 말이다.

그런데 아무리 생각해봐도 기준이 없다. 어디서 어디까지가 선이고 어디서 어디까지가 악인지 기준을 찾지 못했다. 왜 그럴까. 이 개념 자체가 상대적 개념이기 때문이다. 딱 선을 그어놓고 '여기까지는 선이요 여기까지는 악' 이렇게 된다면 절대적 기준이다. 어떤 상황에서도 변하지 않기 때문이다. 그런데 그런 기준이 없다. 이 세상의 모든 개념은 상대적 개념이고, 상대적 개념으로 존재하기 때문에 기준도 절대 기준이 아닌 상대적 기준으로 되어있다.

그러니 상황마다, 사람마다, 국가마다 다 다른 것이다. 법이 왜 필요한가? 절대 기준이 있다면 나라마다 법을 만들 필요가 있겠는가? 기준이 없으니 각자 자기들의 관습과 문화와 가치관, 그리고 시대상황 등에 따라 달라지는 것이다. 한국은 한국 상황에 맞게, 미국은 미국 상황에 맞게, 아프리카 원주민들은 자기들 상황에 맞게 법을 만드는 것이다. 아랍 국가에서는 남자 한 명이 여자 네 명을 거느릴 수 있다. 거기서는 그것이 법이다. 그런데 아랍 남자가 한국에 와서 그렇게 하려다가는 큰일이 난다. 기준이 다르기 때문이다. 여기서는 이것이 당연한 것인데 저기서는 맞아죽을 일이고, 여기서는 큰일 날 일인데 저기서는 환영받을 일이 될 수도 있다. 모두 기준이 없어서 그런 것이다.

그런데 사람들은 이 상대적 개념에 의한 선악 기준을 마치 절대 기준인 것으로 착각하고 있다. 우리가 보통 "저 사람은 참 착한 사람이야"라고 말하는데 뭘 가지고 착하다는 것인가? 자기 기준으로 그렇다는 뜻이다.

　그런데 사람들을 괴롭히고 있는 선이니 악이니 하는 것은 실제로 있는 것이 아니고, 쌍으로 존재하는 개념일 뿐이다. 오늘날 모든 종교가 악을 없애고 "선한 세상을 만들자.", "유토피아를 건설하자.", "불국토를 건설하자."와 같은 순진한 소리를 하고 있다. 그런 세상이 있다면 정말 좋겠지만 악이 없어져버리면 선은 어떻게 되는가? 이것도 어디 지탱할 데가 없어진다. 선이라고 하는 것은 악의 반대말이기 때문에, 악이 없어지면 선도 같이 없어진다. 그런데 둘 다 사라져 버리면 이 상대성인 우주 현상계가 존립할 수 있겠는가? 안 되는 것이다. 이 우주 현상계가 있는 한은 좋든지 싫든지 선과 악이 쌍으로 함께 같이 있어야 한다. 쉽게 말해서 여러분들이 존재하는 한은 영혼과 육체가 함께 있는 것이다. 육체가 싫다고 내팽개치고 영혼이 혼자 있을 수 없고, 영혼이 귀찮다고 떼어 팽개치고 몸만 혼자 있을 수도 없는 것처럼 이 현상계가 있는 한 선과 악이 함께 있는 것이다. 이것이 진리다.

　그러므로 선과 악이라는 개념, 나와 너라는 개념, 음양이라는 개념, 미추, 시비 등 이루 헤아릴 수 없는 수많은 쌍으로 존재하는 개념은 절대로 없어질 수 없다. 이것이 없어지면 저것도 없어지기에 우주 현상계 자체가 없어지는 것과 같다. 그러니 이 세상이 존재하는 한 음양의 모습으로 있고, 너와 내가 있고, 선과 악이 함께 있는 것이다. 이 모든 것이 상대성인 우주 현상계의 원리에 의해서 튀어나온 것이기 때문에 선과 악이 함께 공존하는 이것이 바로 진리다.

따라서 선이 진리라면 악도 진리다. 그런데 사람들은 진리인 악을 쳐 없애려 하고 있다. 그러나 악도 진리기 때문에 없어지지 않는 것이다. 상대적 우주 현상계 안에서는 이 자체가 진리다. 악도 진리라서 없어지지 않는다고 하니 큰일이라 생각할 수도 있겠으나 걱정할 필요 없다. 이 우주 현상계 안에서는 함께 공존하는 진리지만 이것들은 참이 아니고 개념으로만 존재하기 때문에, 본래성품 차원에서 봤을 때는 허상에 불과하다. 허깨비라는 말이다. 본래는 있지 않은데 개념으로만 있는 것이다. 허상체인 상대적 우주 현상계를 유지하기 위해서, 필요에 의해서 만들어진 개념일 뿐이다.

그런데 이 상대적 개념인 허상에 사람들이 매여서 이게 옳으니 저게 옳으니, 이걸 없애야 되느니, 저것은 어쩌니저쩌니 하면서 시비분별하고 끌려다니기 때문에 고통이 생긴다. 그러면 우리는 세상을 어떻게 봐야 할까? 이 모든 것을 있는 그대로, 진리로 봐야 된다. 절대 진리인 본래성품이 그대로 드러났다 사라졌다 하는 모습이 이 상대적 우주 현상계이기 때문이다.

절대성과 상대성

우주 현상계 안에 존재하는 선과 악, 옳고 그름, 좋고 나쁨, 아름다움과 추함 등의 모든 상대적 개념들은 진리인 본래성품 그 자체이기 때문에, 시비분별 짓고 있는 그것이 바로 어리석음이고 무지다.

본래성품 측면에서 전체가 하나로 드러난 우주 현상계를 있는 그대로의 진리로 보지 못하고, 이 몸뚱이 안에 들어있는 티끌과 같은 개체의식으로 이것저것 시비분별하면서 상대적 개념 안에 푹 빠져서 그것의 놀림감이 되어 끌려다니고 있다는 것이다.

무아연기, 이 상대적 우주 현상계 안에는 그 어떤 존재도 스스로, 그리고 홀로 존재하는 것은 없다. 따라서 그 각각의 성품 안에는 나라고 이야기할 만한 주체가 없다. 허상체이고 무아연기적 존재기 때문에 반드시 생했다 멸한다. 왜 허상일까. 변하고 사라지고 없어져 버리기 때문이다. 이 허상체들은 연기적 방법에 의해 존재하고 유지되고 멸하는 것이다.

이것이 저걸 만들어놓고 저것이 이걸 만들어 놓고 다른 것을 존재시키면서 사라진다. 그리고 상대적 존재는 홀로 존재할 수 없다. 반드시 상대가 있어야 존재한다. 그러므로 이것은 나라고 말할 수 없다. 그러면 오직 나라고 말할 수 있는 것은 영원히 변하지 않고, 시작도 끝도 없는, 이것도 아니고 저것도 아니면서 이것과 저것 모두인 오직 하나로서 존재하는 절대인 본래성품이다. 이것만이 참나인 것이다. 본래성품에서 나투어진 이 존재 하나는 허상체로서의 모습이고, 그 허상체가 튀어나올 때 어쩔 수 없이 뒤집어 씌워진 상대적 인식에 의해서 마치 나누어져 있는 것처럼 보일 뿐이다. 실제로 나누어진 것이 아니다. 개체의식으로 착각했을 때 나누어진 것처럼 보이는 것이다.

오직 하나고, 인식될 수 없으며, 현상적으로 존재할 수 없는 그것이 실재고, 그것이 드러날 때는 의식으로 드러난다. 그런데 깨닫지 못한 사람은 이 몸 하나만 나라고 생각하기 때문에, 이것만 나고 다른 것은 너라고 생각하기 때문에 분리 의식이 된다. 이 분리 의식은 이 개체를 나라고 인정하는 개체의식에서 나오는 것인데 실제로 이 개체의식은 상대적 개념에서만 나오는 것이지 실재인 본래성품에는 그런 것이 없다. 진리는 본래 쌍으로 이루어진 하나다.

절대와 상대는 하나

앞에서 절대와 상대에 대한 기본적인 설명을 했다. 처음에는 절대와 상대를 정확히 인식시켜주기 위해서 본래 하나임에도 불구하고, 절대의 성품은 이러이러한 것이고 상대의 성품은 저러저러한 것이라고 나누어 설명할 수밖에 없었다. 그러다 보니 전체를 꿰뚫고 있지 않는 한 그 틀에 갇혀버리게 된다. 지금 불교계를 비롯한 많은 구도자들이 말로는 절대와 상대가 하나라고 말하고 있음에도 불구하고 실제로는 나누어진 것으로 인식하고 있다. 그래서 절대의 성품을 마치 아무 것도 없는 텅 빈 '공'의 성품으로 착각하고 있다. 그러면 이제 우리가 그동안 분리해서 설명했던 절대와 상대의 성품이 실제로는 어떤 것이며, 어떻게 하나 되는 것인가를 함께 살펴보자.

절대와 상대는 둘이 아니라 하나다. 이것을 동양철학에서는 '무극(無極)'과 '태극(太極)' 개념으로 설명하고 있다.

근원자리인 무극, 무극에서 태극, 그리고 이 태극에서 갈라져 나온 음양인데, 이것이 마치 순차적으로 나오는 것처럼 표현되고 있지

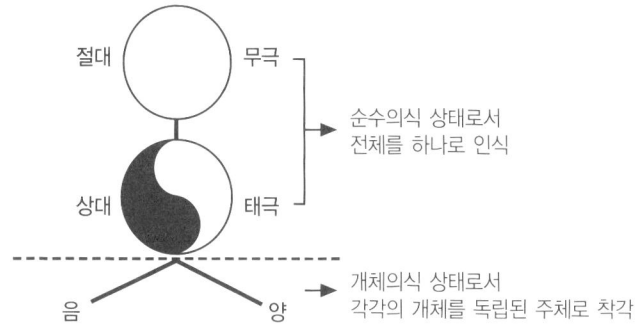

만 사실은 하나에 들어있는 것이다. 쉽게 설명하고자 '무극에서 태극이 나왔고, 태극에서 음양이 나왔다'라고 말하지만 그대로 하나에 들어있는 것이다. 따라서 무극의 상태는 일체의 시비분별이 끊어진 절대성으로 보고, 태극은 이 절대의 성품 안에 음과 양이 공존하고 있는 상태를 나타내고 있으며, 이 상대성이 세상에 표출되어 음양으로 나누어져 존재하고 있는 상태를 현상계라고 표현할 수 있다.

그런데 이것을 절대에서 상대가 나왔고, 상대법칙에서 음양, 즉 이 현상계의 만물이 나왔다고 도식적으로 이해하면 곤란하다. 이것은 순서적인 것이 아니고 인식의 차이를 나타내주고 있는 것뿐이다. 이제 절대와 상대와 현상계가 그대로 하나라는 것을 이해하기 위해서 도표를 변형해보도록 하자.

하나의 세계가 있다. 이 '절대'라는 하나의 세계 안에 '색'과 '공'이라는 두 가지 다른 성격이 들어있다. 시비분별이 끊어져서 그대로 하나였던 '절대'가 그 존재성을, 자신을 인식하기 위해서 그

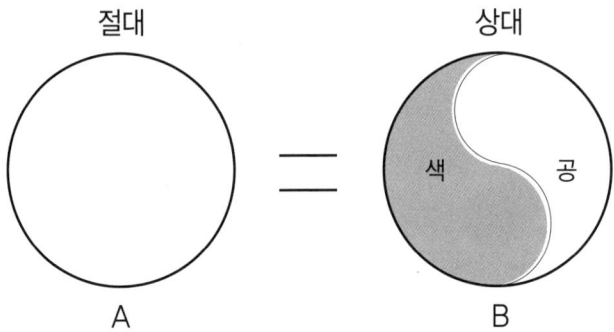

자체가 두 가지의 성품인 상대성으로 드러낸다는 것이다. 이것을 크게 색과 공으로 이야기할 수 있다. 색은 물질 상태고 공은 텅 빈 상태로서 서로 반대되는 개념이다.

   예를 들어 하나의 방이 있다. 이 방에 아무것도 없는 텅 빈 상태일 때 우리는 이것을 공의 상태로 이해할 수 있다. 그 텅 비어있던 방에 가구와 사람 같은 물질적인 존재들이 나투어진 상태를 색의 상태라고 할 때, 방이라고 하는 본래성품은 물질이 들어 차 있거나 텅 비어있거나, 새로 생기거나 사라지거나 하는 그런 성품이 아니다.

   있다가 없다가 하는 것은 무엇인가? 물질이다. 사람이나 물건이 있다가 없다가 하는 것이지, 방이라고 하는 그 성품은 물질이 있을 때도 방이고 물질이 없을 때도 그냥 방이다. 그러니까 있음과 없음이 그대로 다 들어있는 것이 곧 절대다. 색과 공이 그대로 다 들어있는 것이 절대라는 뜻이다. 색의 상태로 있어도 절대 안에 있는 것이고, 공의 상태로 있어도 절대 안에 있다는 말이다. 절대가 변하는 것이 아니고 절대가 품고 있는 상대성 개념이 변하는 것이다. 공의 상태에서 색의 상태로, 무의 상태에서 유의 상태로 그 상대적 개념이 변하는 것이다.

그런데 지금 많은 사람들이 이 절대의 성품을 공의 성품으로 착각하고 있다. 텅 빈 것, 아무 것도 없는 것, 일체가 끊어진 것, 태어나기 이전 소식 등으로 표현하니까 색이 드러나기 이전의 텅 빈 공의 세계로 착각하고 있다. 이것은 진리의 성품인 절대성을 반쪽만 알기 때문이다. 색이나 공이나, 있거나 없거나 그 어떤 것도 절대의 성품 안에 들어있는 것이다. 그 절대의 성품을 벗어나 있는 것이 아니다.

불교에서 이 절대 상태를 '허공성'으로 표현하고 있다. 그러다 보니 이 말에서 오는 뉘앙스 때문에 그냥 텅 비어있는 상태를 생각하기 쉽지만 이미 설명한 것처럼 물질은 허공을 의지해서 나타난다. 그렇다면 물질이 나타났다고 해서 허공이 없어졌는가? 또 물질이 사라졌다고 해서 없던 허공이 생겨났는가?

생했다 멸했다 하는 것은 허공이 아니고, 그 허공 안에 들어있는 물질세계다. 따라서 물질이 있다고 해서 허공이 사라지고, 물질이 없어졌다고 해서 허공이 나타났다고 보면 착각이다. 그것은 허공을 색의 반대인 공, 물질이 없는 상태로 보기 때문에 발생하는 무지다.

진리에 대한 올바른 이해가 안 되어 있을 때 이것을 자꾸 착각하는 것이다. 사실은 너무도 간단하지만 하나의 절대성이 자신을 드러내기 위해서 상대적 개념인 색과 공으로 나누어지고, 공은 더 이상 나누어질 것이 없지만 색은 드러나는 것이기 때문에 이 자체가 상대성인 음양으로 또 갈라지게 된다. 그래서 깜빡하면 한 단계를 뛰어넘어서 그냥 절대와 상대의 관계를 색과 공의 관계로 착각하는 수가 있다는 말이다. 따라서 절대는 공의 상태가 아니고 공과 더불어 색이 함께 들어있는 전체가 그대로 하나로서의 상태인 것이다.

이 절대인 본래성품과 상대적 개념인 공에 대한 인식의 차이를 예를 들어보자. 니사르가다타 마하라지는 진아의 상태를 설명할 때 "지금으로부터 100년 전, 즉 그대가 태어나기 이전 상태"라고 표현했다. 그런데 그의 제자인 라메쉬 발세카는 진아의 상태를 "빅뱅이 일어나기 0.01초 전"이라고 설명했다. 언뜻 보면 두 사람의 말이 같은 것처럼 보인다. 아니 오히려 제자인 발세카의 말이 스케일이 더 큰 것처럼 보일 수도 있다. 그러나 이 두 사람의 표현에는 미묘하지만 대단히 의미심장한 차이가 있다. 발세카는 진아를 물질이 없는 상태, 즉 공의 상태로 인식한 것이고 마하라지는 세상은 그대로 있지만 나라는 개체적 인식이 없는 상태, 즉 무아 상태를 말하고 있다. 이처럼 깨달은 사람은 무아, 즉 진아를 정확하게 꿰뚫고 있지만 깨닫지 못한 사람은 무아를 체득하지 못했으므로 알음알이에 의해서 공의 상태를 절대인 진아로 착각하는 것이다.

이것을 다시 손으로 비유해 보자.

> 손 = 손바닥 + 손등

　손바닥을 색이라 하고 손등을 공이라 할 때, 우리가 손바닥을 보면 손등은 감춰진다. 반대쪽을 볼 수가 없기 때문이다. 상대적 개념을 가지고 있는 상대적 존재들은 상대적 인식구조를 가지고 있기 때문에 양극의 한쪽만을 인식할 수밖에 없다. 이것이 곧 비극이다. 모든 착각은 여기서 일어난다. 손바닥인 색을 인식하는 순간 손등, 즉 공은 감춰져버리니 모르게 되는 것이다. 또 공을 인식할 때, 즉 텅 빈 상태를 인식할 때, 모든 색, 즉 물질세계는 감춰지기 때문에 알 수가 없다. 결국 양면 중에 이쪽을 보나 저쪽을 보나 항상 한쪽만 보는 것이다.
　그래서 진리의 절대성품이 나투어낸 상대성, 그 양쪽을 보지 못하고 늘 한쪽만 보고 있다는 말이다. 이러다 보니 사람들이 가지고 있는 모든 지식과 개념과 인식 작용은 전체를 보지 못하고 항상 한쪽에 치우친 생각을 가지게 된다. 이것이 문제다. 손바닥만을 인식하면 손등을 놓치지만 손 자체를 인식하게 되면 손이라는 말 속에는 손바닥과 더불어 손등도 함께 들어있다는 것이다. 따라서 손 자체가 절대다. 절대는 전체를 가리키는 말이다. 손 전체가 손인데 이것이 세상에 드러날 때에는 반드시 상대개념이 따라붙기 때문에 손바닥과 손등으로 나눠져서 불리게 된다. 그래서 본래는 손바닥이니 손등이니 따질 것도 없이 그냥 손이지만, 현상세계는 상대세계이기 때문에 항상 하나가 둘로 쪼개지게 되어있다는 뜻이다.

따라서 이것을 손바닥과 손등으로 인식을 할지라도 이 두 개가 그대로 포함된 것이 손이라는 것을 전체적으로 이해하고 있다면, 손바닥을 보든 손등을 보든 그 이면에는 또 다른 면이 있다는 것을 알 수 있게 된다. 그러나 손바닥만 인식하고 있을 때, 즉 손바닥에만 매여있을 때에는 손등을 모르고 지나친다.

세상의 모든 사람들은 마치 손바닥만 인식하고 있는 것과 같다. 이 현상세계만 눈에 보이기 때문이다. 그런데 깨달은 사람은 손 자체를 인식한다. 손 자체를 인식하는 사람은 손바닥도 알고 손등도 알고 있다. 그러니 색도 알고 공도 안다는 말이다.

색과 공이라고 하는 것은 절대 진리인 본래성품 안에서 상대적으로 쌍으로 존재한다는 것을 알고, 그 두 가지의 상대적 성품이 절대의 진리 안에 들어있는 것이기 때문에 색도 진리고 공도 진리라는 것을 안다는 뜻이다.

그러므로 선이 진리면 악도 진리다. 이 선과 악이 절대 진리인 본래성품 안에 함께 쌍으로 들어있는 똑같은 진리라는 뜻이다. 이것을 차별 없이, 시비분별 없이 있는 그대로 볼 때 그게 바로 깨달음이다. 그런데 이건 좋고, 이건 나쁘고, 이건 없애야 하고, 이것은 잘해야 하고 등 이러한 자기 기준에 의한 시비분별이 끊임없이 일어날 때, 그 자체에 매여서 본래 있지도 않은 개념의 노예가 됨으로써 끊임없이 고통받는다.

이제 우리가 여기서 알아야 할 중요한 것은 절대는 상대 이전의 어떤 상태가 아니라는 점이다. 상대가 그대로 함께 녹아져 있는 그 자체의 모습이 바로 절대다.

단지 인식될 때만 절대가 상대성으로 드러난다. 색과 공이라고 하는 것 중에 색이 하나의 색으로 있는 것이 아니고, 드러나는 색이 또 다시 갈라지는 것이다. 그래서 여기에서는 상대개념인 나와 너, 선과 악, 미추, 시비 이런 것들이 생겨난다. 가장 큰 상대성은 색과 공이라고 하는 개념인데, 이 색은 바로 물질세계를 이야기하고 공은 그 물질이 드러났다가 사라진, 감추어진, 텅 빈 상태를 표현한다. 또 이 색의 상태에서 다시 음양의 법칙인 상대개념이 자리하고 있다.

그러나 이 색이니 공이니 하는 것은 개념일 뿐이고 오로지 절대만이 실재다. 그러므로 절대 안에서 수십억만 개가 쪼개졌어도 그 모든 것들은 본래 하나인 절대에서 나투어진 절대의 변화 모습이기 때문에 본래성품만 알고 있으면 헷갈릴 것이 없다. 절대와 상대는 그대로 하나기 때문이다. 이것이다 저것이다 하는 한쪽에 치우친 차별심, 분별심이 끊어지게 되면 있는 그대로가 절대고 진리다. 이 개념을 설명하는 여러 비유를 살펴보자.

바다와 파도

바다에 바람이라는 조건이 불면 잔잔한 하나의 상태였던 바다에 수십억만 개의 파도와 거품이 일어나기 시작한다. 그때 만약 파도에게 개체의식이 있다면 하나의 파도가 일어날 때 자기는 태어났다고 생각할 것이다. 그래서 이렇게 굽이쳐 살다가 사라질 때 자기가 죽는다고 여길 것이다. 인간들이 지금 그렇게 생각하고 있는 것처럼 말이다. 그런데 바다의 입장에서 본다면 끊임없이 파도가 일어났다 사라지지만 본래 하나인 바다가 잠깐 모습만 변화되었을 뿐 자기는 그냥 바다인 상태다. 파도가 바다에서 떨어져서 따로 분리되어 존재하는 것이 아니기 때문이다. 그런데 파도에게 의식이 있다면 일어난 그놈은 자기가 독립적인 존재인 것처럼 착각을 할 것이다. 마치 사람들이 자기를 독립적인 인격체로 착각하는 것처럼 말이다.

본래성품인 바다는 파도가 일어나기 전에도 바다였고, 파도가 일어난 지금도 바다고, 파도가 사라진 후에도 그냥 바다다. 따라서 파도가 생겼다 멸했다 하는 것이 본래성품 차원에서는 아무 문제가 없다. 단지 조금 변화된 모습일 뿐이다. 바다 입장에서는 태어난 놈도 죽은 놈도 없다. 모습만 바꾼 것이지 누가 태어나고 누가 죽었다는 말인가?

그러나 파도에 초점을 맞추면 파도가 생겼다가 멸한 것이다. 사람도 마찬가지다. 의식이 이 개체에 묶이게 되면 그 의식이 개체의식이 되어서 이것만 나라고 생각하고 그때부터 내가 태어나고 내가 죽는다고 착각하게 된다. 그러나 참나는 따로 태어난 적이 없는 것처럼 죽는 것도 아니다. 본래의 내 안에서 모든 것이 드러났다가 사라지는 것뿐이다. 그러므로 '불생불멸'이다.

참나는 영원한 존재인 본래성품 그 자체기 때문에 이 안에서 수십억의 허상들이 떴다 사라질 뿐, 바다에서 파도가 일어났다 사라질 뿐, 바다는 그냥 바다다. 파도가 일어난 상태를 색이라 하고 파도가 사라진 잔잔한 상태를 공이라 한다면 바다 그 자체가 절대인 본래성품이다.

인식의 틀이 어느 상태에 있느냐가 대단히 중요한 문제다. 깨달은 사람은 바다의 입장에 있는 것이다. 개체의식을 가지고 살다가 깨닫는 순간 "아, 나는 본래 바다였구나. 나는 파도가 아니라 바다였구나." 자기 자신의 본래 모습, 본래성품을 알게 된다. 이 안에서 수십억이 떴다 사라졌다 하면서 존재해도 전체는 그냥 하나인 것이다.

육체와 세포

하나의 몸은 수십조라는 어마어마한 숫자의 세포들이 모여서 형성된 것이다. 그런데 그 세포들이 의식을 가지고 있다면 자기만 나고 옆에 있는 세포들은 다 너라고 생각할 것이다. 또 세포 하나당 평균 수명이 3~4개월이니까 '나는 3개월 전에 태어났어. 지금 내 의지대로 열심히 살다가 이제 며칠 지나면 나는 죽어.' 틀림없이 그렇게 생각할 것이다. 그 세포 하나의 입장에서 봤을 때는 자기가 태어나서 존재하다가 죽기 때문이다. 하지만 그러한 세포들이 이 몸속에 수십조나 되고 그 세포들이 지금까지 살아오는 동안 얼마나 많이 교체되면서 몸을 유지하는지 한번 생각해본 적이 있는가? 그런데 우리들은 이 전체, 수십조의 조화로 이루어진 이 전체를 나라고 하지 세포 하나를 나라고 부르지는 않는다.

　이제 의식을 좀 넓혀서 우주를 하나의 몸으로 보자. 우주에는 수 많은 은하가 있다. 인간이 살고 있는 태양계가 속해 있는 은하계에는 2,000억 개의 별들이 있으니 태양계는 티끌만하게 보인다. 그 태양계에서 지구는 8개의 행성 중 하나다. 그러니 지구 안에 붙어있는 나라는 이 존재는 크기로 따진다면 정말 아무 것도 아니다. 그러면 우주와 인간의 관계를 생각해봤을 때, 이 우주 안에 들어있는 존재로서의 나는 이 몸속에 들어있는 수십조의 세포들 중 하나인 세포와 다를 바가 무엇인가? 그리고 우주의 시간대로 보았을 때, 인간이 존재하는 100년이라고 하는 이 시간대가 과연 이 몸속의 세포가 생존하는 3개월보다 더 길다고 말할 수 있을까? 우주의 시간대에 비하면 100년은 찰나에 불과하다.

　사람들은 하루살이를 불쌍하게 여긴다. 그런데 우주적인 입장에서는 인간들이 하루살이인 셈이다. 이 광활한 우주 안에 들어있는 세포로서의 인간은, 마치 이 몸속의 세포가 3~4개월을 주기로 계속 새로운 세포로 교체되면서 이 몸을 유지시키는 것과 같이 우주라는 유기체 속의 하나의 부분으로 계속 교체되어 가는 것이다. 연기적 방법에 의해서 말이다.

　그런데 사람들의 의식이 개체의식이기 때문에 전체를 그냥 하나로서 나라고 인식하지 못하고 이 몸 하나만 나라고 한다. 마치 파도

하나가 개체의식을 가지고 바다가 잔잔했을 때 나는 없었다가, 바람이 불어서 파도가 일어날 때 내가 태어났다고, 또 파도가 스러질 때 내가 죽는다고 하는 것과 마찬가지다. 지금 세상의 60억 인간들이 전부 이렇게 생각하고 있다. 본래성품인 오직 하나의 상태, 파도를 보지 말고 바다의 상태, 이 개체를 보지 말고 우주 전체를 하나의 몸으로 인식하고 있을 때, 이 모든 것은 그냥 돌고 도는 것이다.

깨달은 사람은 개체의식이 아니고 순수의식으로 본래성품에 있기 때문에, 이렇게 나투어진 이것은 내가 아니고 참나인 본래성품에서 변화된 하나의 모습이라는 것을 안다. 본래성품이 수십억만 개로 쪼개졌다 할지라도 그 근본은 하나고, 이것들이 무수하게 떴다 사라졌다 할지라도 그것은 하나의 현상일 뿐이므로, 그런 티끌과 같은 현상을 나라고 착각하지 않는다.

그러면 개체의식, 즉 에고는 왜 생겨나게 되었을까? 처음부터 바다 의식, 즉 전체적 본래성품인 순수의식으로 그냥 있으면 헷갈리거나 착각할 것도 없을 텐데, 왜 개체의식이 생기게 되었는가. 왜 이것을 나라고 생각하고 나머지를 너라고 생각해서 시비분별하고 집착해서 고통받고 사는가.

그것은 절대가 자기 모습을 드러낼 때 상대적으로 나타날 수밖에 없기 때문이다. 이 우주 현상계에 상대적 존재로 태어나는 그 순간에 상대적 개념을 뒤집어쓰고 나오기 때문에 이것은 나고 저것은 너라는 분리 개념을 피할 수 없게 된다. 그것은 어느 누구도 피할 수 없는 운명이자 현상계의 진리다. 그러니 누구나 다 착각하게 되어 있다. 이 세상에 투영된 생명체는 튀어나오는 그 순간 상대적 존재로 상대적 개념을 가지고 나오기 때문에 개체의식이 되어 버리는 것이다. 그러나 이 개체의식이 마치 막이 씌워진 것처럼, 틀에 뒤집어 쓴 것처럼 갇혀있다가 이 틀이 벗겨지게 될 때 전체가 그대로 하나로서의 나라는 순수의식이 된다.

자신의 본래 모습, 본래성품을 깨닫는 것이다. 그래서 깨닫고 보면 부처고 중생이고 분별이 없는 것이다. 무아의 의식으로 절대 진리인 본래성품의 측면에서 보니 모두가 부처라는 말이다. 모두가 본래성품 그 자체다. 단지 다양하게 펼쳐진 현상세계에서의 배역이 다를 뿐이다.

그러니 본래성품에서 투영된 상대적 현상계는 시비분별심 없이 순수의식으로 봤을 때, 있는 그대로가 진리고 흘러가는 그대로가 순리다.

이제 마지막으로 절대와 상대가 어떻게 작용하고 있는지 다시 한 번 정리해보도록 하자.

꿈꾸는 나와 꿈속의 나

잠을 자면 꿈을 꾼다. 그 꿈속에는 나라는 개체적 존재도 있고, 내 주변의 인물들도 들어있고, 이 세상도 들어있다. 꿈이 진행될 동안에는 그 속에 들어있는 그 개체는 의심할 바 없는 나다. 꿈속에서 사람들은 평상시와 똑같은 희로애락의 감정과 느낌을 가지고 생활한다. 꿈속에 들어있는 그 개체를 나라고 믿고 살다가 꿈을 깨는 순간에, 꿈속에 들어있던 나와 주변의 인물들이 모두 허상이었다는 것을 그때야 비로소 알게 된다. 그리고 나는 꿈꾼 자일 뿐, 꿈속에 들어있던 자가 아니라는 것을 분명히 안다. 마찬가지로 지금 의식이 꾸고 있는 이 우주 현상계라는 꿈속에는 수십억의 등장인물이 있다. 그중에는 나라고 착각한 놈이 반드시 하나 들어있다. 그 나머지는 다 너라고 다시 착각한다. 그러나 꿈을 깨는 그 순간에 나라고 철석같이 믿었던 그 허상인 개체는 흔적도 없이 사라져버리고 꿈을 꾼 의식만이 남는다. 그러므로 나는 꿈꾸는 의식이지 꿈속에 들어있는 개체가 아니다. 다만 꿈속에 들어있는 동안에는 허상인 개체를 나라고 착각하고 있을 뿐이다.

또한 우리가 음식을 먹을 때, 소고기를 먹으면 고기가 몸속에 들어가서 사람의 몸이 된다. 이처럼 돌고 도는 것, 이것이 우주 현상계를 존재하게 하고 유지시키는 유기체적인 모습이다. 이 몸에서 저 몸으로 옮기는 것뿐이다. 우주 현상계에서 살고 있는 모든 생명체는 다른 생명을 취해야 그 생명을 유지할 수 있다. 그것이 진리다. 그러므로 살생이라는 것은 인간의 분별심, 에고에서 비롯된 하나의 잘못된 개념이라는 것을 알아야 한다. 어찌 동물만 생명이고 식물은 생명이 아니란 말인가? 이제 그런 유치한 생각은 버려야 한다.

우리가 영화를 볼 때 그 영화의 화면을 받쳐주는 것은 스크린이다. 스크린이 없다면 화면은 허공 속에서 흩어져버린다. 그러나 스크린이 받쳐줄 때 필름 위로 내쏘는 빛에 의해서 화면이 스크린 위에 펼쳐진다. 영화가 진행되는 동안 화면에는 아주 다양한 형태의 장면들이 펼쳐진다. 어떤 때는 불이 나서 산이 전부 다 탈 때도 있고 어떤 때는 전쟁이 나서 수많은 사람들이 죽을 때도 있다. 그러나 영화가 끝나고 나면 그 모든 장면들은 다 사라지고 화면을 받쳐주던 스크린만 남게 된다. 그 어떤 끔찍한 장면이 스크린에 투영되었다 할지라도 스크린을 물들이지 못한다.

우리의 본래성품은 스크린과 같다. 본래성품 안에서 수천억의 존재와 사건들이 뒤엉켜서 펼쳐지지만 그것이 나타났다 사라지는 그 순간에 모두 없어진다. 그러므로 본래성품은 우주 현상계가 생기기 전이나, 생긴 후나, 사라지고 난 뒤에도 늘 변함없이 항상 그 모습 그대로다. 그러나 깨닫지 못한 사람들은 그 장면에 매이고 집착함으로써 고통을 받는다. 지금까지 살아왔던 모든 인생, 모든 사건, 모든 인연은 이미 다 흘러갔다. 어리석은 사람만이 지나가버린 것을 마음속에 붙잡고 고통을 받으며 살아간다. 아직 오지 않은 미래는 드러나지 않은 것이므로 그것 역시 없는 것이다. 우리에게는 언제나 '지금, 여기' 만이 있을 뿐이다. 의식이 항상 '지금, 여기' 에 머물러 있고, '지금, 여기' 를 생생하게 알아차리게 될 때 깨달음은 저절로 오게 된다.

어떠한 일이 벌어졌어도 본래성품은 더럽혀지지 않는다. 더럽혀졌다고 착각할 뿐이다. 모든 것은 하나의 유희요, 축제일 뿐이다.

중도(中道)

옳다 그르다, 선이다 악이다, 어쩌고 저쩌고 하는 상대적 개념에 의한 시비분별심이 끊어져버린 것이 중도다. 시비분별할 것이 없다는 말이다. 모든 것이 절대적 진리에서 투영된 상대적 개념으로서 쌍으로 존재하기 때문에 다 진리라는 것이다. 진리 아닌 것이 어떻게 나올 수 있는가? 지금 펼쳐지고 있는 것이 자기의 인식의 틀로 볼 때는 옳지 않은 것 같아도 그것이 진리다. 진리가 아니라고 시비분별하고 있는 그 마음이 진리가 아닌 것이다.

인식이 본래성품 차원에서 머무는 순수의식 상태에 있어야 한다. 상대적 현상계의 틀 속에서 개체의식으로 영향받고, 세뇌 당하고, 맹신으로 가득한 알음알이로 채워져 있는 그런 인식으로는 진리를 아무리 깨달으려고 해도 깨달을 수가 없다.

이제 정리를 해보자.

이 절대와 상대의 그림을 합치면 현상적으로 어떤 모습으로 보이게 되는가? 상대 현상계의 모습으로 보인다. 그러나 그 바탕은 절대라는 것이다. 보이는 것은 상대성이지만 그 바탕에는 이미 절대성이 들어있다.

절대는 개체적으로 인식이 되지 않는다. 그러나 개체적으로 인식되지 않는다고 해서, 드러나지 않는다고 해서 존재하지 않는 것이

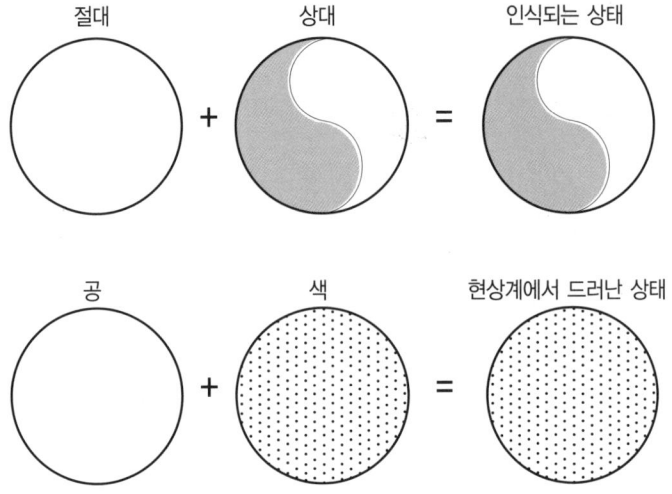

아니라 그것이 참존재다. 드러난 것은 눈에 보이니까 존재하는 것처럼 보이지만 실제로는 생멸하기 때문에 그것이 실재가 아니고 허상이다. 지금까지 설명한 것들이 머릿속에 확고하게 자리가 잡혀야 한다. 그래서 '주체로서의 나'는 현상계에 드러난 먼지티끌과 같은 몸과 마음이 아니고, 참나는 절대 진리인 본래성품 자체라는 것을 깨달아야 한다.

다시 말하지만 몸과 마음을 갈고 닦는 게 아니다. 몸과 마음을 왜 닦는가. 몸과 마음은 허상이다. 내가 아니다. 참된 수행은 있는 그대로를 알아차리는 것이다. 본래성품에서 투영된 순수의식이 해야 할 유일한 일은 알아차리는 것뿐이다. 지금 여기에서 있는 그대로를 보게 되면 몸과 마음에서 일어나는 모든 것-생각이든, 말이든, 행위든, 감정이든, 감각이든-과 우주 현상계 안의 모든 존재, 모든 사건, 모든 현상들이 전부 생멸한다는 것을 알게 된다. 생멸하니 무상한 존재며, 무상함을 알게 되면 저절로 무아가 가슴을 뚫게 된다.

오늘날 많은 구도자들이 자기 몸과 마음을 열심히 닦으려고 한다. 먼지가 끼었다고 생각하기 때문에, 더럽다고 생각하기 때문에, 에고가 있다고 생각하기 때문에 하는 행위다. 그러나 참나인 본래성품은 순수, 청정 그 자체기 때문에 그 어떤 것도 더럽힐 수 없다. 더럽혀질 수도 없다. 그것이 바로 본래 면목이다. 착각하거나 혼동하지 마라. 본래성품, 참나는 언제나 깨끗하고, 언제나 자유롭고, 언제나 행복해 더할 나위 없이 평화스러운 진리 그 자체다. 그 좁은 몸뚱이 틀 안에서 시비분별 일으키며 번뇌망상하지 말고 참나인 본래성품을 깨달아야 한다.

윤회와 우주론

　인간이 정신세계에 관심을 갖기 시작한 것은 대략 지금으로부터 5,000년 전쯤으로 추정된다. 한 골치 아픈 인간이 "이렇게 살다가 죽으면 과연 어떻게 될까" 하고 사후세계를 생각하기 시작했다. 이러한 의문이 그 이전부터 조금씩 막연하게 의식에 잡히기 시작했는데 정확하게 그것에 대해서 어떻게 말을 할 수가 없었던 것이다. 그 후 인간들의 영적인 진화가 이뤄지고 지능이 자꾸 발달해 나가면서 사후세계에 대한 인식이 생겨나기 시작했는데, 이때 정립된 것이 바로 영혼과 육체라고 하는 개념이다.

　육체는 흙에서 왔으니 죽으면 다시 흙으로 돌아가는데, 영혼은 눈에는 보이지 않지만 분명히 있는 것 같다고 생각했다. 육체는 하나의 그릇이고, 집이며, 옷일 뿐, 영혼이 바로 주인공이라고 생각한 것이다. 이 영혼은 우리가 알 수 없는 그 어떤 곳, 즉 영계 또는 하늘나라 등 여러 가지로 표현할 수 있는 그 어떤 곳에서 오는 것이라고 여겨졌다. 그래서 육체를 옷처럼 입었다가 벗는 것으로 말들을 하는 것이다. 그렇게 들어와서 살다가 육체가 파괴되고 나면 영혼은 이 세상에서 자신이 사는 동안에 저지른 행위에 의해서 선한 일을 한 사람은 천국, 악한 일을 한 사람은 지옥으로 떨어진다고 생각한 것이 초창기 사후세계에 대한 하나의 정립된 결론이었다. 그 옛날에는 윤회라는 사상이 없었다. 이것까지 생각할 만큼 지능이 높지 못했던 까닭이다.

이 천국과 지옥설은 직선사관이라고 할 수 있다. 한번 태어나서 살다가 죽어서 천국이나 지옥으로 계속 일직선으로 간다는 것이다. 그러면서 자신의 행위에 의해서 천국이나 지옥에 가게 되면 그때는 영원히 가게 되니까 한번 태어나서 살 때 잘 살아야 된다. 똑바로 살아야 된다는 것이다. 그 당시에는 절대와 상대의 인식체계가 정립이 안 되어 있었기 때문에 그냥 막연하게 영혼이라는 것을 이런 식으로 적용을 시켰다는 뜻이다.

이러한 선악개념에 의한 천국과 지옥설이 모든 원시종교의 하나의 틀이었고, 이것이 진실인 것처럼 받아들여졌는데 인간의 지능이 더 발달하면서 이 인식이 바뀌었다. 이전보다 조금 더 뛰어난 어떤 사람이 "아니다. 단 한 번만으로 영원히 천국과 지옥으로 가면 그건 너무 냉혹한 것 아닌가. 기회를 줘야 공평한 게 아니냐. 돌고 도는 거다." 그렇게 해서 직선사관 다음에 순환사관이 나오기 시작했다. "한 번 실수는 병가지상사라고 했는데, 어떻게 한 번에 의해 결정돼서 영원히 지옥이나 천국으로 갈 수 있느냐. 그렇지 않다. 돌고 도는 것이다. 자연을 보라. 봄, 여름, 가을, 겨울 그 후에 또 다시 봄이 오지 않느냐. 돌고 도는 거다." 하고 생각한 것이다.

이 순환사관에 의해서 윤회론이 나오게 되었다. 이것은 인도에서부터 시작된 사상이다. 그래서 바야흐로 직선사관은 아주 원시적인 사상이기 때문에 한물가고 이제 전 세계는 인도에서 모태가 된 순환사관, 즉 윤회론이 먹혀 들어가고 있는 실정이다.

윤회설에 있어서의 중심사상은 영혼 불멸설이다. 이 영혼 불멸설에는 두 가지가 있다.

하나는 직선사관에 의해서 영원히 천국과 지옥으로 간다는 것이고 또 하나는 순환사관에 의해서 계속 돌고 돈다, 즉 윤회한다는 것이다. 무엇이 윤회하는가? 육체는 사라지고 영혼이 돌고 돈다는 것이다. 또 인간으로만 돌고 돈다면 별로 겁을 안 먹으니까 육도윤회를 만들어 지옥, 아귀, 축생, 아수라, 인간, 천상 등의 여섯 가지 세상을 자신이 한 행위에 따라서 들어간다고 주장했다. 이렇게 오늘날 불교의 윤회설은 육도윤회설이다.

그런데 이 육도윤회설이란 것을 부처님이 말씀하셨을까? 아니다. 그럼 누가 만든 것일까. 보통 팔만 사천 대장경이 부처님의 말씀이라고 얘기한다. 그런데 부처님의 말씀이 아니다. 후대에 다 만들어진 것이다. 우리가 성경 66권을 하나님의 말씀이라고 하지만 하나님이 언제 직접 말씀했는가? 인간들이 다 만들어 놓고 권위를 부여하기 위해서 그렇게 말하는 것이다. 불경을 읽어보면 첫마디마다

'여시아문(如是我聞)', 즉 '나는 이와 같이 들었다.' 라고 씌어있다. 아난존자가 제 1차 불교 결집대회 때 자기가 늘 부처님 모시고 다니면서 들었던 내용을 그대로 암기해서 이야기한 것이다. 이것이 불경의 시작이다. 아난존자가 "나는 이와 같이 들었다." 하고 언급한 후에 이야기를 시작했다는 것이다. 그래서 이 '여시아문' 이라는 말이 없으면 부처님 말씀이 아니라고 한다. 그러니까 1,000년 후에 쓴 것도 맨 앞에는 '여시아문' 이렇게 써놓고 시작한다. 이 모든 것이 다 권위 때문이다.

성경에도 보면 마태복음, 요한복음처럼 앞에 사람이름이 붙어 있다. 이 또한 그들이 직접 쓴 것이 아니다. 이 사람들은 예수님의 직계제자다. 그래서 후대 100년 후에 썼는데도 이름은 직계제자 이름을 붙여놓은 것이다. 그래야 권위가 있을 것이고 신빙성 있어 보이니 믿음이 더 갈 것 아니겠는가? 그런데 옛날에는 '마태복음' 하고 붙여놓으면 마태가 썼다고 다들 믿었는데, 요즘은 워낙 과학이 발달해 '고문서학' 이라는 분야에서 그 책의 진짜 연대기를 다 밝혀내고 있다. 그 당시 쓴 문체라든지 언어 구성 등, 쉽게 이야기해서 '지금 우리가 쓰고 있는 이 언어를 지금으로부터 500년 전에 쓴 거다' 라고 아무리 주장해봐야 조사해보면 다 밝혀진다. 500년 전엔 지금 같은 용어를 쓰지 않았다. 이런 용어 자체가 없었다는 말이다. 그때는 어법이 전혀 달랐다는 뜻이다. 예를 들면 "그러하오십나니까?" 이렇게 썼다는 것이다. 이런 것을 밝혀내는 것이 문서학이다.

그러니 이건 빼도 박도 못한다. 아무리 앞에다가 '여시아문' 이라고 써놓아도 안 통한다. 불경이나 성경을 이 같은 문서학으로 밝혀 보면 그 연대가 전부 드러난다. 따라서 팔만대장경이 다 부처님 말씀이니 어쩌니 해도 전부 몇백 년이나, 천년 이후에 불교학자들에 의해서 만들어진 것으로 밝혀진다. 특히 중국, 한국, 일본에서 신봉하고 있는 대승경전 같은 경전들은 종교경전이 다 그렇듯이 각 종파마다 부처님 말씀을 뼈대로 하여 자기들 식으로 경전을 해석해서 체계를 만든 것이라고 봐야 한다.

어쨌든 육도윤회라고 하는 체계가 후대에 만들어진 것인데도, 현재 불교인들이 꼼짝없이 이 육도윤회를 부처님이 하신 말씀으로 믿고 받아들인다는 사실이다.

그런데 부처님은 윤회라는 말을 개체의 윤회로 쓴 적이 없다. 부처님이 깨달은 진리가 무아연기라는 것은 모두가 다 아는 사실이다. 무아연기라는 뜻이 무엇인가. 이 우주 안에 들어있는 모든 개체는 자기 혼자 스스로 존재할 수 없다는 것이다. 타에 의해 발생되었기 때문이다. 그리고 홀로 존재할 수도 없다. 상대세계는 인식하는 자와 인식되는 대상이 있어야만 한다. 즉 상대적으로만 존재할 수 있다. B라는 것이 있을 때만 A도 함께 공존할 수 있다. 상대 현상계의 법칙에 의해 B가 사라지면 A도 사라지게 된다. 홀로 있을 수도 없고, 스스로 존재할 수도 없다. 그러므로 이 개체는 현상적으로 나타나기는 하지만 이 안에는 주체로서의 나는 없다. 이것이 무아다. 왜 무아일까? 연기되는 존재기 때문이다. 그러므로 만약 윤회라는 말이 있다면 전체적으로 생명이 돌고 돌면서 다른 생명체를 계속 발생시키니 이것을 연기적 윤회라고 할 수 있다.

그런데 지금 불교에서 얘기하는 윤회는 하나의 개체가 살다가 죽어서 갔다가 다시 올 때, 개도 됐다가 사람도 됐다가 구더기도 됐다가 개구리도 됐다가 한다는 것이다. 이치적으로 따져 봐도 인간만 60억인데 개체 개체가 모두 영혼이 왔다갔다 한다면 말이 되겠는가? 주체라는 것은 스스로 존재하면서 변하지 않는 영원한 것을 말하는데, 타에 의해서만 생겨나고 홀로 존재할 수도 없는 이것을 어떻게 주체라고 할 수 있는가? 이 간단한 인식을 놓치고 있는 것이다.

주체는 오직 하나고 이것이 전체를 잡아 돌리고 있다. 우리 몸속에 수십조의 세포가 그 하나하나로는 큰 의미가 없지만 그것들이 결집되지 않으면 몸이 존재할 수 없는 것과 똑같은 이치다. 전체와 개체의 관계에서 본다면 윤회라는 말은 전체가 이렇게 맞물려 돌아가는 연기라는 방식에 의한 윤회라는 것이다. 하나의 개체가 들락날락거리면서 이렇게 된다는 것은 인간만 해도 주체가 수십억 개고, 미물 짐승들까지 전부 윤회의 대상으로 봤을 때 그 수는 헤아릴 수조차 없는데 그건 있을 수 없는 일이다. 모든 존재는 무아연기적 존재기 때문에 허상체다. 상대적 세계의 모든 존재는 생멸하는 것이고, 거기다가 쌍생쌍멸하기 때문이다.

우주 현상계의 모든 상대적 존재의 존재 방식이 상대적 개념, 즉 쌍으로 존재할 수밖에 없다. 따라서 이 안에 들어있는 생명현상을 가진 모든 존재들은 전부 음양으로 나타난다. 아주 미세한 먼지부터 거대한 우주까지 어느 하나 빠짐없이 모두 음양의 조화 속에 있다. 그러므로 쌍생쌍멸이란 상대성 존재법칙에 의해서 하나의 개체를 형성하는 음과 양, 즉 육신과 영혼이 생할 때 동시에 시작되고 기가 돌아가는 동안에 함께 존재하다가 음양이 더 이상 조화를 부리지 못하고 멸할 때 동시에 사라진다는 것이다.

인간은 상대적 우주 현상계 안에 있는 상대적 존재기 때문에 이 법칙을 벗어날 수가 없다. 전기에서 +와 -가 떨어지는 그 순간에 +도 사라지고 -도 사라진다. -는 사라지는데 + 혼자 어디 가서 있다가 나오는 것이 아니다. 그런데 사람들은 육체는 죽지만 영혼은 천국이나 지옥에 가서 살든지 그렇지 않으면 영계에 갔다가 자기가 지은 업에 의해서 다시 다른 몸을 받아 윤회한다고 믿고 있다. 몸과 마음, 즉 육체와 영혼이 함께 나왔다가 함께 사라졌는데 누가 윤회를 한다는 것인가? 진리를 모르고 현상계의 존재법칙을 모르기 때문에, 에고적 발상에 의해서 그런 이야기가 나올 수 있는 것이다.

그러므로 개체적 윤회는 없다. 그러니 현재의 불교는 그냥 다 쓰러져버리는 것이다. 그리고 개체적 자아가 없으니까, 천국과 지옥도 없다. 기독교도 끝났다. 그리고 이 몸뚱이 가지고 잘 닦으면 신선 되어서 영생한다고 도교, 선도, 단전호흡 등 기수련하는 단체에서 말하는데 있을 수 있는 일인가? 거기도 끝난 것이다. 지금 세상에서 뭔가 한 가지씩 이런 이상야릇한 것을 내걸고 있는 모든 종교, 모든 단체는 다 끝난 것이다. 21세기에는 인류의식이 좀더 합리적으로 진화해서 지금까지의 원시적 사상은 모두 막을 내리게 되어 있다.

그러면 다음에 더 좋은 곳에 태어나게 해달라고 부처님께 가서 기도하고, 천국 가겠다고 교회 가서 성금내고 있는 이런 사람들 다 뭐하고 있는 것인가? 코미디가 아닐 수 없다.

따라서 우리는 삶과 죽음, 그리고 이 삶과 죽음을 담고 있는 이 우주의 문제를 풀어야 한다. 인생이 이 우주 안에 들어있기 때문이다. 이 우주를 풀지 않으면 결코 인생을 알 수가 없다. 마찬가지로 죽음도 알 수가 없게 된다.

그런데 이 우주라는 개념이 생겨난 것이 약 2,500년 전쯤이고 정확하게 인식하게 된 것은 불과 몇백 년도 안 되었다. 그전에는 이런 개념이 없었다. 그냥 하늘과 땅이라는 개념만 있을 뿐이었다. 옛날에는 우주를 평면적으로 생각했기 때문에, 땅은 네모났고 땅 주변으로 바다가 둘러치고 있는데 바다에는 끝이 있다고 생각했다. 처음에는 천동설이 맞는 줄 알았다. 지구는 네모나기 때문에 고정되어 있고, 태양이 동쪽에서 떠서 서쪽으로 진다는 것이 천동설인데, 이것을 지동설로 바꾸어 놓은 것이 코페르니쿠스와 갈릴레이다. 지동설이라는 것은 지구가 움직인다는 것인데, 그 말은 지구가 둥글다는 뜻이다. 네모나게 생겼다면 어떻게 돌겠는가. 지구가 둥글어야 돌 수 있다. 우리 눈으로 보기에는 태양이 움직이지만 그게 아니라 지구가 태양을 돌고 있다는 것이다. 서쪽에서 동쪽으로 지구가 돌고 있는데, 우리 눈에는 해가 동쪽에서 서쪽으로 지구를 도는 걸로 보이는 이것이 현상과 실제의 차이다. 또 네모난 지구를 바다가 둘러싸고 있으니 바다도 끝이 있다고 믿었다. 수평선을 보면 끝이 있는 것처럼 보인다. 그래서 옛날에는 배를 몰고 멀리 나가지 못했다. 바다 끝 벼랑으로 떨어질까 봐 말이다. 그런데 이것을 깨뜨린 사람이 마젤란과 콜롬부스다.

마젤란과 콜롬부스는 탐험가기에 '끝이 있다는데 끝까지 가보자'하며 목숨을 걸고 항해했다. 그런데 계속 전진해 나갔더니 다시 제자리로 돌아왔다. 사실 코페르니쿠스와 갈릴레이는 학문적으로 지구가 둥글다는 학설을 제시했지만 마젤란과 콜롬부스는 직접 실천해서 증명시켜 주었는데 이게 불과 몇백 년 전에 일어난 사실이다.

과학이 생겨나기 시작하면서 우주라고 하는 개념도 구체화되기 시작했다. 옛날에는 철학이 과학을 대신했다. 그리스 철학의 대표라 할 수 있는 소크라테스, 플라톤, 아리스토텔레스 등 이런 사람들이 철학자인 동시에 과학자인 셈이다. 그때는 실제로 증명할 수가 없었기 때문에 머리로 상상했다. 플라톤의 《이데아》를 보아도 머리로 이상세계를 상상해 놓았다. 그런데 실질적 과학이 발달하면서 철학과 과학이 나누어지게 된 것이다. 이 시점이 불과 5~6백 년 전이다. 근대과학의 아버지는 뉴턴이라고 볼 수 있다. 뉴턴이 발견한 그 유명한 만유인력, 우스갯소리로 사과나무 밑에서 낮잠 자다가 사과가 떨어져서 이마를 때리는 바람에 그때 번쩍하고 "왜 모든 것은 전부 위에서 아래로만 떨어질까?" 하는 의문이 생겨서 이것을 연구한 결과 중력, 즉 땅이 모든 것을 끌어당긴다는 사실을 발견하게 되었다. 그래서 만유인력, 즉 이 세상에 존재하는 모든 물질은 서로 끌어당기는 힘이 있다고 생각하고, 이것을 적용시켜 보니 100% 다 맞았다. 그래서 뉴턴의 만유인력이 절대 불변의 진리라고 인정을 받고 한동안 잘 우려먹었다.

그런데 20세기에 들어서면서 절대불변의 진리였던 뉴턴의 중력설이 아인슈타인의 상대성 이론에 의해서 깨지게 되었다. 쉽게 이야기해서 중력설은 상대적인 법칙일 뿐이지 절대 법칙이 아니기 때문이다. 이 우주 안에 존재하는 모든 물질에 적용되는 모든 법칙은 상대성으로 작용하기 때문에 절대 법칙이란 결코 있을 수 없다. 이것은 정말 인류 정신사에 한 획을 긋는 중요한 사건이며 엄청난 인식의 도약이라고 할 수 있다.

진리가 깨져버린 것이다. 철학이나 과학처럼 19세기까지 전 세계 인류가 철석같이 믿었던 진리가 깨져버린 것이다. 단 하나의 시각차이, 관점의 차이에 의해서 말이다. 이게 바로 틀이라는 것이다. 인간이 지구에 존재하고 있기 때문에 모든 시각을 지구 안에서 보았다. 그랬더니 이 법칙은 그대로 진리였다. 그런데 바깥에서 보니 이 법칙이 우물 안 개구리처럼 지구에서만 통용되는 것이었다. 그래서 '상대성 이론'은 엄청나게 위대한 것이다. 이때부터 우주의 개념이 실질적으로 시작된다고 볼 수 있다. 19세기까지의 과학은 우주의 과학이 아니라 인간중심주의에 입각한 지구과학인 셈이다.

아인슈타인은 광속, 즉 빛의 속도조차도 상대성으로 적용된다는 사실도 밝혀냈다. 여기서 쏘는 빛이든, 반대편에서 쏘는 빛이든, 또 자동차가 달리면서 쏘는 라이트 빛이든, 정지 상태에서 쏘는 빛이든, 어떤 위치나 상태와는 상관없이 빛의 속도는 항상 일정하다. 그런데 만약 빛의 속도와 똑같은 속도로 갈 수 있는 로켓에 내가 타고 있다면 그 빛이 가는 것처럼 보일까, 아니면 가지 않는 것처럼 보일까? 가지 않는 것이다. 그런데 나는 서있고 옆에서 빛이 지나가면 그 속도는 어마어마하게 빠르게 느껴지게 된다.

느끼는 것이 다 상대적이라는 말이다. 빛의 속도는 변함이 없지만 관측자의 상황에 따라서 변화된다는 것이다. 그런데 절대불변의 진리라 믿었던 '뉴턴의 중력설'이 깨지고 '상대성 이론'이 다시 진리가 되었는데 이 '상대성 이론'마저 깨져버린 것이다. 양자론에 의해서 말이다. 지금 현재 통일장 이론이 등장했는데 이 '통일장'은 사실 절대성이다. 아직 이 통일장 이론은 물리학자들이 완성시키지 못하고 있다.

이 상대성 이론은 우주 차원이지만 현상계 법칙인 데 반해서 '양자론'에 들어가보면 각기 다른 것처럼 보이는 모든 물리적 존재들이 구분이 안 되고 그냥 다 하나다. 그러니까 이 상대성이론도 현상계의 법칙일 뿐이다. 더 깊이 근원적인 측면으로 들어가 보면 그것도 없다.

그런데 아인슈타인이 발견한 '상대성 이론'에 있어서의 또 한 가지 중요한 점은 그 이전까지는 물질과 물질이 충돌을 해서 사건이 발생한다고 봤다. 현상적으로 나타나는 모습이 그렇기 때문인데 아인슈타인이 이걸 뒤집어 버린 것이다. 사건과 사건이 부딪혀서 일어나는 것이 물질이라는 것이다. 즉 사건이 근본이고 물질은 드러난 현상이라는 뜻이다. 예를 들어보자. 옛날 텔레비전은 켜면 처음에 브라운관에 점이 나타나다가 다시 화면이 나타났다. 이 점이라는 현상은 수없이 많은 빛의 파장이 충돌한 사건과 사건의 결합으로써 나타난 것이다. 하지만 우리의 눈에는 빛의 파장들이 충돌하는 모습이 보이는 것이 아니라, 한 점이나 화면이라는 현상으로 보인다. 쉽게 말해서 우리가 눈으로 보고 있는 이 현상이라는 것이 근본적 진실이 아니다.

사실 과학이 지금 엄청나게 발전하기는 했다. 그런데 한계는 현상계의 입장에서만 밝히고 있다는 데 있다. 이미 드러나 있는 것만 밝히는 데 있다. 하지만 그건 상대성의 한쪽인 드러난 상태, 즉 색일 뿐이다. 그러면 드러나지 않은 상태를 밝힐 수 있는가? 과학적으로는 절대 안 된다. 죽었다 깨어나도 안 되는 것이다. 뭐가 보여야 밝힐 것 아닌가. 그러다 보니 드러난 현상에만 매여서 절대성인 색즉시공, 공즉시색의 통일성을 알 수 없다. 이것은 오직 깨달음으로만 가능한 것이다.

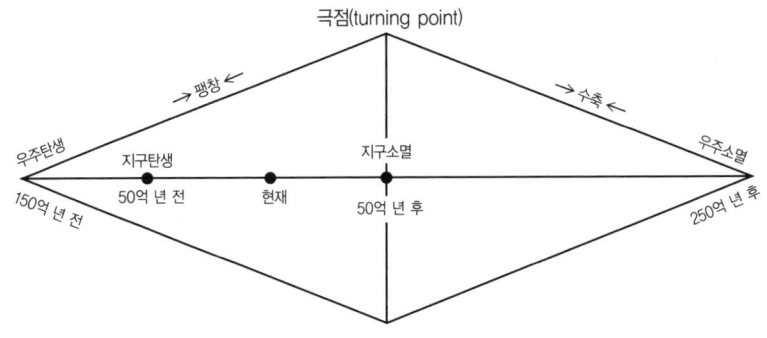

　1920년대에 허블이라는 천체학자가 '고성능 천체 망원경'을 발명하면서 우주를 관찰해보니, 지구가 속해있는 우주가 계속 팽창을 하고 있음을 밝혔다. 예를 들어 1년 전에 관찰했던 A라는 별과 B라는 별 사이의 거리가 처음에는 10,000km였는데 1년 후에 보니 12,000km로 늘어나 있더라는 것이다. 그것이 곧 팽창하고 있다는 증거다. 이것을 근거로 계산해서 우주의 역사를 알게 되었다.

　지구가 속해있는 우주는 지금으로부터 약 150억 년 전에 한 점에서 빅뱅으로 탄생해 앞으로 50억 년이 더 지나면 최대 팽창점에 도달한다는 것이다. 그 다음에는 수축하는 것이다. 그것은 상대적 생멸 법칙에 의한 것이다. 그러니 이게 진리적으로도 딱 맞는다. 우주의 한 사이클은 생, 장, 염, 장으로 가고 있다. 봄에 태어나서 여름에 성장하고 가을에 결실을 맺은 뒤 겨울에 근본 자리로 돌아간다는 말이다. 한점에서 생해서 팽창하다가 극점에 도달하면 수축해서 우주의 겨울이 되면 다시 사라진다. 이것이 생멸이다. 크게는 두 단계생, 멸이고 이것을 쪼개면 네 단계가 된다. 봄, 여름, 가을, 겨울.

인간도 유아기, 청년기, 장년기, 노년기의 네 단계로 구분할 수 있다. 그러니 앞으로 50억 년 후면 이제 우주는 수축하기 시작한다. 허블의 천체과학에 의해 우주는 약 150억 년 되었으며 지구가 생성된 것은 우주가 생성하고서 100억 년이 지난 후인 지금으로부터 50억 년 전이라는 것까지 밝혀졌다. 즉 지구는 우주가 생기고 100억 년이 지나도록 없었다는 것이다. 지구가 없었는데 인간이 있었겠는가? 당연히 없었다. 그런데 지금 인간들이 말하고 있는 윤회, 천국, 지옥 이런 것들이 그 이전에는 적용이 될 수 있었겠는가?

그럼에도 불구하고 인간 중심주의 때문에 이런 이야기가 나오는 것이다. 그러면 그건 둘째치고 지구가 50억 년 전에 생겼는데 그럼 지구가 생기면서 바로 인간이 생겼는가? 현생인류라 일컫는 호모사피엔스사피엔스가 생긴 것은 불과 5~6만 년 전이다. 그 훨씬 이전, 생명체가 있기 이전의 지구는 먼지 덩어리였다. 그 먼지 덩어리에 조화가 일어났다. 그것을 과학에서는 원자운동이라고 말하고, 인도철학에서는 지수화풍의 조건이라고 말하는데, 우주의 그러한 여러 가지 조건들이 생기면서 우주 조화기운에 의해 생명이 잉태될 수 있는 조건의 별로 변화된 것이다.

지금까지 밝혀진 바로는 태양계에서 지구 외의 다른 별들에는 아직 생명이 없다고 한다. 그건 아직 생명이 활동할 수 있는 조건이 안 되었다는 것이고, 지구는 생명체가 생활 수 있는 조건이 된 것이다.

처음엔 조건이 안 되었던 지구도 그 조건이 딱 맞아떨어지는 순간 거기서 가장 최소단위의 세포가 생겨난 것이다. 처음부터 인간처럼 복잡한 생명체가 툭 튀어나올 수는 없었다.

처음에는 단세포가 나왔다. 이건 지금 존재하는 동물도 아니고, 식물도 아니고, 뭐도 아닌 상태다. 지구 자체가 먼지 덩어리였으니 광물이었지만 그 광물에서 뭔가 생명체가 생긴 것이다. 조건에 의해 자꾸 진화해서 식물도 되고 동물도 되는데, 식물이 됐든 동물이 됐든 최초 발생지는 바다였다. 오늘날의 인간이 된 영장류도 전부 다 인간이 된 것이 아니고, 진화과정에 따라서 인간으로 되기도 했고 원숭이나 고릴라 등 여러 종류로 조건에 따라 갈라졌다.

최초의 단세포 단위에서 크게 식물과 동물로 나누어졌지만 식물과 동물의 최초의 생명단위는 같다. 또 이것은 어디서 시작했는가? 먼지 덩어리 광물인 지구에서 나온 것이다. 그렇다면 광물, 식물, 동물은 본래 하나였다는 말이다. 이렇게 해서 수없이 많은 세월이 흐르고 흘러서 진화되고, 돌고 돌아서 오늘날의 인간이라는 고등동물까지 온 것이다. 그런데 이 인간들이 진리적인 관점에서 본다면 터무니없이 모자라는 고등동물이라고 할 수 있다. 지금까지 흘러온 이 전체성을 모르고, 인간 중심주의로 모든 것을 맞추어버리기 때문이다. 그게 바로 에고적 발상이다.

마치 뉴턴이 중력을 한쪽에 치우친 관점으로 봐버리니까 다 맞아들어갔던 것과 똑같은 이치다. 인간들이 우주의 역사나 이런 것들도

다 인간중심으로 본다는 것이다. 그러니까 성경의 창세기에 보면 하나님이 세상 모든 걸 다 창조하고 마지막 날에 인간을 창조하면서 '우리의 형상대로 인간을 만들자' 하고서 인간에게 말하기를 '너희들은 이제 이 세상을 다스리거라' 고 말했다는 것이다. 누가 이렇게 쓴 것인가? 인간이 써놓은 것이다.

그러면서 그것을 토대로 "봐라! 하나님이 이렇게 말씀하지 않았느냐."고 주장의 증거로 삼는다. 그런데 더 웃기는 것은 그 말을 그대로 믿고 사람들이 거기에 다 놀아나고 있다는 것이다. 우주의 역사로 볼 때 인간이 생긴 지도 얼마 되지 않았는데, 이런 말도 안 되는 이야기들을 하고 있다. 한편 종말론자들은 인류의 종말이 마치 지구의 종말인 것처럼 떠들어대지만 공룡이 종말을 고했어도 지구는 눈썹하나 까딱하지 않은 것처럼 설사 이 땅에서 인간이 전멸한다 할지라도 지구는 꿈쩍도 하지 않을 것이며 더 나아가서 지구 전체가 먼지가루로 날아가 버린다 해도 우주는 흠집하나 나지 않은 채 아무 일도 없었던 것처럼 그대로 유지된다는 사실을 알아야 한다.

인간이 이러한 과학적 인식을 가지기 시작한 것은 불과 몇백 년 전이다. 과학이 실질적으로 나타나기 이전에는 모든 종교에 맹신했던 것이다. 기독교가 2,000년 동안 전 세계를 휩쓸었던 그 이유가 어디에 있는가? 과학이 없었기 때문이다. 처녀가 예수를 낳았다고 하면 당연히 낳은 거지 그것을 어떻게 따질 근거가 없었다. 하나님이 그렇게 했다는데 무슨 할 말이 있겠는가? 그런데 과학이 발전해서 보니까 그건 씨도 안 먹히는 소리라는 것을 알았다. 그래서 서양에서는 기독교가 무너지고 있다. 다 무너졌는데 한국에서만 아직도 떵떵거리고 있다. 전 세계적으로 다 무너졌는데 말이다. 그런데 기독교 사상보다 한 수 위가 불교사상이라고 한다. 불교사상은 현재 서양에서 더 매력적으로 받아들이고 있다. 그런데 현재의 불교도 진리가 거의 다 왜곡되어 엉터리가 돼버렸다. 무슨 개체적 영혼이 돌고 돌겠는가? 돌고 도는 것은 전체적 연기법칙이다.

여기 바다가 있다. 거기에 바람이라는 조건이 생기면 파도가 일어났다가 사라진다. 이 하나의 파도는 나누어질 수 없는 전체의 바다가 바람이라는 조건에 의해 변화된 모습이다. 이 파도 하나가 개체성이 있는가? 없다. 그러면 이 바다를 우주라고 보고 이 파도를 하나의 인간으로 본다면 하나의 인간에게 개체성이 있는가?

하나의 우주에서 지수화풍의 조건에 의해서 변화된 모습으로 생명체가 튀어나왔다. 수도 없이 말이다. 그러면 이 파도는 바다 그 자체가 변화된 모습인데 바다를 벗어나 있는가? 아니다. 잔잔하게 있을 때의 바다와, 파도치고 있을 때의 바다는 잔잔한가, 아니면 파도치고 있는가 하는 차이, 즉 변화의 차이만 있을 뿐 그 근본은 변함이 없다. 이 우주에 생명체가 하나도 없었을 때, 즉 잔잔한 바다와 같은 그때와 이렇게 막 나투어진 모습 사이에는 근본에 있어서 다른 점이 있는가? 모양을 이렇게 만들든 저렇게 만들든, 그놈이 그놈이다.

그러면 윤회라는 건 무엇인가? 이 하나의 파도, 즉 잠깐 일어났다 사라지는 이 파도가 잠깐 일어났던 사이에 지나가던 배를 때려가지고 배가 부서졌다. 그러니까 "너 파도 이놈. 너 어떻게 배를 때려가지고 망가뜨리냐? 이놈. 너는 잠깐 태어났을 때 나쁜 짓 했으니까 네가 지은 업에 의해서 다음에는 똥물로 태어나거라." 이런 말인데 이 얼마나 한심한 발상인가? 여기다 개체성을 부여해버리는 것이다. 아니 파도가 배를 때리고 싶어서 때렸는가?

또 대만에서 지진이 일어났다. 그래서 수많은 사람이 죽었는데 지진난 땅을 보고 "너 이놈 네가 감히 말이야, 지진을 일으켜 가지고 무고한 사람을 수백 명씩 죽여? 너는 그 벌로 지옥에 가서 고생을 해라." 이럴 수 있는가? 없다. 왜 없을까? 땅에게 개체성이 없기 때문이다. 개체성은 없지만 이것이 사건을 저질렀다. 태풍이 불어서 한 마을을 싹 쓸어버렸다. "태풍, 너 잘 걸렸다. 너 이놈 지옥 가거라." 그런다고 태풍이 지옥에 가겠는가? 분명히 태풍이 한 마을 사람을 다 죽였으니까 지옥을 가야 할 것 아닌가? 인간은 가는데 태풍은 왜 가지 않는 것일까? 윤회라는 이런 엉터리 발상을 하고 있는 이유는 인간을 개체적 존재로 보고 있기 때문이다. 마치 우리의 몸을 구성하고 있는 하나의 세포를 개체화시키는 것과 똑같은 어리석음인데 이런 건 없다.

우리 몸속의 세포는 무엇이 변해서 된 것인가? 우리가 매일 섭취하는 음식이 영양분으로 변해서 세포가 되고 에너지가 된다. 그 음식은 다른 생명체다. 불교에서나 어디서나 '살생하지 말라'고 한다.

살생을 안 하면 음식을 먹지 말라는 말이 되는데 식물도 생명, 동물도 생명이다. 하다못해 물 한잔에도 엄청난 생명이 바글거리고 있다. 눈에 보이지 않아서 그렇지 현미경으로 들여다보면 알 수 있다. 그런데 '살생하지 마라'고 한다면 다른 생명체는 일체 먹지 말아야 되니까 결국 죽으라는 소리다. 그런데 살생하지 말라는 스님들 중에 굶어죽은 스님은 하나도 없다. 살생하지 말라고 떠드는 사람들 모두 잘 먹고 잘살고 있다. 살생의 대상을 동물로 보는 것이다. 생명의 개념을 동물로 국한시켰다는 것이다. 그래서 불교에서는 동물은 안 먹고 식물만 먹는데 식물은 왜 생명이 아닌가. 생명체는 반드시 살아있는 다른 생명체를 취함으로써 생명이 유지된다. 이것이 생명의 조건이다.

쉽게 얘기해서 우리가 쇠고기를 먹었다면 소가 이 몸으로 들어온 것이다. 그래서 이 몸의 세포가 됐다. 그러면 소가 뭐로 변했는가? 인간으로 변했다. 쇠고기를 먹었더니 그것이 영양분으로 변해서 세포를 형성시켰으니까 소가 뭐가 됐는가? 인간이 된 것이다.

이것이 윤회다. 소가 사람이 되고 사람이 구더기가 되면서 돌고 도는 것이다. 사람이 죽으면 땅속에 파묻히고 벌레들이 그 죽은 육체를 다 파먹는다. 인간이 먹고 싼 똥을 거름으로 주면 밭에 채소가 자란다. 그 채소를 다시 인간이 먹는다. 이것이 생명의 조건, 돌고 도는 공생이다. 윤회가 있다면 이게 바로 윤회다.

그런데 이 안에는 개체성이 없다. 그래서 하나다. 무슨 영혼이 왔다갔다 한다는 것인가. 개체성은 죽으면 그걸로 끝이다. 육체도 영혼도 끝나는 것이다. 그런데 이렇게 돌고 도는 데는 반드시 한 법칙이 적용되는데, 이것이 과학에서 얘기하는 에너지 질량불변의 법칙이라는 것이다. 소는 사라졌어도, 죽어서 이것이 인간의 몸으로 가든, 땅속의 벌레가 먹든 다 흩어져서 또 다른 생명체로 변했다. 그러니 전체적으로 봤을 때 한 마리 소는 사라졌지만 질량은 변하지 않았다는 것이다. 이것이 과학과 진리체계에 있어서 같은 것이다.

진리는 하나도 변함이 없다. 그 안에서 돌고 돌 뿐이다. 이놈이 인간의 모습을 하든, 개나 돼지의 모습을 하든, 버러지의 모습을 하든, 무슨 모습을 하든 상관이 없다. 모두 이 안에서 돌고 도는데 이 몸속에 간세포든, 창자세포든, 항문세포든 무슨 상관인가? 다 나이지 않는가? 우주 안에서 에너지 질량불변의 법칙으로 늘어남도 없고 줄어듦도 없는 것이다. 누가 죽어도 죽은 게 아니다. 그럼 죽은 게 아니고 뭐란 말인가? 변화하는 것이다. 그런데 왜 사람들이 죽었다고 하는가? 죽은 게 아니고 변화한 건데 말이다. 왜 이런 인식이 생기는 걸까? 이 개체를 독립적으로 존재하는 나, 즉 주체적 실존인물로 착각하기 때문이다. 내가 죽었다고 말이다. 그런데 나라고 하는 것은 죽지 않는다. 다만 변화할 뿐이다.

진리는 변함이 없지만 현상계는 변한다. 앞산을 산책하다 보면 묘지 위에서 꽃도 피고 풀도 자라는 모습을 볼 수 있다. 그게 다 시체양분 빨아먹고서 잘 크는 것이다. 그렇게 다 변하는 것이다. 현상계는 모두 변한다. 변하되 죽는 것은 없다. 사람들이 삶에 집착하는 이유는 죽음을 두려워하기 때문이다. 왜 죽음을 두려워할까? 죽음에 대해 잘못 알고 있기 때문이다.

이제 앞으로 250억 년 후가 되면 이 우주가 사라진다고 과학자들이 말한다. 그런데 그 이전에 지금으로부터 50억 년만 지나도 지구가 없어진다. 우주가 사라지기 이전에 지구가 먼저 사라진다는 것이다. 지구가 사라지는데 그 안에 들어있는 인간은 어떻게 될까? 그래서 인간들은 지금 다른 별나라로 가겠다고 준비하고 있단다. 다른 별에 가서 살려고 말이다.

지구가 어떻게 없어지냐 하면 태양이 팽창을 해서 태양주변에 있는 행성들이 전부 태양으로 빨려 들어가 흡수된다는 것이다. 그러면 지구에 의해 태어났고 지구와 더불어 살고 있는 지구의 세포인 인간도 같이 사라지게 된다. 전체와 부분은 하나다. 전체를 통째로 인식하는 것과 개체 하나에 매달려 인식하는 것과는 엄청난 차이가 있다. 전체를 하나로 보는 사람은 하나하나의 개체를 나라고 주장하지 않는다. 이것은 무수히 교체되고 계속 바뀌고 있기 때문이다. 우주의 입장에서 봤을 때, 인간 하나가 죽어서 사라지는 게 슬프겠는가? 슬플 이유가 없다. 그런데 개체의식을 가지고 있으면 슬픈 것이다. 눈에 보이는 현상이 죽은 것처럼 보이니까 슬퍼하는 것이다. 하지만 죽은 자는 하나도 없다. 그럼 태어난 자가 있는가? 태어난 자도 없다. 그래서 생사가 없다는 것이다.

전체 덩어리가 계속 모양을 바꿔가며 변화하고 있을 뿐이다. 이것이 저것으로, 저것이 이것으로 계속 이렇게 말이다. 그리고 그 변화하는 과정에서 재미있게 하기 위해서 여러 가지 사건을 만들어낸다. 의식이 소설을 쓰는 것이다.

이 우주 현상계를 누가 만들었는가? 그것은 의식이다. 의식이 만들어놓고 의식이 의식에게 속고 있는 것이다. 그러다가 의식이 깨닫는 것이다. 그러니 이 세상은 의식의 원맨쇼라고 말할 수 있다.

시간과 공간의 비밀

 지금 세상은 막연하게만 생각해왔던 시간과 공간에 대한 차원성, 그리고 그것과 맞물려서 돌아가는 수수께끼 같은 현상들에 대한 의문이 꼬리에 꼬리를 물고 일어나고 있다. 지금까지 인류는 많은 부분에 대해서 진실을 바로 보지 못하고 착각 속을 헤매고 있다. 그것은 인간들이 인식하고 있는 시간과 공간의 개념에 대한 이해부족에서 생기는 착각이다.
 우주의 문제를 과학적으로 이해할 수 있는 부분이 있고, 어떤 경우에는 과학적으로도 이해할 수 없는 부분도 있다. 과학적 이해 부분은 앞에서 이야기했으므로 이번에는 현대과학으로도 설명하지 못하는 숨겨진 부분에 대해서 말하고자 한다.
 현대과학은 우주가 빅뱅에 의해서 점점 팽창해 나간다고 밝혀냈다. 그러면 우리가 말하는 공간이라는 개념은 그림의 A와 B 중에 어느 곳을 가리키는 것일까?
 A는 점점 팽창하는 우주 안이고 B는 우주 밖이다. 그런데 과학에

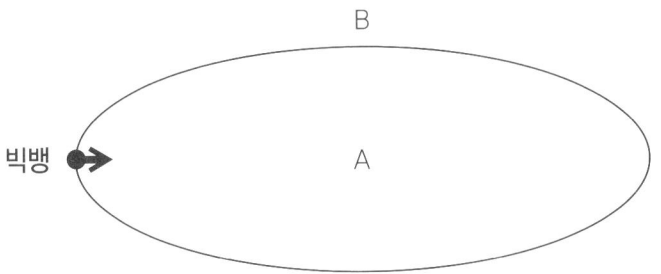

서는 A를 공간이라 하고 B는 없다고 말한다. A는 인식이 가능하지만 B는 불가능하기 때문이다. 그러나 잘 생각해보면 B가 없이 어떻게 A, 즉 우주의 공간팽창이 가능하단 말인가?

그럼에도 불구하고 B는 현상적으로 존재하지 않는 것이다. B는 우주의 근원이지만 인식되지 않아서 현상적으로는 존재할 수 없기 때문이다. 본래부터 있는 우주의 근원이지만 인식작용의 한계를 벗어나 있기에 개념화할 수 없는 그것이 바로 본래성품, 즉 참나인 절대 진리다.

그렇다면 공간이란 무엇인가? 우주의 생과 더불어 발생된 인식작용의 제한된 가능테두리만큼의 개념이다. 개념이란 본래는 없지만 필요에 의해서 주어진 이름을 말한다. 그러므로 필요성이 끝나면 자동으로 사라진다. 그러니까 우리가 인식하는 공간이란 본래는 없었는데 우주가 빅뱅에 의해 생하는 순간 이 세상이 현상화되었고, 인식이 가능한 상태가 되므로 공간이라는 이름이 주어지게 되었다. 그러나 그 이름이 영원히 지속되는 것이 아니라 우주가 멸하는 순간, 공간이라는 이름도 자동으로 사라진다는 뜻이다. 그렇다면 개념이란 스스로 본래부터 존재하는 것이 아닌 다른 것에 의해서 생겨나 조건부로 존재하는 동안 이름을 부여받았다가 그 조건이 끝날 때 사라질 수밖에 없는 모든 것의 총칭이다. 다시 말해서 영원하지 못하고 생했다가 멸할 수밖에 없는 과정을 거치는 모든 것이 개념이다.

그럼 이 세상에서 가장 큰 개념은 무엇일까. 바로 우주다. 우주야말로 생멸작용을 하는 가장 큰 덩어리다. 우주가 개념이라면 우주 안에 들어있는 모든 것은 다 무엇일까. 역시 모두 다 개념이다. 개념 안에 들어있는 것들이 개념이 아니고 뭐란 말인가.

다음은 시간에 대해서 알아보도록 하자. 흔히 우리는 공간을 타고 일직선으로 흐르는 것을 시간이라고 말한다.

현재 시간의 기준은 광속, 즉 빛의 속도다. 현대과학에서도 빅뱅이론을 밝혀낸 후에야 우주의 나이와 크기를 알 수 있었다. 우주의 탄생과 동시에 시간이 시작됐고 우주는 빛의 속도로 팽창해 나가고 있기 때문에 우주의 나이와 크기는 동일하다. 현대과학은 우주의 나

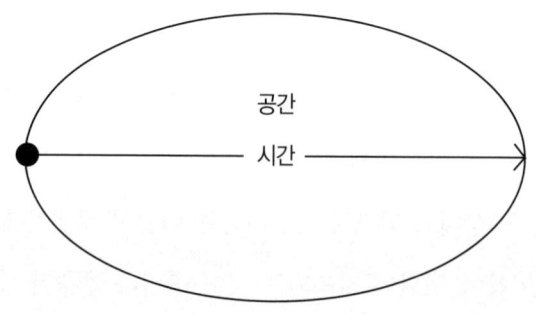

이를 약 150억 년으로 보고 있으며 우주의 크기를 약 150억 광년, 즉 빛의 속도로 150억 년을 달려 나간 만큼의 공간으로 계산한다. 그러니까 시간 역시 우주의 시작과 함께 생겼다가 우주의 멸과 함께 사라지는 개념이라는 사실이 확실하다.

또 한 가지 중요한 사실은 시간과 공간의 관계다. 보통 사람들은 시간과 공간을 따로 떨어진 독립된 개념으로 착각하는 경우가 많다. 그러나 시간과 공간은 동전의 앞면과 뒷면처럼 서로 떨어져서는 존재할 수 없는 한 쌍의 상대적 개념이다. 공간을 제외하고 시간만 말할 수 없고, 시간을 빼버리고 공간만 존재할 수 없다. 그러므로 시간과 공간은 상대적 현상세계인 우주와 더불어 쌍으로 함께 나타났다가 쌍으로 함께 사라지는 쌍생쌍멸의 개념이다.

또 한 가지의 착각은 시간과 공간을 실재하는 것으로 생각한다는 점이다. 그러나 시간과 공간은 엄연히 우주가 존재할 때만 인식이 가능한 개념일 뿐 절대적 실재가 아니다.

그러면 우주가 존재하기 위해서는 왜 시간과 공간의 개념이 필요한가에 대해서 알아보자. 우주를 포함해서 모든 존재성은 인식이 가능해야만 존재한다고 말할 수 있다. 하나의 존재로 인식되려면 일정 크기의 부피로 드러나야 하기에 그것을 담을 수 있는 공간이라는 개념이 필요하다. 일정 크기의 부피로 드러난 존재가 일정기간 동안 지속되어야 인식할 수 있으므로 시간이라는 개념이 함께 필요하게 된다. 그래서 하나의 존재는 그것이 물질이든 현상이든 언어든 생각이든 간에 반드시 시간과 공간이 동시에 개입될 때에만 비로소 인식이 가능해진다.

정리해보면 시간과 공간은 우주와 함께 생했다가 멸하는 개념이다. 우주와 그 안의 모든 존재들이 인식되기 위해서는 시간과 공간이라는 개념의 도움이 필요하다. 시간과 공간은 서로 다른 성질의 독립적인 개념으로 착각하기 쉬우나 존재성을 인식하기 위해서는 시간과 공간이 동시에 작용해야만 하기 때문에 서로 떼려야 뗄 수 없는 한 쌍의 개념이 된다.

사람들은 분리의식에 사로잡혀 있어서 우주현상계의 법칙인 상대성 원리가 한 쌍의 개념이고 동시성으로 작용한다는 진리를 이해하기 힘들다.

이제 다시 앞의 그림으로 돌아가 보자.

첫째, 시간적 관점에서 볼 때.

우주의 빅뱅 이전을 과학에서는 무(無)라고 말한다. 빅뱅 이후에 시간과 공간이라는 개념이 생겼고 시간과 공간이 반영되어야 현상적 인식이 가능한 유(有)의 상태로 보기 때문이다.

둘째, 공간적 관점에서 볼 때.

우주의 빅뱅 이후 팽창하고 있는 우주의 테두리 바깥은 시간과 공간의 개념이 적용되지 않는 곳이기 때문에 과학에서는 무라고 말한다. 다시 말하면 시간과 공간의 개념이 반영된 인식 가능한 우주현상계만을 유의 상태로 보는 것이다.

과학적 관점에서는 이 논리가 전혀 문제될 수 없는 엄연한 사실이다. 그러나 철학적 관점에서는 그것이 그렇게 쉬운 문제가 아니다. 빅뱅 이전의 상태가 정말로 없는 것이고 우주 바깥이 정말로 없는 것이라면 우주는 무엇을 바탕으로 생겨났으며 또 어떻게 계속 팽창해 나갈 수 있단 말인가. 그러므로 시간적으로 빅뱅 이전, 그리고 공간적으로 우주바깥은 인식이 안 되는 것이지 없는 것이 아니다. 그래서 그 세계를 인식의 범주를 넘어선 절대 허공성이라 부르는 것이고 석가모니는 그것을 본래성품이라 했다.

그동안 인류가 공간적으로 무한하고 시간적으로 영원하다고 믿었던 우주가 공간적으로 유한하고 시간적으로 제한된 현상적 개념인 것을 현대과학이 밝혀냈다. 인류는 오랜 세월동안 인식체계 속에서 영원하고 무한한 진리를 찾고자 노력했지만 모두 헛수고였다. 영원하고 무한한 본래성품은 상대적 인식체계의 범주를 벗어난 절대성이기 때문이다. 그런데 상대적 인식체계가 끊어진 절대성인 본래성품을 사람들은 상대적 인식으로 이해하고자 노력하기 때문에 왜곡될 수밖에 없었다.

현상적으로는 인식이 안 되는 것은 없는 것이기 때문에 빅뱅 이전을 무라고 표현할 수밖에 없는 것이다. 그리고 절대성을 상대적 인식이 끊어진 상태라고 하니까 무, 또는 공이라는 개념으로 이해하는 것이다. 그러나 절대성인 본래성품에는 유와 무, 색과 공이라는 개념조차도 없기 때문에 빅뱅 이전이나 빅뱅 이후라는 시간적 분별과 우주 안이나 우주 밖이라는 공간적 분별 자체가 없다. 그래서 빅뱅 이전의 무나 우주 바깥의 공을 절대성인 본래성품으로 보게 되면 벌써 시비분별의 함정에 빠지는 꼴이 되는 것이다.

절대에는 시간과 공간의 한계가 없다. 그러므로 우주가 생하기 전에도 절대 그 자체고 우주가 생하고 나서도 절대 그 자체고 우주가 멸하고 난 후에도 절대 그 자체임에는 변함이 없다. 절대진리인 본래성품을 바탕으로 우주라는 현상계가 생했다 멸하는 것이지 본래성품 자체는 변함이 없다. 시간과 공간의 한계를 가진 우주에 생과 멸, 이전과 이후, 안과 밖이 있는 것이지 절대 그 자체에는 경계가 없다. 그래서 우주 현상세계는 영원하거나 무한할 수 없으며 오직 절대진리인 본래성품만이 영원하고 무한하다.

그럼 우주 현상세계에서 시간과 공간은 인간들에게 어떻게 인식되고 있는지 살펴보자. 시간은 과거, 현재, 미래라는 한 방향의 흐름으로 인식되기 때문에 1차원이다. 공간은 전후, 좌우, 상하라는 세 방향의 집합이므로 3차원으로 인식된다. 최근 양자역학의 눈부신 발전에 의해 우주는 원래 11차원이었으나 빅뱅 이후 팽창과정에서 4차원만 드러나고 나머지 차원은 입자 속으로 숨었음이 밝혀졌다. 그래서 우리 인간이 가지고 있는 인식의 한계가 시공간 4차원이기 때문에 더 이상의 차원은 알 수가 없다.

아인슈타인의 상대성 이론이 발표되기 전까지 인류는 1차원의 절대시간과 3차원의 절대공간이 서로 독립된 실재로 존재한다고 믿었다. 그러던 것이 1905년 아인슈타인이 상대성 이론을 발표하면서 시간과 공간은 서로 독립된 개념이 아니기 때문에 분리할 수 없으므로 시공간을 합쳐서 우주는 시공간 4차원이라는 사실이 밝혀지게 되었다.

그런데 문제는 상대성이론이 발표된 지 100년이 지난 현재에도 인간의 의식은 시간을 과거, 현재, 미래라는 1차원적 흐름으로만 인식하며 공간을 전후, 좌우, 상하 그리고 여기와 저기로 분리된 실재로 인식하고 있다는 점이다. 한술 더 떠서 종교가나 신비주의자들은 현상적으로 볼 수 없는 세계를 제 4차원 세계라고 칭하고 각자의 상상력을 동원해 영계, 신계, 선계, 천상세계, 사후세계, 우주바깥세계 등으로 부르고 있다. 심지어는 그런 세계를 직접 보았거나 다녀왔다는 사람들이 한두 명이 아니라는 사실 때문에 사람들이 믿는 것이다. 그러나 그들은 자신의 의식에게 속은 상태다. 의식이 꿈을 꾸는 것처럼 여러 가지 다양한 현상들을 의식 안에 투영시킨 것을 보고 진짜로 체험한 것으로 착각하는 것이다. 요즘 유행하고 있는 최면으로 전생체험을 한다는 것도 모두 의식의 장난에 속는 것이다.

지금까지 수천 년 동안 인간들이 영적체험이라고 굳게 믿었던 것들의 99%는 모두 진리를 정확하게 알지 못한 채 맹신해왔던 현상들에 대한 인식의 착각에서 발생한 코미디에 불과하다. 그러나 사실이라고 인정할 수밖에 없는 1%의 진실이 숨어있다. 그래서 혼란스러운 것이다. 예를 들어 전혀 사전지식이나 관계가 없는 상태에서 과거 또는 미래의 일을 정확하게 알아맞추거나 수천km나 떨어져 있는 다른 장소에서 무슨 일이 벌어지고 있는지를 알아맞추는 일 등이다. 우리는 이런 사람들을 예언가, 영매, 무당, 초능력자라고 부른다. 이들 또한 모두 진실만을 체험하는 것은 아니다. 그러나 이들이 체험한 것 중에 단 1%라도 사실적인 진실이 들어있다면 결코 무시할 수 없다. 바로 1%의 진실, 이 부분을 설명하려고 한다.

인류역사상 뛰어난 예언가들이 여럿 있었다. 고대에도 있었고 현대에도 있다. 종교 안에도 있고 종교 밖에도 있다. 그중에서도 중세 유럽의 노스트라다무스, 20세기 미국의 잠자는 예언가 에드가 케이시, 한국의 조선시대에 살았던 남사고, 이름을 감춘 채 여러 사람에게 대를 이어 비전되며 기록된 정감록 등이 대표적인 예언가나 예언서다. 그 외에도 세계적으로 검증된 예언들이 많이 있다.

사람들은 대예언가들의 예언이 90% 이상 적중했다는 것에 감탄하지만 정작 그 속에 담겨진 진실은 보지 못하고 있다. 어떤 사건에 대해서 100년 전에 예언을 했는데 그 일이 그대로 일어났다면 이것은 무엇을 뜻하는 것일까?

사람들은 예언한 사람의 초능력에 경악을 금치 못하겠지만 중요한 것은 그런 피상적인 사실이 아니다. 100년 후의 사건을 미리 봤다는 사실은 모든 것은 이미 결정되어 있다는 것을 뜻한다. 이처럼 단순명료한 진실을 사람들이 받아들이지 못하는 이유는 매순간 자신의 자유의지로 결정하고 행동한다고 믿고 있기 때문이다. 이 우주는 상대성 원리에 입각한 현상세계이므로 독자적 자유의지란 있을 수 없다. 즉 나의 생각과 말과 행동은 그때그때의 상대와 주고받은 쌍방향적 공동결정이라는 것이다. 인간관계뿐 아니라 우주 전체가 이렇게 연결되어 있어서 한 치의 오차도 없이 정확하게 정해진 대로 흘러가고 있는 것이다.

그럼 어디까지 정해져 있는 것일까? 작게는 한 생명체의 탄생에서부터 죽음까지, 크게는 우주의 생성에서부터 소멸까지의 일체가 정해져 있다. 모든 것이 정해져 있지만 인간의 유치한 의식차원으로는 한 치 앞을 볼 수 없기 때문에 매순간마다 일어나는 생각과 말과 행위를 자신이 판단하고 결정해서 하는 것처럼 착각한다.

그런데 예언가들은 보통 사람들과 달리 어떻게 해서 미래를 볼 수 있는 것일까? 이 의문을 풀기 위해서는 시간과 공간이라는 개념이 품고 있는 비밀을 알아내야 한다.

현재 인간의 우주에 대한 인식차원은 3차원 공간에 1차원 시간을 합해서 시공간 4차원이라고 했다. 그런데 평상시 의식상태인 베타파상태에서는 시공간 4차원을 통째로 보지 못하고 의식이 머물고 있는 부분적 시간과 부분적 공간에 제한되는 것이다. 즉 공간적으로 여기에 있으면서 저기를 인식할 수가 없다. 그러나 명상이나 종교적 수행을 통해서 의식이 알파파나 세타파로 접속하게 되면 현실인지 기능은 차단되고 부분적 시공간성의 제약을 뛰어넘는 인식상태가 열리게 된다. 이런 뇌파의 변화는 잠을 잘 때에도 현실에 대한 인지

기능이 차단되므로 비현실적 의식 상태인 꿈을 꾸게 되는 것이다. 이렇게 알파파나 세타파 상태에서는 평상시에 볼 수 없었던 비현실적 현상들을 강렬하게 체험하게 된다. 그러나 이러한 체험들은 평상시 잠재의식 속에 깊이 내재된 고정관념들의 영향을 받아서 왜곡된 채로 의식의 표면으로 떠오른다. 예를 들어 기독교인이라면 천국과 지옥을 체험하거나 예수님을 만났다거나 하는 등이고, 불교인은 극락세상에 가서 부처님이나 보살들을 만나거나 조상들을 만났다는 등의 체험이다. 얼마 전부터는 UFO와 외계인을 직접 보았다는 사람들도 있고, 그 외에 귀신을 보았다는 사람, 전생을 보았다는 사람, 영계를 다녀왔다는 사람 등등 헤아릴 수 없을 정도로 많고 다양한 체험들을 한다. 그렇다고 해서 그들이 거짓말을 하는 것은 아니다. 그들은 분명히 그런 체험들을 강렬하게 했기 때문에 그대로 믿는 것이다. 그러나 그들이 직접 체험했다고 해서 모두 진실은 아니다. 거짓 정보에 의해 형성된 고정관념이 잠재의식 속에 똬리를 틀고 앉아서 자신도 모르게 의식을 끊임없이 왜곡시키고 있기 때문이다.

    다시 말해서 자신이 믿고 있는 방향으로 체험을 한다는 것이다. 기독교인은 부처님을 만나지 않고, 불교인은 예수님을 만나지 않는다. 윤회를 믿는 사람은 자기 전생을 보고, 믿지 않는 사람은 자기 전생을 보지 않는다. 그 사람이 명상이나 꿈의 상태에서 의식이 알파파나 세타파가 되어 영적체험을 한다 해도 99% 이상이 순수하지 못하다는 것을 알아야 한다.

뿌리 깊은 고정관념과 왜곡된 의식의 간섭을 벗어나 그야말로 순수한 의식 상태에서 시공간 4차원의 공간적 한계인 여기와 저기, 그리고 시간적 한계인 과거, 현재, 미래의 구속으로부터 자유로운 의식 상태에서 체험한 것만이 진실이다. 이때의 의식 상태는 시간과 공간의 모든 차원이 동시성으로 작용하는 것이다. 그러므로 100년 후의 사건을 현시점에서 볼 수 있다는 것은 과거, 현재, 미래라는 시차성이 무너지고 오직 동시성으로 작용할 때 가능해진다.

또한 수만㎞ 떨어져있는 장소에서 일어난 미래의 사건을 여기서 볼 수 있다는 것은 여기, 저기라는 공간의 제한이 무너지고 여기와 저기가 동시성으로 인식될 때 가능한 것이다. 어떻게 이런 일이 가능할까? 본래 진리세계인 절대성에는 시간과 공간의 차원이 없기 때문이다. 시간과 공간이라는 개념은 우주가 생하는 과정에서 물질이 드러나고 그 물질을 인식하기 위해 어쩔 수 없이 도입된 개념일 뿐이다.

시간과 공간이 본래부터 있었다고 착각하면 안 된다. 시간을 과거, 현재, 미래라는 일직선상의 흐름으로만 인식하게 되면 그것이 고정관념이 되어서 시공간의 동시성을 알지 못하고 개념의 틀 속에서 허우적거리게 된다.

시간과 공간은 본래 없다. 그러므로 우주 현상계 안에서 벌어지고 있는 모든 사건은 한바탕 꿈일 뿐이다.

무아연기와 개체 윤회

불교의 가장 핵심사상은 삼법인이다. 그것은 무상(無常), 고(苦), 무아(無我)인데, 무상과 고는 무아를 깨닫기 위한 준비단계. 그러니까 삼법인은 결국 무아 하나로 집약된다. 무아를 깨닫기 위한 통찰수행에 들어가는 과정에서 무상과 고를 자연스럽게 알게 되면, 무아는 저절로 체득된다.

《아함경》에 보면 무상, 고, 무아에 대해서 부처님이 하신 말씀이 나와 있다.

"소나여, 어떻게 생각하느냐, 물질은 불변하는 것이냐? 변화하는 것이냐?"

"변화하는 것입니다."

"만약 변화하는 것이라면 괴로움이겠느냐? 즐거움이겠느냐?"

"괴로움입니다."

첫 번째 질문에 "변화하는 것입니다."라고 대답한 이것이 바로 무상이다. 무상, 즉 영원하지 않고 계속 변화한다는 뜻인데 이 우주 현상계에 들어있는 모든 물질, 모든 생명은 계속 끊임없이 변화하기 때문에 무상하다는 것이다.

"그렇게 변화할 수밖에 없는 그러한 존재라면 그것이 괴로운 것이겠느냐? 즐거운 것이겠느냐?" 한 가지를 유지시키지 못하고 계속 변화하니까 당연히 괴로운 것이다. 이게 바로 고라는 의미다. 모든 물체는 변화하기 때문에 괴로운 것이다. 그렇다면 변화하는 것은 어떤 것인가? 현상계의 모든 존재가 다 변화한다. 변화하기 때문에 괴롭다면, 변화하지 않을 때 괴롭지 않고 고통이 없다는 것이다. 고통이 없는 것은 어떤 것일까? 변화하지 않는 것이고 변화하지 않는 것은 영원한 것으로서 오직 절대인 본래성품이다.

세 번째 무아를 이렇게 설명하고 있다.

"만약 변화하고 괴로운 것이라면 그것을 '이는 나다.' '이것은 내 것이다.' '이는 나의 본질이다.' 라고 할 수 있겠느냐?"

"그럴 수 없습니다."

"무상하고 고통스러운 것을 '주체로서의 나' 라고 말할 수 있겠느냐?"

"그럴 수 없습니다."

나라고 말할 수 없다면 그게 무엇일까? 나가 없으니까 곧 무아다. 이 삼단논법에 의해서 우주 현상계에 들어있는 모든 생명적 존재들은 전부 무상한 것이고, 무상하기 때문에 고통스러운 것이고, 무상하고 고통스러운 것이기 때문에 무아라는 뜻이다. 결국은 무아인데, 이 무아를 설명하기 위해서 부처님이 방편으로써 무상함과 고통스러움을 설명해준 것이다.

따라서 삼법인은 삼법인이 아니고 그냥 일법인이다. 진리는 오직 한 가지 무아뿐이기 때문이다. 무상과 고는 무아를 설명하기 위한 하나의 방편일 뿐이다.

그런데 대승불교 쪽으로 건너가면 여기서 고가 빠지고 열반이 들어간다. 그래서 무상과 열반과 무아가 삼법인이 된다. 또 어디에서는 이 네 가지를 합쳐서 사법인이라고 하는데 이런 것은 모두 소용없는 분류다.

무아면 열반이지, 무아 따로 열반 따로 있는 것이 아니다. 이런 건 다 말장난에 불과하다. 전부 잊어버리고 오직 무아만 깨달으면 끝나는 것이다.

무아, 즉 '나 없음'은 이 우주 현상계 안에는 그 어떤 물질, 그 어떤 생명체라 할지라도 그 안에는 나라고 하는 고정된 주체로서의 주인공이 없다는 말이다. 그러면 이것을 그냥 있는 그대로 말해버리면 되는데, 불교에서는 다시 이 삼법인을 깨닫기 위해서 오온 십이연기법을 알아야 된다고 말하면서 그것을 연구하고 공부하고 있다. 그런데 나는 깨닫고 나서도 아직 오온 십이연기법이 무엇인지 모른다. 예전에 공부할 때는 다 적어 놓았었는데 지금 물어보면 대답을 못한다. 깨달음과 전혀 관련이 없지만 일단 불교에서 오온 십이연기법을 이야기하니까 그게 뭔지 알고나 넘어가도록 하자.

오온(五蘊), 다섯 가지 집합체로서의 존재라는 뜻이다. 하나의 생명체로서의 존재는 쌍생쌍멸이라고 했다. 그러니까 존재란 몸과 마음의 결합체이고, 몸과 마음으로 이루어져 있는 이 존재를 다시 다섯 가지 성질로 나누어 놓은 것이다. 다섯 가지의 결합체로 본 것이다. 그것을 오온이라고 한다. 다섯 가지, 즉 색(色), 수(受), 상(想), 행(行), 식(識)을 말하는 것이다. 그러니까 색이란 물질, 곧 몸을 가리키는 것이고 마음작용을 다시 네 가지로 분리해 놓은 것이다. 그래서 오온, 즉 다섯 개의 결합으로 하나의 존재가 이루어져 있다고 이야기하는데, 처음 이것을 보고 대단히 놀랐었다. "어떻게 이렇게 마음을 네 가지로 세밀하게 나누어 놓았을까" 정말 감탄했다. 그런데 깨닫고 나서 보니까 도리어 사람들 머리만 복잡하게 만드는 쓸데없는 짓이라는 것을 알았다. 그냥 알기 쉽게 말해서 몸과 마음의 결합체다. 몸과 마음의 결합체인데, 이 몸과 마음조차도 둘이 아니고 하나다. 하나를 몸과 마음으로 나누어 인식하게 만든 것이 바로 의식이다. 순수의식이 상대세계에서 존재를 드러내려다 보니까 하나의 형태로서는 인식이 안 되므로 불가능해진다. 그래서 어쩔 수 없이 상대적 모습으로 나올 수밖에 없기 때문에 이렇게 나뉜 것이다.

몸이라고 하는 것은 음체고 마음이라고 하는 것은 양체다. 하나를 이렇게 쪼개서 투영시켜 놓은 것이다. 그런데 몸과 마음을 이렇게 쪼개 놓으니까 따로 있는 것으로 사람들이 착각하게 된다. 몸과 마음은 둘이 아니라 하나다. 마음 가는 곳에 몸이 가는 것이다. 그런데 놀랍게도 이 마음이라는 놈이 워낙 변화무쌍하기 때문에, 이것이 수도 없이 왔다 갔다 변화하기 때문에 100% 투영이 되지 않는 것뿐이다. 그래서 사람들이 몸과 마음이 따로 있는 것으로 착각을 하게 된다. 제자들이 가끔 "지금 센터에 수행하러 가고 싶은 마음은 굴뚝같은데 워낙 바빠서 갈 수가 없습니다."와 같은 소리를 하지만 사실 그런 건 없다. 마음이 굴뚝같으면 몸은 저절로 가게 되어 있다.

마음이 굴뚝같은 게 아니라, 갈팡질팡 하고 있다는 것이다. 그래서 마음이 더 강한 쪽으로 가서 붙어버리게 된다. 이 마음은 굉장히 변화무쌍하다. 그러니까 이것을 할 것인지, 저것을 할 것인지 재고 따지다가 더 끌리는 쪽으로 가버리는 것이다. 다른 쪽에 대해서도 생각은 있지만 지금 현재 자기 몸이 가 있는 그것보다는 못하다는 뜻이다.

마음이라고 하는 성질을 잘 알아야 한다. 이 몸과 마음은 하나의 의식에서 투영된 것이다. 투영된 몸과 마음이 드러나기 위해서는 상대적 모습으로 드러날 수밖에 없다. 인식되어져야 하기 때문이다. 이게 가장 중요한 이야기다. 그래서 원래 하나가 둘로 나누어진 것처럼 보인다는 것이다. 따라서 쌍생이다. 둘이 나온 게 아니라 하나가 나온 것이고, 하나의 모습으로 나오지만 두 개의 성질을 갖고 나오니까 쌍생이다. 상대적 세계이기 때문에 따로 나온 것처럼 느끼는 것이다. 현상 세계는 분리의식으로 되어 있기 때문에 하나인 것을 자꾸 분리된 것으로 본다는 것이다. 본래 하나인데 말이다.

왜 분리의식이 생겼는가? 상대성에 의해서다. 현상계에서는 분리의식을 가지고 있는 것이 당연하다. 현상계 안에 들어있는 모든 존재는 누구도 그것을 피할 길이 없다. 깨달은 사람도 분리의식으로 보는 것은 같다. 깨닫지 못한 사람과 똑같이 이것을 나라고 하고 저것을 너라고 한다는 말이다. 깨달은 사람도 그것을 혼동하지는 않는다. 이것은 이것이고 저것은 저것이니까 말이다. 그러나 깨닫지 못한 사람은 이것을 실제로 존재하는 나로 보고 저것을 실제로 존재하는 너로 보게 된다. 깨달은 사람은 이것과 저것이 분리되어 있지만 본래 하나고, 이것은 단지 본래 하나가 그 모습을 드러내기 위해서 투영시켜 놓은 허상체인 개념으로서의 나와 너라는 것을 혼동하지 않는다. 이것이 현상계에 잠깐 드러냈을 때만 나고 너일 뿐이지, 이 분별심을 벗어난 상태에서는 그냥 하나고 그 분리의식이 작용을 못한다.

절대인 본래성품에서는 이 분리의식이 작용할 수 없다. 이런 의식이 중심에 서있게 되면 분리의식을 그대로 인식하면서 동시에 절대성인 순수의식 상태로 있게 된다. 이렇게 각각의 모습으로 존재하면서도 그 본래성품이 하나라고 하는 것을 안다는 것이다. 그것이

한꺼번에 하나로 보인다. 그런데 깨닫지 못한 사람은 현재 눈에 보이는 분리의식만으로 보고 있다. 그 본래 바탕인 순수의식은 다 잊어버린 채 말이다.

순수의식을 새까맣게 잊어버리고 오직 눈에 보이는 분리되어 있는 모습만 본다. 다시 쉽게 비유하자면 깨달은 사람은 파도가 치고 있는 현재 상태대로 그냥 전체가 하나인 바다로 본다는 뜻이다. 전체가 하나인 바다로 보는 것을 인식하면서도 파도가 넘실거리고 있는 그 현상을 있는 그대로 보고 있다. 파도가 치든 말든 전체가 하나로서의 바다라는 인식을 잊어버리지 않는다. 그런데 깨닫지 못한 사람은 파도가 치고 있는 그 상태에서는 자기가 하나의 파도가 되어버린다. 그리고 옆에 있는 파도는 너라고 생각한다. 그런데 깨달은 사람은 하나의 파도의식이 아니고, 항상 전체로서의 바다의식이다. 그것이 바로 순수의식이다. 분리의식에 속지 않는다. 그러나 현상계에 나타나 있는 그대로의 모습은 똑같이 인식한다. 파도가 넘실거리며 일어났다가 사라지고 하는 그 모든 모습을 그대로 본다. 똑같이 보되 순수의식이기 때문에 전체가 그대로 변화하면서 생멸하고 연기되어 간다는 그 근본 진리를 한순간도 착각하지 않는다. 그게 바로 다른 점이다.

그런데 에고는 바다의식이 아니고 파도의식이다. 순간적으로 파도의식이 되어버린다. 그래서 전체성을 못 보고 순간적으로 생했다 멸하는 그 파도가 나라고 생각한다. 그런데 이것은 일어났다가 사라지면 바로 없어지는 허상이다. 허상임에도 불구하고 그것을 나라고 집착하고 있는 이것이 바로 어리석은 중생의 모습이다.

그러면 십이연기가 무엇인지 알아보자. 부처님의 깨달음이 무아와 연기인데 이들이 서로 다른 것이 아니다. 무아가 곧 연기고 연기가 곧 무아다. 이것을 따로 보면 안 된다. 연기란 A가 있어야 B가 생기는 것이다. A가 B를 만들어내고 B는 또 C를, C는 또 D를 만들어내고, 이렇게 연결해서 발생한다는 것이다. 연기성이란 상대성으로 존재한다. 홀로 존재하지 못한다. 그것은 혼자는 인식할 수 없기 때문이다. 인식이라고 하는 것은 관찰자와 관찰 대상이 반드시 필요하기 때문에 최소한 둘은 있어야 한다. 따라서 상대성으로 존재한다. 즉 생겨나는 모든 것은 스스로 생기지 못하고 서로 인식할 수 있는 상대가 없으면 존재가 안 되는 것이다.

이것이 연기법칙이다. 그러기 때문에 모든 존재 안에는 주체로서의 내가 없다. 그러니 무아와 연기는 하나다. 이걸 알아야 한다. 부처님이 연기에 대해서 "이것이 생하면 저것도 생하고 이것이 멸하면 저것도 멸한다."고 간단하게 설명하셨다. 그런데 머리 좋은 사람들이 부처님의 연기를 12가지로 나눠놓았다.

첫 번째가 무명(無明), 그 다음에 행(行), 식(識), 명색(名色), 육처(六處), 촉(觸), 수(受), 애(愛), 취(取), 유(有), 생(生), 노사(老死)의 구분이 그것이다. 무명이라고 하는 것은 근본무명을 이야기하는 것이다. 근본무명에 의해서 모든 것이 발생하고 연기가 시작된다는 뜻이다. 근본무명이 발생하면 행, 정신적 육체적인 모든 행위에 의해서 일어나는 선업과 악업이 발생한다. 이러한 정신적 육체적 모든 행위에 의해서 발생되는 선업과 악업. 이것이 곧 윤회의 근거가 된다고 주장한다. 그 다음에 식, 일생동안 선업과 악업에 대한 기억이 여기에 입력된다고 한다.

명색이란 '이름 명' 자에 '물질 색' 이니 이 수상행식이 윤회의 주체가 되면서 몸을 바꾸게 하는 것이라는 뜻이다. 이것이 입력되어 이어진다는 것이다. 근본무명에 의해서 선업과 악업을 짓게 되면 그 업을 입력해서, 그 입력에 따라 몸을 받게 된다는 것이다. 이것이 곧 색이다.

육처는 안(眼), 이(耳), 비(鼻), 설(舌), 신(身), 의(意)를 말하고 촉은 육근이 대상에 접하면 육식이 되는 것이니, 촉은 대상과 접한다는 뜻이다. 수는 육식의 결과로 나타나는 고, 락, 불고불락의 세 가지 느낌을 말하고 애는 물질이 왔는데 좋은 것은 좋아하고 싫은 것은 싫어하는 느낌으로 나타난다는 말이다.

취는 이렇게 나타나면 좋은 것은 잡으려 하고 나쁜 것은 버리려고 하는 집착이다. 유는 존재성을 말한다. 이런 것들에 의해서 쌓여진 '나라고 하는 존재성'에 대한 그 업이 여기서 고정되어 다음 생을 만들어낸다고 한다. 생은 또 윤회해서 자기 인생을 만들어내고 노사는 태어났기 때문에 또 늙어서 죽는다는 말이다. 깨닫지 못하면 12가지의 연기법칙에 의해서 뱅뱅 돈다는 뜻이다.

그러면 십이연기의 핵심은 무엇일까? 결론적으로 내가 태어나서, 내가 죄짓고, 내가 죽어서, 내가 심판 받고, 내가 윤회한다는 말이다. 즉 무아연기가 아니고 개체윤회라고 주장하는 것이다.

본래성품인 참나는 불생불멸인데 누가 윤회한다는 말인가? 이게 바로 십이연기다. 어떤 사람들은 오온과 십이연기를 꿰뚫어야 깨닫는다고 말한다. 이 십이연기의 핵심은 윤회인데 12가지로 맞물려 가지고 뱅뱅 돈다고 한다. 그렇게 따지자면 12가지만 될까? 이 안에서 일어나는 마음이라고 하는 놈의 변덕이 얼마나 심한데 12가지 밖에 안 되겠는가? 일만이천 가지도 넘을 것이다. 이렇게 나누어놓느라고 아무튼 고생들은 많이 했다. 그것만은 알아줘야 한다.

이처럼 오온 십이연기를 제대로 꿰뚫어야만 삼법인 무상, 고, 무아를 깨달을 수 있다고 말하고 있다. 그런데 나는 오온 십이연기를 하나도 모르면서 무상, 고, 무아를 깨달았다. 만약에 내가 그것을 연구하면서 따지고 있었다면 깨닫지 못했을 것이다. 그래서 불교의 고승들이 오온 십이연기에 묶여서 깨닫지 못하는 것이다. 그런 쓰레기들에 매어서 말이다.

그 다음으로 깨달음의 단계를 수다원, 사다함, 아나함, 아라한, 성문, 연각, 보살, 부처 이렇게 잔뜩 만들어놓았다.

실제로 미얀마에는 스님들은 물론이고 일반인들도 많이 찾아오는데, 그 사람들은 아라한 같은 것은 꿈도 못 꾸고 수다원이라도 되었으면 하는 게 소원이다. 그들이 수다원에라도 집착하는 이유는,

수다원과에 들어가면 7생 안에 부처가 된다는 것이다. 그렇게 정해져 있다는 말이다. 수다원과에 들어가서 그 다음에 도를 안 닦고 아무렇게나 세상을 살아도 그 사람이 수다원과에 들었기 때문에 7생 안에는 깨달아 부처가 된다고 주장한다. 그래서 수다원이라도 되고자 하는 것이다. 일단 보장이라도 받아놓으려고 말이다. 내가 태어났다고 생각하니까 죽을 것이고 업보에 의해서 계속 돌고 돈다고 착각한 결과다.

지금 남방불교든 북방불교든 2,500년 동안 내려오면서 이상한 것들이 전부 자리를 다 차지하고 있어서 맹신만 남아있다.

나도 거기에 속았었다. 미얀마에 처음 가서 속으로 그랬다. '아, 수다원이라도 되었으면.' 에고의 힘이란 다 비슷비슷한 것이다. 그리고 깨닫기 바로 직전까지도 막막했다. 뭔가 잡힐 것 같으면서도 안 잡히니까 아주 미칠 것 같았다. 구도자들이 이처럼 자기 내면에서 고통을 받고 있다. 깨달음이라고 하는 문제 때문에 자기와의 피눈물 나는 싸움을 하고 고통을 받고 있는데, 거기다 대고서 말도 안 되는 이런 것들을 만들어 가지고 사람들을 더 어리석게 만들어 놓고 있다. 구도하는 그 자체만으로도 힘들고 고통스럽고 좌절되는데 이런 엉터리 같은 것을 잔뜩 짊어지게 해서 무겁게 만들어 놨다.

깨달음에는 두 가지 장애가 있다고 한다. 번뇌장과 소지장이 그것이다. 장은 곧 장애를 이야기하는 것이다. 번뇌는 망상에서 일어나는 것이다. 에고, 즉 나라는 생각에서 일어나는 번뇌망상, 그걸 일컫는 개념이다. 이것이 바로 고통을 준다는 것이다. 소지는 알음알이를 말한다. 잘못된 교리라든지 사견, 삿된 견해 이런 것들로 머릿속을 꽉 채워버리면 깨달음에 장애가 된다는 말이다.

불교에서 이렇게 얘기하고 있지만 사실 불교 자체가 지금 이 두 가지에 다 걸려있다. 윤회한다고 하는데 윤회를 누가 하는가? 있지도 않은 나, 에고에 의해서 발생하는 망상에 의해서 고통을 받고 있는데, 윤회설을 믿고 있으니까 나라고 하는 놈을 계속 더 주입시켜주고 있다. 번뇌를 더 키우게 하기 위해서 말이다. 그 다음에 소지장, 앞에서 말한 엉터리 교리, 잘못된 교리를 만들어 머릿속에 자꾸 심어줘서 점점 진리와 멀어지게 만들고 있다. 그런데 불교는 자기들이 지금 그렇게 하고 있으면서 그렇게 하지 말라고 경계를 하고 있으니 이게 얼마나 웃기는 코미디인가? 이런 예가 수도 없이 많다.

육도환생이라고 있는데 불교는 후대에 인도의 뿌리 종교인 힌두교 사상과 서로 영향을 주고받았다. 그러니 이 여섯 가지 환생도 힌두교에서 나온 개념이다. 2,500년 전에 부처님이 깨달은 무아연기는 힌두교의 윤회사상을 개혁하는 깨달음이다.

이 무아연기는 윤회가 없다는 이야기다. 무아인데 누가 윤회를 하겠는가? 참나는 본래성품이다. 이것이 무아다. 무아가 곧 진아, 참나라고 했는데, 무아가 됐을 때 참나가 되는 것이다. 개체적으로 존재하는 내가 없으므로, 개체성에는 '주체로서의 나'가 없으니, 전체가 하나로서 그냥 통째로 나란 이야기다. 이게 바로 진아다. 부처님의 무아사상은 곧 마하리쉬나 마하라지가 말하는 참나, 다시 말해서 진아다.

개체로서의 자아가 없는데 누가 어떻게 윤회를 하는가? 힌두교에서는 3,000년 전부터 윤회사상이 있었다. 이것을 부처님이 뒤집었다. 부처님도 인도에서 태어났고 인도에서 살았기 때문에, 처음에는 베다 경전 공부를 다 한 사람이다. 그냥 공부한 것이 아니라 훌륭한 스승 밑에서 정통으로 공부한 사람이니 처음에는 이런 것을 믿었다. 그런데 6년 동안 죽을 고생하고 나중에 보리수 밑에서 깨닫고 보니 무아연기더라는 것이다. 부처님이 윤회를 깨부순 것이다. 그런데 오늘날 불교가 도로 돌아가 버렸다. 지금 다시 윤회를 이야기하고 있는데 웃기는 사실은 이쪽에서는 부처님 진리인 무아연기를 이야기하면서 저쪽에서는 윤회를 이야기하고 이렇게 두 가지를 다 이야기하고 있다는 점이다.

"무아가 뭡니까?" 하면 "나 없음입니다."라고 말한다. "그럼 윤회는 뭡니까?" 하면 "깨닫지 못한 중생들이 자기가 저지른 업에 의해서 돌고 도는 게 윤회입니다."라고 대답한다. 여기서는 '나는 없다' 저기서는 '내가 지은 업에 의해서 윤회한다'고 하니 뭔가 좀 이상하지 않은가?

그런데 육도윤회라고 말한다. 여섯 가지 세계를 돌고 돈다는 뜻이다. 지옥, 아귀, 축생, 인간, 천상, 아수라 세계를 돌고 돈다는 말이다.

이 사후세계도 크게 두 가지로 나눌 수 있다. 직선사관과 순환사관이 그것이다. 이 직선사관은 태어나서 살다가 육체는 멸하고 영혼은 천상이나 지옥으로 나뉘어져서 영원하게 산다는 말이다. 대표적으로 기독교 사상을 들 수 있다. 반면에 순환사관은 돌고 돈다는 것이다. 불교, 힌두교에서 생각하고 있는 사후세계 사상인데, 힌두교도 처음에는 직선사관이었다. 그러니까 순환사관이 직선사관에 비해 보다 진화된 상태라고 할 수 있다.

그런데 기독교에서는 무모할 정도로 계속 밀어붙이고 있다. 반면 인도에서는 지혜로운 사람들이 나오면서 천국과 지옥설을 버리고 윤회를 주장하기 시작했다. 조금 진화된 의식이 윤회를 이야기한 것이다. 그런데 완전하게 깨달은 부처님이 보기에 모든 존재는 연기된다는 것을 알았다. 윤회는 곧 연기인데, 사람들이 착각하고 이것을 개체적 윤회로 보는 것이다. 연기라고 하는 것은 말 그대로 개체성을 붙일 수 없다. 전체의 윤회! 전체가 하나의 모습으로 돌고 도는 것이 바로 연기다.

윤회라는 말을 착각하면 안 된다. 에고 입장에서 보면 개체가 생멸을 반복하면서 변함없이 돌고 돈다는 뜻이 되는 거고, 전체의 입장에서 보면 개체가 생했다 멸하면, 다른 것이 생하게 되는 것이다. 그런데 그 전체적 모습이 돌아가는 형태기 때문에 연기적 윤회, 즉 윤회적 연기가 되는 것인데 이것을 에고적 입장에서 받아들이니까 개체적 윤회가 되는 것이다. "달을 가리키면 달을 쳐다봐야지 왜 손가락을 보느냐."라는 말처럼 무지는 못 말리는 것이다. 아무리 깨달은 자가 이야기를 해도 자기 방식대로 받아들이니 답답한 노릇이다. 깨달은 사람이 나라고 할 때는 진아를 말하는데, 깨닫지 못한 사람이 들을 때는 개체로서의 나라고 생각한다. 똑같은 나를 얘기해도 이렇게 다르다. 말하는 사람과 듣는 사람이 왜 그렇게 차이가 날까? 바로 착각 때문이다. 그렇다면 착각은 누가 하고 있는 것일까?

착각을 하는 주체는 의식이다. 몸과 마음을 누가 만들어 놓았는가? 그것도 의식이다. 절대가 현상계를 투영시킬 때는 반드시 의식이 개입한다. 인식의 주체로서 의식이 몸과 마음을 생했다. 현상계를 만들어냈다는 뜻이다. 그 안에 들어있는 한 점을 나라고 착각하는 것은 누구인가? 의식이다. 그리고 그 착각한 상태에서 누가 고통을 받는가? 고통받고 있는 것도 의식이다. 그러다가 깨닫는 것 역시 의식이다. 그러니까 지금 의식이 혼자 원맨쇼하고 있다는 것이다. 개체의식이라는 것이 본래 있는 게 아니다. 그러니 개체의식이라는 얘기는 하지 말아야 한다. 그냥 의식이다. 의식이 이러고 있는 것이다.

그런데 현상화된 의식이 진화되는 동안 그 틀도 바뀌게 된다. 옛날에는 기껏 사후세계에 대해 최대한으로 생각해낼 수 있었던 것이 직선사관이었고, 그 후 조금 지혜로운 사람이 나타나 "아니다. 돌고 돈다." 하는 순환사관을 이야기했다. 그런데 완전히 지혜로운 사람이 깨닫고 보니 돌기는 도는데 개체가 도는 게 아니라, 전체가 그냥 하나의 모습으로 돌고 도는 것을 알게 된 것이다. 그것이 바로 무아연기다. 그러므로 윤회는 무아연기다. 그런데 에고의 입장에서는 자기가 돌고 돈다고 착각한다. 그래서 불교에서는 십이연기와 육도윤회를 이야기하는 것이다.

그런데 기독교와 불교가 다른 점이 있으니, 기독교에서는 한 번 천국과 지옥에 가면 영원히 그곳에 있게 되지만 불교에서는 지옥에 갔다가도 어떻게 하면 좋은 데로 갈 수 있고 인간으로 살다가도 나쁜 짓 하면 짐승으로 떨어질 수도 있고, 이렇게 돌고 돈다는 데서 차이를 발견할 수 있다. 기독교에서는 빼도 박도 못하고 불교는 그래도 빼서 박을 수가 있다. 그런 면에서 불교가 조금 더 폭이 넓다고 볼 수 있다.

그러나 똑같이 에고적 발상이라는 점에는 차이가 없다. 본래 있지도 않은 나라고 하는 놈을 가지고서, 이런 여러 가지 재미있는 소설을 쓰고 있는 셈이다. 있지도 않은 나를 지옥에 집어넣었다가 빼가지고 천상세계에 집어넣고 있다. 또 부처님 잘 믿으면 아미타불이 계시는 서방정토에 간다고 말한다. 있지도 않은 나를 가지고 그렇게 소설을 쓰고 있다. 그러니까 불교를 조금만 관찰해보면 거의 다 혼수상태인 것을 알 수 있다.

오늘날 종교들이 헷갈리고 있는 이유는, 바로 의식의 틀 때문이다. 기독교에서 쓰는 절대자 하나님이라는 용어를 살펴보자. 인격체로서의 '자(者)'는 '놈 자'다. 사람에게 붙이는 글자다. 절대자 하나님, 절대가 하나의 개체인 인격체로 표현되면 이것은 절대가 아니다. 상대적 존재가 되어버린다. 깨닫지 못하면 절대와 상대를 이렇게 혼동하게 된다. 절대자 하나님이란 것이 어디 있는가? 절대는 그냥 절대다.

어떤 하나의 존재로 나타날 수도 없고, 이름 붙여질 수도 없는 것이 절대다. 그런데 무지한 인간들이 그 절대를 이렇게 하나의 개체로 만들어버린 것이다. 불교에서 이야기하는 "부처님이 시방세계에 일시에 출몰하신다."는 이 말은 본래 하나인 절대의 성품으로 봤을 때는 모든 게 다 부처님이라는 뜻이다. 돌멩이도 부처고, 나무도 부처고, 부처라고 하는 거기에는 경계가 없다. 본래성품은 바로 그와 같은 것이다. 있는 그대로가 진리다. 일체가 다 불성이고 일체가 다 진리 그 자체다. 그런데 그것을 잘못 보게 되면 기독교와 똑같아진다. 부처님을 하나의 개체로 이야기해버리니 그게 완전히 뒤죽박죽되는 것이다. 《법화경》 같은 책을 보면 부처님을 완전히 요술쟁이로 만들어놓았다.

그러나 그 말은 정확하게 보면 전혀 근거 없는 이야기는 아니다. 근거는 진리에 입각한 것이다. 부처, 즉 본래성품은 이 우주 현상계 전체를 다 나툴 수 있다. 우주 현상계가 본래성품 그 자체에서 투영된 것이기 때문이다. 그러니 부처님은 시방세계 어디에도 다 나타날 수 있다. 진리적 입장에서는 그 말이 맞다. 그러나 나타나는 그것이 부처라는 하나의 인격적 표현이 된다면 잘못된 말이다. 기독교에서도 "하나님 아버지는 절대자이시며, 전지전능하시고 무소부재하셔서 안 계신 곳이 없으시다."고 말하는데 이 얘기는 무슨 뜻인가?

하나의 개체성으로 존재할 때, 안 계신 곳이 없을 수 있겠는가? 그 말 자체가 벌써 전체가 하나님이라는 뜻을 내포하고 있다. 절대라는 뜻이다. 그렇게 말하고 있으면서도 절대자 하나님이라고 다시 개체화시켜 버리는 것이다.

'아미타불 부처님이 계시는 서방정토' 라는 표현도 쓰고 있다. 그러면 어떻게 될까? 개체가 되는 것이다. 이렇게 정신 나간 소리들을 하고 있다. 기독교의 '하나님이 계시는 천국' 이나 불교의 '아미타불 계시는 서방정토' 나 똑같다. 서로 그게 그거다.

진리를 모르면 절대와 상대가 혼동이 되어서 말도 안 되는 표현들이 나오게 된다. 부처는 하나의 개체가 아니다. 석가모니 부처가 깨달은 사람이라고 하니까, 개체성으로 보는 것이다. 무아는 "독립적으로 존재하는 '나' 라는 것은 없다."라는 개념인데 어떻게 개체성이 될 수가 있겠는가. 개체성이 사라져버렸다.

개체성이 없다. 의식만 있는 것이다. 순수의식 말이다. 그런데 깨닫지 못한 사람은 개체의식이니, 깨달은 사람도 개체의식으로 보고 자기 자신도 개체의식으로 보고, 오직 초지일관 개체의식이다. 그러니까 부처님이 무아를 깨달았다고 해도 그냥 무아를 깨달은 하나의 개체로 보는 것이다. 중생은 부처도 자기처럼 생각한다. 자기처럼 생각하는 그것까지는 좋다. 그런데 자기를 개체로 보니까 문제다. 자기처럼 보는데 그냥 같은 본래성품으로 보면 얼마나 좋을까? 자기처럼 개체로 봐버리는 이것이 차이점이다.

그러니까 무아가 아닌 상태에서 팔만대장경이 아니라 팔십만 대장경을 써도 그건 다 정신 나간 소리다. 그 안에 무아가 들어있지 않으면 다 거짓말이고, 그냥 하나의 헛소리에 불과하다. 허상을 꾸민 허구란 말이다. 허구를 재미나게 꾸미려고 하니까 33천 세계, 아미타 세계, 도솔천에 있는 미륵불 등이 나오는 것이다. 이런 것들은 다 아무 근거도 없는 상상 속의 세계를 써놓은 소설일 뿐이다. 팔만대장경은 소설이다. 불경 가운데 오로지 진리는 석가모니 부처가 설한 무아연기 단 한 가지뿐이다. 《대승경전》은 부처님 돌아가시고 1,000년 정도가 지나서야 쓰인 것이다. 그 역사를 알아야 한다.

석가모니 사후 초기인 원시 불교시대에 《아함경》이 유일하게 씌어졌다고 하는데, 세월이 흐르면서 변질되기도 했지만, 그래도 《아함경》에 무아연기 사상이 밝혀져 있다. 그 후에 부파불교로 갈라지면서 수다원 뭐 어쩌고저쩌고 하는 것이 남방불교 쪽에 있다. 미얀마나 태국 쪽은 인도와 붙어 있기 때문에 불경이 대승불교 이전에 넘어왔다고 한다. 물론 그 후대에 소승불교는 또 소승불교대로 중간에 진리를 훼손시키는 역할자가 있었다. 대승불교의 용수처럼 말이다. 대승불교는 완전히 몇 바퀴 뒹군 다음에 나오다보니 경전 자체가 완전히 다른 것이다. 완전히 새로 썼다. 그렇다고 하더라도 그 기본 사상은 물론 부처님의 사상이다.

대승불교의 3대 경전인 《화엄경》, 《금강경》, 《법화경》 속에는 부처님의 근본사상이 들어있기는 하지만 거기에 표현되고 있는 많은 사상이나 용어, 체계들은 전부 후대에 만들어진 것들이다. 게다가 힌두교 사상이 그대로 접목되었다. 힌두교는 기본적으로 여러 신이 있는데, 그 신들을 모델로 만든 것이 보살이다. 석가모니 부처님이 보살에 관해 말씀하신 적이 있던가? 보살은 없다. 깨달으면 일체가 다 본래성품이니 누가 누구를 구원하겠는가?

본래성품이 그대로 나툰 것이 현상계다. 부처님이 깨닫고서 "나는 생사를 해탈했다."고 하셨다. 이는 실제로는 태어난 적이 없다는 뜻이다. 나는 본래성품이니까 태어난 이것들은 실체가 아니라는 이야기다. 실체가 아닌데 누가 누구를 구원한다는 것인가? 허깨비가 허깨비를 구원하겠는가? 그래서 부처님이 분명히 말씀했다. "인생은 꿈이다. 이 세상은 꿈이다. 일체가 다 꿈이다."라고 말이다. 지금 꿈속에서 한바탕 난리를 치고 있는 건데 꿈속에서 고통받고 있는 사람을 구원하는가?

꿈속에서 가위에 눌려 낑낑대고 있는 사람을 구원해줄 방법이 무엇인가? 유일한 방법은 빨리 꿈을 깨게 해주는 것이다. 발로 한번 걷어차서 꿈을 깨게 해주어야 한다. 만약에 구원이 있다면 깨닫게 해주는 것밖에 없다.

그런데 지금 불교나 기독교에서 말하는 구원이란 깨달음이 아니다. 부처님 잘 믿고 아미타불 잘 외우면 서방정토에 간다는 것이다. 예수님 잘 믿으면 천국에 간다는 것이다. 그런데 깨우지 않아도 꿈은 저절로 깨게 되어 있다. 꿈은 저절로 시작했다가 저절로 끝나는 것이다.

그러므로 깨달은 사람은 자비심이 일어나서 자신이 무엇을 하고 말고가 없다. 구원받아야 할 사람이 없는데 자비심이 어떻게 일어나겠는가? 구원받아야 할 중생이 있다고 착각했을 때만 자비심이 생긴다. 이것이 무서운 착각이다. 자비심도 착각하는 사람들의 마음에서 일어나는 것이다.

이 때문에 지장보살 같은 이야기가 나오는 것이다. "일체 중생이 지옥문을 다 나오기 전까지는 결코 나는 성불하지 않겠다." 어마어마한 이야기 아닌가? 나도 전에는 지장보살을 매우 존경했다. 그러나 깨닫고 보니 그런 바보 같은 소리가 어디 있는가. 에고도 그런 에고가 없다. 지금 불교에서 신도들의 신앙심을 북돋기 위해서 조작을 하고 있는 것이다.

불경은 99.9%가 후대의 맹신자들에 의해 쓰어졌고, 0.1%가 부처님의 진리 말씀이다.

부처 따로 중생 따로 이런 것 자체가 상대적 개념에 의한 하나의 시비분별이다. 일체가 본래성품이 그대로 투영된 결과다. 그러니까 부처는 개체가 아니라고 말한 것이다. 개체의 모습으로 드러난 석가모니는 하나의 극중인물이다. 가상적 등장인물, 소설 속의 등장인물 말이다. 석가모니가 깨달은 게 아니다. 소설 속의 등장인물인 부처라고 하는 배역을 맡은 것이다. 석가모니가 깨닫긴 뭘 깨달았단 말인가? 석가모니라는 실체는 없다. 부처라는 배역이 주어진 것이다. "너는 연극에서 깨달은 사람 역할을 해라." 그렇게 배역이 주어진 것이다. 마찬가지로 살인자는 연극에서 "너는 사람 죽이는 살인마가 되라." 그런 배역이 주어진 것이다. 그런데 놀랍게도 석가모니 배역을 맡은 배우 이름도 본래성품이고, 살인자의 배역을 맡은 배우 이름도 본래성품이다. 하나의 본래성품이 석가모니 역할도 하고, 살인자의 역할도 하고, 간디의 역할도 하고, 나폴레옹의 역할도 하고, 다 하는 것이다. 그런데 누구를 칭찬하고, 누구를 욕하고, 누구를 존경하고, 누구를 어떻게 한다는 것인가? 실제는 하나다. 그래서 근본을 보면 시비할 것이 없다는 말이다.

살인자는 하나의 등장인물일 뿐이다. 연극 속에서는 그 등장인물을 욕할 수 있다. 그러나 연극이 끝난 상황에서는 살인자 역을 연기했던 배우를 실제로 무대가 아닌 바깥에서 죽일 놈이라고 매도하지는 않는다. 연극이었기 때문이다. 그런데 각각을 전부 독립적으로 존재하는 실제적 자아라고 착각하면 그런 현상이 벌어진다. 그렇게 되면 부처 따로 중생 따로가 될 수밖에 없다. 그러나 근본을 헷갈리지 않으면 그냥 다 하나다. 역할만 다를 뿐이지 근본은 하나다.

예를 들어 이 몸이라고 하는 것은 하나의 덩어리고 이 한 덩어리 속에 눈 역할 하는 놈, 귀 역할 하는 놈, 입 역할 하는 놈이 다 제각각이다. 역할은 다르지만 전체를 그냥 나라고 하는 것과 똑같다. 우리가 나라고 할 때 이렇게 전체성을 의미한다. 이 몸을 수십조의 세포로 나누어 나, 너 이렇게 구분하지 않고 그냥 전체를 나라고 한다. 이목구비 전체를 그냥 나라고 하지, 눈만 나고 코는 내가 아닌가? 그러므로 우리가 나라고 말할 수 있는 나는 전체성으로서의 나.

그리고 어떤 면에서는 우리는 한 번도 나라는 말을 그런 개체에다 써본 적이 없다. 이 몸뚱이 하나가 그냥 전체지 몸 안의 수십조 세포 중에 하나를 나라고 하지는 않기 때문이다. 전체성을 나라고 매일 이야기하면서도, 틀이 상대성에 갇히니까 개체성이 되어 버리는 것이다. 그렇다면 이 우주 현상계 전체가 한 몸이니까 그걸 나라고 인식하면 된다. 의식이 이 몸뚱이에 갇히지 말고 우리가 인식할 수 있는 최고 큰 덩어리 우주를 그냥 나라고 하자는 말이다. 그렇다고 하더라도 이 우주 현상계도 결국은 멸한다. 그래서 이것도 참나가 아니다. 우주의식을 체험했다 해도 그것은 진리가 아니다. 진정한 깨달음이 아닌 것이다. 그것조차도 허상이기 때문이다. 그래서 나라고 하는 개체의식이 가장 큰 틀로서의 우주의식을 체험하고 있어도 이를 깨달음이라 할 수 없다. 오직 무아만이 완전한 깨달음이다.

개체성의 덩어리가 아무리 크더라도 개체성으로서의 나는 없다. 본래성품인 참나를 깨달아야, 그게 완전한 깨달음이다. 우주만한 틀일지라도 그 틀이 없어야 생멸하지 않기 때문이다.

왜곡된 진리적 용어들

무위자연(無爲自然)

지금 세상에서 명성을 날리고 있는 대학자들이 무(無)자 하나 제대로 해석하지 못하고 있다. 그들이 무위를 설명하는 것을 보면 완전히 잘못돼 있다.

무위가 무엇인가? 정확히 표현하자면 무위자연으로, 인위적인 행위가 없는 있는 그대로의 상태다. 사람들은 "본래의 자연으로 돌아가는 것이다."라는 뜻으로 이 말을 풀이한다. 예를 들어 "인류가 왜 이리 복잡하고 공해에 찌들며 고통스럽게 사느냐? 그 이유는 무위로써 지내지 못하고 인위로써 살고 있기 때문이다. 그래서 무위자연으로 돌아가야 한다."고 말한다. 그런데 이것은 대단히 잘못된 생각이다. 무위자연이란 말 그대로 '있는 그대로가 진리'라는 뜻이다. 이것을 문자적으로 잘못 해석하게 되면 무위자연이 있고 그 반대되는 개념으로 인위적 문명, 또는 심리적으로 스스로 그러하지 못한 상태로 생각하게 된다. 그냥 생긴 그대로는 자연이고 거기에 건물이라도 짓게 되면 이것은 곧 문명이라는 것이다. 인간의 인위적 행위에 의해서 지어진 것이기 때문이다. 그래서 철학자들이나 종교가들을 비롯해 세상을 걱정하는 모든 사람들이 이구동성으로 "인간들이 순리적으로 살지 않고 자연을 훼손하고 인위적으로 이 세상을 만들기 때문에 곧 멸망할 것이다. 그러므로 우리 인류가 살 길은 무위자연으로 돌아가는 것이다."라고 이야기한다.

그런데 이 말이 왜 잘못된 것인지 한번 생각해보자. "무위자연으로 돌아가자."라고 할 때 돌아가는 행위는 무엇인가? 그 자체가 인위다. 행위는 인위가 되는 것이다.

무위자연은 스스로 그러한 있는 그대로가 진리라는 뜻이다. 만약 있는 그대로의 자연 상태에 사람들이 산을 파헤쳐서 도로를 닦았다면 어떻게 될까? 그것도 무위자연이다. 그것을 인위적인 것이라고 시비분별하는 그것이 오히려 문제다. 지금 현재 이렇게 굴러가고 있다면 이것이 진리다. 지금 잘 가고 있는데 돌아가기는 어디로 돌아가는가? 시비분별심이 있기 때문에, 선악에 대한 어떤 자기 기준이 있기 때문에 이것을 잘못됐다고 생각하는 것이다. 잘못된 것은 하나도 없다. 무위자연은 지금 현재 굴러가고 있는 이 상대성 세계가 있는 그대로 진리라는 뜻이다. 흘러가는 이 모습이 그냥 순리다. 그러니까 지금 있는 그대로의 모습이 뭔가 좋지 않은 모습이더라도, 예를 들어 오존층에 구멍이 나는 모습이 마음에 들지 않는다고 해도 그것이 진리고 순리다. 올바르게 살지 않는 사악한 무리들이 이 세상에서 판을 친다 해도 그것 역시 진리이자 순리다. 지구가 멸망해도 그게 진리다. 지구가 생겼기 때문에 결국에는 멸하게 되어있다. 그게 진리기 때문에 자연훼손을 통해서든, 핵전쟁을 통해서든, 어떤 형태에 의해서든 지구는 멸하게 되어있다. 그런데 사람들은 생은 좋아하고 멸을 싫어하다 보니 사람을 살리는 것이 진리고 사람을 죽이는 것은 진리가 아니라고 한다. 그러나 진리는 그처럼 편협한 것이 아니다. 사람을 죽이든 살리든, 이 모든 것이 진리다. 이 세상에 펼쳐지고 있는 모든 것은 그냥 다 진리다.

종교인은 물론이고 일반사람들도 "순리대로 살자."는 말을 자주 한다. 이 말이 무슨 뜻인가. '순리'라는 말 자체가 사실은 순리다. 그런데 여기에 왜 '살자'라는 말이 붙는가. 이것은 인위다. "이렇게 사는 것이 순리다."처럼 어떤 행위를 요구하는 것이다. 그런데 순리라는 말은 인위가 아니라 있는 그대로의 순리다. 그러니까 지금 돌아가는 대로 놔두는 것이 순리다. 그럼에도 불구하고 "너 왜 그렇게 살고 있니? 순리적으로 살아야지."라는 말을 한다. 이 말은 진리적인 것을 인위적으로 만들고 있다. 현상계의 모든 것은 각각의 주어진 배역대로 순리적으로 살고 있는 것이다.

순리를 설명할 때 종종 물을 예로 들곤 한다. 물은 흘러가다가 앞에 바위 덩어리가 막고 있으면 돌아가고, 또 가다가 둑이 막혀 있으면 기다리고, 기다리다가 그 물이 넘치면 다시 흘러간다. 이때 물은 자신의 자유의지로 바위를 피해가는 것인가? 그것이 아니라 저절로 돌아가는 것이다. 인위적으로 하고 싶어서 그러는 것이 아니다. 댐이 막고 있을 때 물은 답답함을 느끼지만 그래도 참고 기다리던가? 댐이 넘치면 물은 자신의 노력으로 댐의 장벽을 넘어서면서 "내가 넘는다!"고 외치던가? 아니다. 연못에 고인 물은 그냥 거기서 썩는다. 그것이 바로 순리다.

순리는 있는 그대로의 모습이다. 거기에다가 이렇게 살자, 저렇게 살자 하는 것은 인위가 되니 그 말 자체가 모순이다. 그것이 설사 내 마음에 들지 않더라도 순리는 순리다. 남편이 바람을 피운다고 해도 순리고 그게 진리다. 각본이 그렇게 되어 있기 때문이다. 인간들끼리 머리 터지게 싸움하고 있는 그 모습이 그대로 순리고, 그 모습이 그대로 무위자연이고, 그것을 뜯어말리고 있는 그 모습이 또 순리고, 그것이 바로 진리다. 모든 것이 연기적 인연법으로 짜인 각본에 의해서 돌아가고 있는 것이다.

일체의 모든 것이 좋은 일이든, 나쁜 일이든, 순리 그 자체라는 것을 받아들인다면 고통을 안 받을 텐데 그것을 에고가 못 받아들이니 괴롭고 슬픈 것이다. 나에게 피해를 입힌 그놈도 지금 자기에게 주어진 역할을 실감나게 했을 뿐이다.

연극적 상황은 그 안에 실제적 인물도, 실제적 사건도 없는 하나의 놀이일 뿐이다. 놀기 위해서 짜놓고서, 그 놀이에 의해서 상처받고 고통받는다면 그건 바보 같은 짓이다. 놀이는 놀이로 끝나야 한다. 그 모든 원인은 이 몸과 마음을 나라고 착각한 그것에서 시작된다. 그러다 보니 나도 있고 내 가족, 내 민족이라는 틀이 생기면서 집착과 고통이 생긴다. 그러나 깨닫고 나면 '나'라고 하는 이 허깨비가 사라졌기 때문에, 이것을 둘러치고 있는 틀이 없다. 나라는 생각조차 없고, 내 가족이라고 하는 생각의 틀도 없다. 겉으로 볼 때는 하나의 배역으로서 가족의 구성원이 있다. 집에 가면 남편이나 부인이나 자식들이 있다. 그러나 사람들이 생각하는 그러한 '내 것'으로서의 가족은 없다. 하나의 배역으로서의 역할일 뿐이다.

그리고 모든 일은 짜여진 각본에 의해서 순리대로 돌아가고 있기 때문에 내면에서 일어나는 일이든, 밖에서 일어나는 일이든, 시비분별할 것이 없다. 개체성을 벗어나 진리와 하나된 깨달은 사람은 이 세상에서 이렇게 하고 있는 이 모든 것을 인연법에 의해 저절로 주어진 배역이기 때문에 그냥 즐겁게 하는 것이다. 그런데 전체인 본래성품을 잊어버리고 개체성의 틀에 갇히게 되면 모든 것을 시비분별하게 되고, 자신이나 자신과 연관된 것들을 잘 되게 하려니 집착이 생기고, 욕심이 생기고, 또 그것이 제대로 안되면 고통받고 그렇게 되는 것이다. 그러나 이 진리를 알고 나면 그럴 필요가 없다. 허상체인 우주 현상계도 시비분별심 없이 있는 그대로 보게 되면 그대로 완전함이고, 완전함이기 때문에 있는 그대로가 진리고, 이 진리체들이 굴러가고 있는 그 모습이 순리 그 자체인 것이다. 이것이 바로 '무위자연'이다.

'무위자연'이라는 것은 있는 그대로를 놓고 보는 것이다.

무심(無心)

　무심을 잘못 해석하면 "마음이 없다."가 된다. 하지만 본래 그 뜻이 아니다. 무아일 때만 무심이 가능한 것이다. 곧 무아가 무심이다. 내가 없을 때 마음에서 어떤 것이 떠올라도 그것은 일체가 없는 개념이다. 무심은 무관심과 다르다. 무관심은 유심에서 무관심과 관심으로 나뉜 상태다. 관심은 마음이 향하는 것이고, 무관심은 마음이 향하지 않는 것이다. 따라서 관심은 같이 있다가 헤어져도 계속 생각하는 것이고, 무관심은 떨어져 있을 때는 물론이고, 같이 있을 때도 소가 닭 쳐다보듯 하는 것이다. 그런데 무심이란 한마디로 무아심, 즉 마음을 일으키는 내가 없는 상태를 말한다. 그러면 무심행은 무엇인가.

　사람들은 마음 없이 행동하는 것이라고 생각하지만 대단히 잘못된 생각이다. 마음 없이 어떻게 행동을 하는가? 행동은 마음에서 생각이 떴을 때, 그 생각을 쫓아가는 것이다. 그러니까 무심행이란 마음 없이 행동하는 것이 아니고, 중간에 '아' 자가 붙어야 하는 것이다. 무아행, 곧 행위하는 내가 없이 행하는 것이다. 행위하는 내가 없을 때만 무심행이 된다. 쉽게 얘기해서 무아행이 무심행이다. 행위하는 내가 없는 것과 내가 행위하지 않는 것은 큰 차이가 있다. 행위하는 내가 없다는 것은 행위는 있는데 행위를 일으킨 내가 없는 것이고, "나는 행위하지 않았다."라고 한다면 행위하지 않은 내가 있는 것이다. 행위하지 않은 내가 있는 이것이 에고다.

많은 사람들이 "나는 행위한 적이 없어."라는 말을 한다. 무엇인가를 해놓고 "나는 한 적이 없다"고 한다. 나는 한 적이 없는 게 아니다. 행위를 한 내가 없는 것이지 행위는 있다. 화를 내면 화를 낸 행위 자체는 현상으로 있다. 그 화를 낸 주체가 없을 뿐이다. 행위를 일으킨 어떤 독립적인 자아가 없다는 말이다.

무소유(無所有)

무소유 하면 가장 먼저 떠오르는 사람이 법정스님인데 그분의 책을 읽어보면 참 존경할 만하다. 수도승으로서 나름대로 노력하는 모습이 깨끗하고 아름다워 보인다. 하지만 진리적인 측면에서 보면 무소유를 이야기하고는 있지만 유감스럽게도 실제의 무소유를 모르고 있다. 그분이 이야기하고 있는 것은 무집착과 청빈이다. 물질이든 마음이든 "집착하지 말고 청빈하게 살자."라는 뜻뿐이다. 될 수 있으면 옷도 한 벌만 가지고, 신발도 밑창에 구멍이 나서 못 신을 때까지 신고, 책상 하나에 호롱불 하나, 음식도 될 수 있으면 조금만 먹고 산다는 이야기다. 그러면 진짜 무소유란 무엇일까? 이것 역시 '무아소유'다. 소유한 내가 없는 상태다. 지금 생명체가 살아가고 있는데, 어떤 형태로든 소유를 안 할 수가 있을까?

그럼 법정스님은 벌거벗고 사는가? 그는 들판에서 그냥 사는가? 무소유라는 것은 그런 청빈과는 다르다. 말 그대로 소유하는 것이 아무 것도 없다면 살 수가 없다.

무소유의 참뜻은 무아소유다. 그러니까 무아를 빼면 이야기가 안 된다. 소유한 내가 없는 것이다. 으리으리한 대궐에 살고 있어도 그 것은 내 것이 아니다. 집은 있지만 소유한 내가 없는 것이다. 옷은 걸치고 있지만 그 주체적 자아가 없다. 그러니까 무엇이든지 다 소유할 수가 있다. 왜 쩔쩔매고 그러는가. 청빈하게 산다는 게, 덜 갖겠다는 게 얼마만큼 덜 갖겠다는 뜻인가.

청빈하게 살겠다고 한 평짜리 방에 옷 한 벌을 걸치고 산다고 하자. 그렇다고 해도 반 평짜리 집에 웃옷은 안 입고, 팬티만 입고 사는 사람에 비해서 무소유는 아니다. 상대적으로 그렇다는 말이다. 그러니까 지금 불교에서 말하는 무소유는 집착 없는 청빈을 이야기하는 것이지, 진정한 무소유가 아니다. 무소유는 어떤 것을 취하되 그것을 소유한 내가 없을 때만 가능하다.

말뜻이 이렇게 완전히 달라진다. 깨달은 사람이 어디에 걸림이 있겠는가? 무엇을 무서워하고, 벌벌 떨고, 무엇을 못하는가. 나 또한 자동차도 가지고 있다. 그렇다면 차 있는 사람이 어떻게 무소유라고 할 수 있겠는가. 그러나 차는 있지만 차를 소유한 나는 없다. 이게 아주 쉬운 것 같지만 어려운 말이다. 그 말에 아주 묘한 뉘앙스가 있다. 분명히 몰고 다니는 차는 있는데, 그 차를 소유한 내가 없다. 무슨 행위를 했을 때, 그 행위는 있는데 그 행위를 일으킨 내가 없다. 그게 무아다. 그러므로 이 '무' 자 형제들은 무아를 붙여야만 그 뜻을 제대로 알 수 있다.

조주선사가 화두로서 '무'를 던졌을 때, 그것은 있다, 없다의 무가 아니라 시비분별하는 그 자체가 없는 무다. 그래서 시비분별이 끊어진 '절대 무'라고 한다. 그런 측면에서 무를 이야기해야 한다.

"개에게 불성이 있느냐?"는 질문에 "무"라고 대답했다고 해서 '개에게는 불성이 없다.'는 말로 받아들여서는 안 된다. 여기서의 무는 개에게 불성이 있다, 없다를 시비분별하는 그것조차 없다는 뜻이다. "이 돌대가리들아! 이것이다 저것이다 시비분별을 일으키지 마라."라는 말로 무를 이야기하고 있는 것이다. 이 무가 바로 절대 무다. 시비분별이 끊어진 절대다.

무책임(無責任)

무책임 역시 세상 사람들이 잘못 사용하고 있는 말이다. 이 말을 그대로 풀이하면 '책임이 없다'는 말이다. 그런데 우리가 보통 "저 사람은 무책임해."라고 말할 때, 이것은 곧 "저 사람은 책임을 지지 않아."라는 뜻이 된다. 하지만 정확한 표현대로라면 이 말은 곧 "저 사람은 책임이 없다."라는 의미다. 책임이 없는데 "책임을 지고 살아야지. 왜 이렇게 무책임해?"라고 한다면 말도 안 되는 소리다.

몸과 마음이 이 현상계에 투영되어 엮어나가고 있는 이 모든 삶의 인연과 사건, 이런 모든 것들이 연기적 법칙에 의해서 저절로 생각과 행위로 이어져 나가기 때문에, 개체로서는 책임이 없다는 것이다. 책임질 수 있는 주체적 자아란 본래 없다. 그래서 무책임한 것이다. 자기가 무엇인가를 해놓고 책임을 지지 않는다면 그건 비책임이다. 무책임은 책임을 질 내가 없기 때문에 책임이 없는 것이다. 왜 책임이 없는가? 내가 한 것이 아니기 때문이다. 왜 내가 한 것이 아닌가? 나라는 주체가 없기 때문에 책임질 수가 없는 것이다. 행위자가 없으니 책임질 사람이 없다. 각본에 의해서 저절로 다 이루어진 것이기 때문이다.

연극 속에서 살인을 저지른 배우는 각본에 의해서 그렇게 했고, 행위는 현상적으로 일어났다. 그런데 그건 연극이기 때문에 살인이라고 하는 장면은 일어났지만, 살인한 실질적인 인물은 없다. 또 그 연극적 상황에 의해서 칼에 찔려 죽는 것처럼 연기한 현상은 있는데, 실제로 죽은 사람은 없다. 그것은 가상의 시나리오기 때문에 실제로 죽은 게 아니란 말이다. 허상체가 실제로 태어나고 죽을 수 있겠는가? 태어나고 죽는 것처럼 보이는 현상만 있을 뿐이다. 지금 우주에 존재하는 모든 생명체가 다 그렇다. 바로 허상이기 때문이다.

실재로서의 참나는 이런 허상체로서 생멸하지 않는다. 그래서 실재는 태어나지도 않고, 죽지도 않고, 늘 존재 자체, 생명 자체, 항상 여여한 그 자체로 있기 때문에, 눈썹하나 다치지 않는다. 죽어 나자빠지는 것은 전부 허상체로서의 현상일 뿐이다. 이런 면에서 연극을 보고서는 배우에게 책임을 지라고 하고, 네가 죄를 지었으니 업을 받아 다음 생에는 짐승으로 윤회하게 될 것이라는 그런 이야기 자체가 웃기는 코미디다.

그것은 인간들의 시비분별, 즉 차별심이다. 인간은 고귀하고 미물 짐승은 하찮아 보이는 차별심이다. 사람이든, 짐승이든, 식물이든, 하다못해 돌멩이 하나라도 본래성품 그 자체가 드러난 것이다. 모든 것이 다 완전한데, 모양들은 다 제각각인 이유는 지수화풍의 결합조건이 다르기 때문이다. 인간의 그 알량한 시비분별심으로 보니까 인간이 가장 잘나 보이고 다른 것들은 하찮은 것으로 보이는 것일 뿐이다. 이 말은 몸뚱이 안에서 간은 고귀해 보이고 항문은 하찮아 보이는 것과 같다. 하지만 실제 의학적으로 볼 때 간과 항문 중에 어느 것이 더 중요하다고 말할 수 있는가? 그럼에도 불구하고 인간들은 차별을 하고 있다. 어느 것은 고귀하고 또 다른 어느 것은 하찮다고 말이다. 부처님은 성스럽고 창녀는 더럽다고 말이다. 이것이 시비분별심, 차별심이다. 개체로 볼 때는 석가모니 부처님도 허상이요 창녀도 허상일 뿐이다. 그저 연극의 배역일 뿐이다. 현상 속에서 그런 배역을 가지고 있다가 사라지는 그 순간에 끝나는 것이다.

그렇다면 본래성품은 선할까, 악할까? 본래성품에는 그런 것이 없다. 선이니 악이니 그런 것은 어디에 있는 것인가? 상대세계에 상대적 존재로 나투어진 상대적 개념 속에만 있는 것이다. 참나는 본래성품이므로 그러한 세상의 시비인 선과 악 같은 것에 영향받지 않는다. 그러면 그런 것에 영향을 받지 않고 살 자신이 있는가? 자신이 없다면 의식이 뒤집어져야 한다. 이것을 나라고 생각하는 의식이 뒤집어져야 한다. 그렇지 않으면 허구한 날 입으로 "나는 본래성품이다.", "몸과 마음은 내가 아니다."라고 외쳐봤자 아무 소용이 없다. 마치 아이들이 뜻도 모르고 하늘 천 따 지를 외우는 것과 같다.

　온 힘을 다해서 그 의식을 뒤집어야 한다. 나는 본래성품이고, 본래성품은 그 어디에도 영향을 받지 않는다. 나라고 착각하고 있는 이것은 연극 속에 등장하는 하나의 인물이다. 각본대로 한 것에 대해서 배우가 책임을 지는가? 연극 속에서 자기가 강도짓을 했는데, 내가 사람 죽였다고 후회하고, 죄책감 느끼고, 괴로워하고 그러지 않는다. 그런데 연기를 해놓고 자신이 진짜로 그랬다고 착각하는 배우들도 있다. 어리석게도 말이다. 의식이 완전히 뒤집어져야 한다. 절대인 본래성품 자리에 서버리면 그게 바로 대자유다. 걸릴 것이 하나도 없다. 일어나는 일체의 모든 것이 저절로 일어나는 것이다. 나라는 놈이 없기 때문에 일어나는 모든 현상이 저절로인 것이다. 연기성에 의해서 전체가 하나로 그렇게 돌아가는 것이다. 그런데 개체의식 상태에서는 저절로 일어나고 있는 생각과 행위를 전부 내가 했다고 착각하게 된다. 그게 바로 에고다.

　자, 마음에서 욕심이 일어났다. 그런데 그 욕심이 에고가 아니라, 그 욕심을 '내가 일으켰다'고 착각한 그것이 바로 에고다. 집착이 에고가 아니라 내가 집착하고 있다는 착각이 에고고, 시비분별이 에고가 아니라 내가 시비분별하고 있다는 착각이 에고다. 그런데 지금도 종교단체 등에서는 "욕심을 버리라."고 말한다. 누구보고 버리라는 말인가? 내가 지금 욕심을 내고 있다는 뜻이 아니던가? 그래서 지금 나보고 버리라고 하는 것이다. 그런데 욕심을 부리는 나는 없다. 욕심을 내는 그 자체도 각본에 짜인 그 인연법과 벌어지는 그 사건 속의 맡은 바 배역에 의해 각본대로만 일어나는 것이다. 연극 속에서만 욕심내는 것이지, 실제로 일어난 것이 아니다. 허상이 욕심을 내봐야 허상 아니겠는가? 허상이 집착을 해봐야 허상이다. 따라서 일체를 연극적 상황으로 보면 아주 간단하다.

그런데 자신이 실제로 하고 있다고 생각할 때는 골치가 아파진다. 그때는 다 책임을 져야 한다. 지지 않을 수가 없다. 자신이 했는데 어떻게 책임을 지지 않는가? 그래서 본래는 나라는 게 없어서 자기가 한 일이 하나도 없음에도 불구하고 일체를 '내가 했다'라고 하는 그 착각 하나에 의해서 모든 걸 다 책임져야 되는 것이다. 이것이 바로 중생의 번뇌요 고통이다. 책임질 수 없는 것을 책임지려 하니 그게 바로 고통이다. 따라서 고통이란 실제로 있는 것이 아니라 착각된 마음속에서만 있는 것이다.

그 착각을 바로 잡는 순간에 고통이 전부 사라져 버린다. 고통을 없애기 위해서 무엇을 없애야 한다거나 무엇을 열심히 해야 하는 것이 아니다. "아, 이게 착각이네!" 하고 깨닫는 순간에 사라져버리는 것이다.

혜가가 달마에게 "스승님 마음이 너무 괴롭습니다."라고 말했더니, "그래, 그 괴로운 마음을 보여 다오. 그러면 그 괴로움을 내가 없애 주마." 하고 달마가 대답했다. 그러자 이 말 한마디에 고통이 사라져버렸다. 즉 깨달음은 오직 마음의 착각 하나만 바로 잡으면 되는 것이다. 어디에 도달해야 되는 것도 아니고, 무엇인가를 열심히 닦아야 하는 것도 아니고, 잠도 자지 않고, 장좌불와 해야 되는 것도 아니다. 그렇게 할 아무런 필요성도 없다. 본래 부처가 또 다시 무슨 부처가 되려고 노력을 하는가. 그냥 자신이 본래 부처라는 것을 알면 끝나는 것이다.

이렇게 쉬운 일을 왜 받아들이지 못하는가. 그것은 자신이 개체라는 오래된 착각의 습기 때문이다. 지금까지 살면서 이것만 나라고 착각한 그것이 너무도 강렬하게 남아있기 때문에, 원래 있지도 않은 허상체인 에고가 이 몸과 마음에 착 달라붙어 사사건건 나서는 것이다. 생각을 해도 내가 했다, 말을 해도 내가 했다, 행동을 해도 내가 했다 등 사사건건 "내가"라는 말이 붙는다. 그 말을 빼버리면 그냥 생각이 일어난 거고, 그냥 말이 나온 거고, 그냥 행동이 일어난 것이다. 그 말을 빼버려야 한다. 원래 있지도 않다. 나라고 말할 수 있는 유일한 존재는 본래성품인 절대밖에 없다.

사람은 단 한순간도 본래성품이 아닌 적이 없다. 단 한순간도 에고로 존재한 적이 없다.

구도자의 길

깨달음이란 무엇인가

어떻게 깨달을 것인가

어스름한 저녁에 어떤 사람이 산길을 걸어가고 있었다. 길 앞 저만큼 시커먼 것이 길을 막고 있는데 언뜻 보니 뱀처럼 보였다. 놀라고 무서워서 가지 못하고 서있을 때 반대편에서 한 사람이 건너왔다. "아니, 저기 뱀이 있는데 어떻게 올 수 있었나요?" 하고 물어보니 "아, 저거요? 저건 뱀이 아니고 새끼줄인데요."라는 대답을 들었다. 가서 확인해보니 진짜 새끼줄이었다.

자, 그러면 한 번 생각해보자. 뱀이라고 하는 것이 진짜로 있었는가? 없었다. 그런데 그것을 뱀이라고 착각한 순간에 그 사람의 마음에는 뱀이 있었다. 바로 이것이다. 에고라고 하는 놈, 개체의식이라는 놈이 이런 것이다. 착각에 의해서만 있는 존재다. 원래는 있지도 않은데 착각에 의해서 만들어진 뱀이 그 사람을 두려움에 떨게 만들었던 것과 마찬가지로 원래 있지도 않은 에고가 인간을 고통스럽게 만든다.

그러면 그것이 뱀이 아니라는 착각을 바로 잡을 수 있는 유일한 방법은 무엇인가? 가서 확인하는 수밖에 없다. 물론 다른 사람이 아니라고 하는 말을 믿을 수도 있겠지만, 그것은 100%가 아니다. 직접 가서 자기 눈으로 확인하는 것만이 가장 정확하다. 마치 깨달은 스승이 이미 확인하고 건너와서 "그것은 뱀이 아니고 새끼줄이다" 하고 이야기해주었을 때, 그 말을 믿고 가서 자기 눈으로 확실하게 확인하는 것이 바로 구도자에게 있어서 가장 올바른 수행법이다. 그처럼 확인하는 가장 좋은 방법이 위빠사나다. 그런데 여기서 알아야 할 가장 중요한 점은 위빠사나는 몸과 마음을 닦는 것이 아니라 관찰을 통해서 확인하는 것이라는 사실이다.

따라서 수행이나 수련 같은 일반적인 용어가 사실은 맞지 않다. 위빠사나를 표현할 수 있는 가장 정확한 말은 '알아차림'이다. 그런데 알아차림은 의식이 깨어있을 때만 가능하다. 그래서 깨달은 사람들이 "항상 깨어 있으라."고 말한 것이다. 왜 항상 깨어 있어야 하는가? 올바로 알아차리기 위해서다. 간혹 스승의 말이라면 목숨도 던지는 구도자들이 자신의 스승이 깨어 있으라고 했다면서 잠도 자지 않고 장좌불와를 한다. 그것은 어리석은 짓이다. 우리가 고통을 당하는 상황을 생각해보자. 깨어 있을 때 당하는가, 아니면 깊은 잠 속에서 당하는가? 깨어 있을 때 당한다. 번뇌망상도 깨어 있을 때 일어난다. 아무리 큰 고민을 갖고 있는 사람도 잠들어 버리면 편해진다. 깨어 있을 때가 문제다. 따라서 항상 깨어 있으라는 말은 '이 몸과 마음을 나라고 착각하지 말고 늘 참나인 본래성품에 서있으라 는 뜻이다. 꼭 앉아서 하는 좌선, 걸으면서 하는 행선만이 위빠사나가 아니다.

의식은 본래성품 차원에 서서 몸과 마음, 그리고 밖에서 일어나는 모든 인연과 사건과 현상을 있는 그대로 보는 것이다. 본래성품에서 보라는 말은 순수하게 보라는 뜻이다. 어떠한 감정이나, 내가 했다는 생각 없이 있는 그대로 보라는 의미다. 의식은 본래성품에 중심을 잡고 깨어 있으라는 것이다. 깨어있음이 순간에 무너지면 의식이 몸과 마음에 들러붙어 또 다시 착각이 발생하게 된다. 그러니 본래의 순수의식을 유지하면서 몸과 마음이 놀고 있는 것을 있는 그대로 보고 있으면, 이 몸과 마음이 내가 아니라는 느낌이 아주 강력하게 일어날 때가 있다. 그러면 나라고 착각했던 그것이 한순간에 다 무너져버리고 에고라고 하는 허상—원래 있지도 않은, 착각된 마음속에서만 존재하는—, 그 나라는 에고가 마치 매달려있던 밧줄이 뚝 끊어지는 것처럼 그렇게 될 때가 온다. 그런 깨달음이 올 때까지 알아차려야 한다.

위빠사나의 핵심은 무엇일까? 생멸을 보는 것이다. 모든 것의 일어남과 사라짐을 관찰하는 것이다. 호흡을 관찰할 때 일어남과 사라짐을 보는 것과 같이 이 우주 현상계 안에 들어있는 모든 생명, 모든 물질, 모든 현상이 반드시 일어났다가 사라지는 것을 보는 것이다. 이 생멸만 정확하게 보게 되면 깨닫게 되어 있다. 사람들이 나라는 것에 집착하는 이유가 무엇인가? 이것이 생했다가 반드시 사라져버리는 무상한 존재라는 것을 뼛속 깊이 깨닫지 못하고 있기 때문이다. 그것을 머리로만 알고, 말로만 그러고 있을 뿐이지, 뼈저리게 느끼지는 못하고 있는 것이다. 전체가 다 하나고, 나는 본래성품이고, 이 몸뚱이는 그냥 왔다가 사라져버리는 허깨비라는 것을 머리로는 다 알면서도 사람들의 삶 속에서 아직 이 개체성을 벗어나지 못하고 있는 것이다.

이 개체의식, 이 에고의 틀에 갇혀버리면 40~50년 장좌불와하고 있어도 소용없다. 미얀마에 가보면 그 좋은 위빠사나를 수십 년씩 하고 있는 복 많은 분들이 많다. 70~80세가 넘어 거동이 불편하면서도 지팡이를 짚은 스님들이 행선을 하고 있다. 한국 스님들이 숨 넘어 갈 때까지 화두를 붙잡고 있는 것과 똑같다. 소름이 끼칠 정도다. 도대체 무엇이 잘못되었을까? 틀에 갇혀서 백날 해봐야 소용없다. 어떻게 해야 진리를 알 수 있겠는가. 우주를 통채로 볼 수 있어야 한다. 그랬을 때 이 우주 현상계의 모든 것이 질서정연하게, 순리에 맞게, 한 치의 오차도 없이 맞물려 돌아가고 있다는 걸 알게 된다.

그러면 우리가 무엇을 깨닫는다는 것일까. 그냥 위빠사나만 30~40년, 화두를 50~60년 붙잡고 있다고 되는 게 아니라, 무엇을 깨달아야 하는지가 중요하다. 정확하게 길을 알고 가야지 산 속을 무턱대고 헤맨다고 정상에 갈 수 있는 것은 아니다. 정확한 길을 밟고 올라가야 한다. 그럼 무엇을 깨닫는 것인가? 바로 무아다. 무아라는 말만큼 부처님의 가르침을 단 한마디로 압축시켜 놓은 것이 없다. 그런데 내가 깨닫고 나서야 이렇게 간단한 말도 세상 사람들의 머릿속에서는 그렇게 복잡하게 해석되는 것을 보고 참 놀라웠다.

무아가 무엇인가. 내가 없다는 말이다. '나라는 것은 없다.' 여기서 '나'는 무엇인가. 개체적 존재로서의 나라는 것은 없다는 말이다. 나라고 할 수 있는 유일한 것은 절대인 본래성품뿐이다. 그것이 참나다. 이 속에는 너와 나라는 시비분별심이 없다. 이렇게 눈에 보이는 것처럼 분리되어 존재하는 "독립된 개체적 존재로서의 나라는 것은 없다"는 이 한마디가 모든 깨달음의 끝이다. 나 또한 이 한마디를 깨달아서 끝낸 것이다. 모든 사람들이 이것만 알면 끝난다.

그런데 기라성 같은 스님들의 책을 보더라도 무아를 '나를 닦아서 없앤다.'는 말로 해석해놓았다. 그저 한숨만 나올 뿐이다. 부처님은 깨닫고서 분명 무아라고 했다. 닦아서 없앤 것이 아니라 본래 없다는 말이다. 본래 없는 나를 닦아서 없애겠다는 것이 말이 되는가? 있어야 없앨 수 있는 것 아닌가? 그래서 답답한 노릇이다. 만약 나라는 것, 즉 에고가 있다면 수십 년 동안 정좌불와한 모든 사람들이 전부 없앨 수 있었을 것이다. 그 정도로 용맹정진했는데 안 되는 것이 있겠는가? 본래 없는 것을 없애려 하니 불가능한 것이다.

나도 깨닫고 나서 얼마나 웃었는지 모른다. 25년 동안 본래 없는 것을 없애보겠다고 열심히 쫓아다녔던 셈이다. 그걸 알았으니 웃음 밖에 더 나오겠는가. 진짜 그때 심정은 이루 말로 다 설명하지 못한다. '이거 뭐야? 위빠사나고 뭐고 다 소용없잖아? 그냥 원래 없는 건데, 뭐.' 이렇게 의문이 드는 사람도 있을 것이다. 하지만 아니다. 아직 멀었다. 머리로 깨닫는 것이 아니다. 가슴 밑둥이 쑥 빠져버려야 한다. 깨닫는 순간 가슴이 뻥하고 날아가버림을 느낀다. 밧줄이 뚝 끊어져 달아나버리듯 그런 게 있다. 이것을 말로 자세히 설명해주는 이유는 여러분들이 머리로라도 정확하게 알고 하라는 데 있다. 이론을 정확하게 정립하고 위빠사나 관찰을 하다보면 어느 순간 이 무아가 여러분들의 가슴과 만나는 날이 있을 것이다. 그날에 드디어 터지는 것이다. 하근기자들은 이런 것 주워들으면 그대로 가서 써먹는다. 그리고는 자기가 마치 깨달은 것처럼 말한다. 그런 사람들은 깨달음의 근처에도 갈 수 없다.

깨달음은 100% 순수, 100% 정성, 100% 끈기로써만 가능하다. 이것이 상근기자의 3대 요소다.

상근기자의 3대 요소

첫째는 순수, 깨끗해야 한다. 진리를 받아들이고자 하는 마음이 깨끗해야 된다는 말이다. 알량한 영적 체험, 자기가 가지고 있는 종교적인 교리, 그동안 쌓아올렸던 학문적인 이런저런 것들이 조금이라도 남아있으면, 그 순수하고 깨끗한 진리가 들어갈 자리는 없다. 그래서 모든 깨달은 분들이 가장 집중적으로 당부하는 것이 "어린아이와 같아라."라는 말이다. 세상적인 지식이 좀 있다고 머리로 진리를 이리저리 재고, 자기가 가지고 있던 고정관념으로 맞춰보고는 이것은 맞네, 저것은 아니네, 이렇게 해서는 안 된다.

20세기 후반의 깨달은 성자, 니사르가다타 마하라지를 예로 한번 들어보자. 마하라지는 초등학교 중퇴의 학력을 가지고 있다. 어려서는 남의 집 하인살이를 했고, 나이가 들자 가족부양을 위해서 잎담배를 말아 팔던 사람이었다. 그런 그가 친구의 권유로 한 스승을 만나게 된다. 스승은 딱 한마디를 했다. "너는 절대며 모든 것은 그 절대에서 나왔다. 너는 본래성품이지 이렇게 생멸하는 무상한 존재가 아니다. 너는 오직 영원한 존재, 절대다." 마하라지는 그 스승의 말을 100% 받아들였다. 그 말이 진실인지 거짓인지도 몰랐지만 분별하지 않고 그대로 믿었다. 스승은 마하라지를 만나고서 몇 개월 후에 죽었다. 하지만 마하라지는 혼자서 오직 스승의 그 한마디를 붙잡고 3년을 탐구해서 깨달았다. 얼마나 순수한가. 진정 깨닫기를 원한다면 마하라지를 닮아야 한다. 머리로써 이것저것 재지 말고 가슴을 열어야 한다. 그래야 진리가 가슴을 파고들 것 아닌가.

두 번째는 정성, 간절해야 한다. 참 구도자는 한 순간도 진리에 대한 간절함이 마음에서 떠나서는 안 된다. 온 마음을 다 해서 가야 한다. 세상 볼일 다 보다가 자투리 시간 남으면 '한번 해볼까?' 하는 마음으로 접근해서는 안 된다. 진리를 그렇게 쉽게, 호락호락하게 생각하면 안 된다. 뼈를 깎고 피를 토하는 아픔이 있어야 진리가 꽃을 피운다. 몸은 어디에 가 있든지 상관이 없다. 각자 자기의 배역이 있기 때문이다. 진정한 구도자는 진리에 대한 간절함, 순수함이 한시도 마음에서 떠나면 안 된다. 나 역시 25년을 그렇게 살았다. 비록 진리를 만나지 못해서 엉뚱한 곳에서 헤매고 있었지만 가슴은 늘 진리에 대한 간절함으로 가득했다. 그러니까 되는 것이지 각본이라고 해서 그냥 되는 것이 아니다.

세 번째는 끈기, 끝까지 하는 것이다. 깨달을 때까지 말이다. 끈기라고 하는 말에는 서두르지 않는다는 뜻도 있다. 불교에서 "무소의 뿔처럼 가라"고 말한다. 소가 서두르는 것 봤는가? 한 걸음 한 걸음이 묵직하다. 지칠 줄도 모른다. 그러니 정말 어려운 것이다. 서둘러도 안 된다. 서두르지 않고 진득하게 하라는 말이다. 그렇다고 쉬엄쉬엄 놀아가면서, 할 것 다 하면서, 곁눈질 해가면서, 하라는 것이 아니다. 최선을 다하지만 서두르지 않고 우직하게 가야 하니 어려운 것이다. 내가 미얀마에 가서 한 달 만에 깨달았다고 하자 '선생님은 그렇게 빨리 됐는데, 나는 왜 되지 않는가?' 라고 생각하는 사람들도 있다. 나 역시 25년이 걸렸다. 진리를 가슴에 품고 25년을 걸어왔다. 위빠사나 한 달로 깨달은 것은 다 익은 과일 꼭지만 따낸 격이다. 마지막 알아차림을 통해서 꼭지만 딴 것이다. 그전까지는 다 준비과정이었다. 내가 한 달 만에 깨달은 것이 아니라, 그 위빠사나 수행 한 달로 마지막 점을 찍어냈을 뿐이다. 그러니 서두르면 안 된다. 실제로 나는 종교단체를 그렇게 돌아다녔어도 거기에 진리가 없었기 때문에, 참 스승을 만나지 못하면 '나 혼자서라도 한다, 산 속에 들어

가서 혼자라도 한다, 혼자 하다가 깨닫지 못하고 죽으면 다시 태어나서 한다.'는 각오로 그렇게 결심했었다. 그렇게 우직해야 한다.

　각자가 처해있는 상황에서 최선을 다해야 한다. 위빠사나는 다리 꼬고 앉아서 하는 것만이 아니다. 누구와 무슨 일을 해도, 어떤 상황에서도 의식이 항상 본래성품에 자리 잡고 이 몸과 마음이 굽이치고 있는 것을 그대로 바라보는 것이다. 내가 했다고 생각하지 말고 있는 그대로 보라. 그것은 따로 시간과 노력을 들여서 하는 것이 아니다. 진리에 대한 간절함만 있으면 된다. 그것이 하루 이틀, 한달 두달 깊어지면 깨닫지 말라고 해도 저절로 깨달아진다. 깨달음은 그렇게 할 때 저절로 열리는 것이다.

　현재 자신에게 주어진 그 세상적 역할, 그것도 배역이다. 자신에게 주어진 그것을 탓하면 어쩌겠는가. 간절한 마음을 가지고 그 상황 속에서 하는 것이다. 구도자는 환경을 탓해선 안 된다. 일체가 다 공부기 때문이다. 진정한 구도자는 모든 것을 다 공부로 받아들여야 한다. 내가 청춘을 여러 종교에 바쳤지만 한 번도 후회한 적은 없다. '참 좋은 공부했다. 그러나 두 번 다시는 속지 않는다.' 진리가 아니라는 것을 알았기에 공부로 받아들였다. 그래야 내면이 성숙해지고, 성숙해야만 진리의 열매가 익는 법이다.

　그래도 여러분들은 진리를 만났으니 그 한 가지 사실만 해도 얼마나 엄청난 일인가? 있는 그대로의 진리를 지금 던져주고 있다. 나는 책을 보면서 이해 안 되는 부분이 있으면 정말 답답했다. 누구에

게 질문을 할지, 읽고 또 읽고, 이 궁금함과 답답함을 누구와 상의할
까. 그렇게 혼자 공부했다. 여러분들은 궁금한 것이 있으면 물어볼
스승이라도 있지 않은가. 잘못 착각하면 바로 잡아줄 스승이 있지
않은가. 착각한 채로 수십 년을 허비하는 사람들이 지천에 널렸다.
공부할 수 있는 최상의 조건, 최상의 인연을 만났는데 그러고도 못
하면 말 그대로 구제불능이다.

순수, 정성, 끈기 이 세 가지를 항상 점검해야 한다.

스승이 전해준 진리에 100% 순종하고 있는가.

진리에 대해서 간절한 상태에 있는가.

늘 서있는 이 자리에서 최선을 다 하고 있는가.

의식은 항상 깨어서 있는 그대로 보고 있는가.

위빠사나 수행법(통찰수행법)

이 세상에는 무수히 많은 수행법들이 있지만 크게 두 가지로 나
눌 수 있다. 사마타(집중)와 위빠사나(통찰)가 그것이다. 깨닫기 위
해서는 이 두 가지가 조화된 수행을 해야 한다. 그러나 유감스럽게
도 지금 대부분의 수행법이 사마타 수행법이다. 사마타는 깊은 삼매
를 체험할 수 있는 일심(一心) 상태는 될 수 있지만 본래성품인 무아
를 깨달을 수는 없다. 삼매에 빠져서 본래성품을 깨달을 수 있는 통
찰(지혜)을 놓치기 때문이다. 부처님이 '정혜쌍수'라는 말씀을 하신
이유는 선정과 지혜, 이 두 가지가 함께 이루어져야만 깨달을 수 있

기 때문이다.

사마타 수행법에는 기도, 염불, 요가, 단전호흡, 마인드컨트롤, 화두선 등이 있다. 물론 이 수행법으로도 깨달음을 얻을 수는 있다. 또 특정한 수행법 없이 깨달을 수도 있다. 하지만 대부분 이 사마타 수행법으로는 평생을 닦아도 초능력이나 일시적 마음의 평화나 건강 등의 부수적인 효과를 얻는 데 그칠 뿐, 무아를 깨닫기는 힘들다.

그러면 붓다가 직접 깨닫고 제자들에게 전수한 위빠사나 통찰수행법은 무엇일까. 이 수행법은 정혜쌍수, 즉 사마타와 위빠사나를 동시에 조화시킨 최고의 수행법이다. 붓다 자신도 처음에 출가해서 숲속에서 6년 고행을 할 때는 사마타로 수행을 했는데, 그것으로는 깨달음에 이를 수 없다는 것을 알게 된다. 그래서 보리수 밑에서 위빠사나로 전환해 본래성품을 깨닫고 무아, 연기, 중도라는 완벽한 진리체계를 세우게 되었다. 그리고 제자들에게 깨달음을 위한 유일한 수행법으로 이 위빠사나 관찰수행을 전수했는데, 2,500년이라는 세월이 지나면서 껍데기만 남고 일종의 테크닉으로 전락되어버린 경향이 있다. 아무리 훌륭한 수행법이라도 근본정신을 잊어버리고 테크닉에 빠져버리면 깨달음이 오지 않는다. 붓다도, 스승도, 위빠사나도 모두 깨달음을 위한 방편이기 때문에, 아주 작은 것 하나라도 집착하거나 매여 있다면 청정한 본래성품은 드러날 수 없다. 어디에도 매임이 없이 있는 그대로를 놓치지 말고 바라보기만 하면 깨달음은 저절로 드러나게 되어있다.

사념처 관찰이란 몸, 감각, 마음, 법(자연현상)에서 일어났다 사라지는 모든 현상을 있는 그대로 관찰한다는 뜻이다. 집착하지도 말고, 놓치지도 말고, 영향받지도 말고, 시비분별 없이 그냥 보고 알아차리기만 하라는 말이다.

수행방법은 크게 좌선, 행선, 생활선으로 나눌 수 있다. 먼저 좌선을 할 때, 자세는 가부좌, 반가부좌, 평좌 등 자기가 원하는 자세로 앉으면 되고 허리는 편 상태에서 눈은 지그시 감아준다. 두 손은 앞으로 모으거나 허벅지 위에 살짝 올려놓는다.

좌선수행의 기본은 호흡관찰이다. 복식호흡을 하는데 인위적으로 숨을 쉬려고 하지 말고 평상시대로 호흡하면서 꾸준히 배가 일어나고 사라지는 생멸 현상만을 관찰한다. 들이쉬면서 "일어남", 내쉬면서 "사라짐"을 반복 관찰하다가, 마음이 어떤 생각을 하기 시작하면 곧바로 알아차리고 "생각, 생각" 등의 적당한 단어를 반복하면서 마음에서 일어났다 사라지는 의식활동을 정확하게 인식해야 한다. 그런 다음 본래의 배호흡으로 돌아와서 "일어남, 사라짐"을 관찰한다. 또 몸에서 통증이나 가려움증 등이 일어나면 곧바로 알아차리고 "통증, 통증", "가려움, 가려움" 하면서 관찰한다.

이때 주의해야 할 점은 몸과 마음에서 일어나는 현상을 없애려고 급하게 반응해서는 안 된다는 것이다. 일어난 것은 반드시 사라진다는 진리를 관찰하기 위해서 그 어떤 현상이든지 그냥 놔두고 봐야 한다. 생각이나 통증에 끌려 다니거나 억지로 없애려고 하지 말고 그냥 두고 관찰만 정확하게 해야 한다. 그러면 반드시 저절로 사라지게 되어있다. 이와 같이 저절로 일어났다 사라지는 몸과 마음의 무상한 생멸현상을 제대로 관찰하지 못하기 때문에, 그런 현상을 일으키는 존재가 바로 나라고 착각하는 것이다. 그러나 깊이 관찰해보면 독립된 실체로서의 나라는 존재는 어디에도 없고 단지 연속적으로 일어났다 사라지는 몸 마음의 의식활동 현상만이 있을 뿐이라는 것을 알게 된다. 오래 앉아있어서 다리통증이 참을 수 없으면 그것을 충분히 알아차리고 자세를 바꾸어준다. 그때도 역시 "자세 바꿈, 자세 바꿈"을 관찰하면서 행동해야 한다. 그리고는 다시 배호흡의 "일어남, 사라짐"을 관찰한다. 처음에는 많은 부분을 놓치기도 하지만 꾸준히 집중해서 수행하다 보면, 관찰이 깊어져서 모든 현상을 세밀하고 철저하게 관찰하게 된다.

행선은 3단계로 나누어 할 수 있다. 1단계에서는 한발짝 옮길 때마다 "왼발", "오른발"을 동작에 맞춰 관찰한다. 가다가 멈출 때는 "멈추려고 함" 하면서 의도를 알아차리고, 멈추면서 "멈춤"을 알아차린다. 그리고는 서서 머리에서 발끝까지 천천히 느낌으로 관찰을 한다. 세 번을 아래위로 반복한다. 돌아설 때는 "돌아서려고 함" 하면서 의도를 알아차리고 돌아서면서 "돌아 섬, 돌아 섬" 하면서 알아차린다. 2단계에서는 한 발을 옮길 때마다 "들어올림, 내림"의 두 단계로 구분해서 알아차린다. 3단계는 "들어서, 앞으로, 내림"의 세 단계로 나누어서 알아차린다. 만약 행선 중에 무엇을 보게 되면 멈추어 서서 "봄", 듣게 되면 "들림", 생각이 들면 "생각", 바람이 스치면 "바람" 하면서 알아차리고 다시 발동작을 계속해서 관찰한다.

위빠사나는 생활 속에서도 할 수 있다. 잠을 깨면서부터 시작한다. "잠에서 깸"을 알아차리고, 연속적으로 "눈 뜸", "몸을 일으킴", "이불 갬", "물 마시러 감", "냉장고 봄", "냉장고 열음", "물통 잡음", "냉장고 닫음", "컵 잡음", "컵에 물 따름", "물 마심", "컵 내려놓음", 등등의 일상이 모두 관찰되어져야 한다. 그 외에도 세면할 때, 식사할 때, 옷 입을 때, 용변 볼 때 등 잠자는 시간 외에는 하루 일과의 모든 것을 알아차린다. 사념처 중에서 가장 강하게 인식되는 한 가지만을 알아차리면 되고 곧바로 다른 것을 관찰해야 한다.

물론 처음에는 많은 부분을 놓치게 되지만, 꾸준히 수행을 해 나가면 나중에는 아주 세밀한 부분까지 알아차리게 되고, 통찰이 깊어지면 저절로 지혜가 생겨 '무아, 연기, 중도'를 깨닫게 된다.

> 〈구도자의 생활수칙〉
> 첫째, 봤어도 못 본 척, 들었어도 못 들은 척, 입이 있어도 없는 것처럼 행동하라.
> 둘째, 환자처럼 천천히 조심스럽게 행동하라.
> 셋째, 남의 일에 호기심도 참견도 하지 마라.

깨달음의 순간

미얀마를 향해 날아가는 비행기 안에서 나는 생각에 잠겨 있었다. 지금까지의 삶과 구도과정, 그리고 생면부지의 낯선 이국땅으로 돌아올 기약도 없이 떠나야 하는 지금의 상황조차 어느 것 하나 내 의지로 이루어진 것이 아니라는 사실이 느껴졌다. 나를 여기까지 몰고 온 그 어떤 보이지 않는 힘의 작용을 분명히 느낄 수 있었다. 인위적으로는 절대로 불가능한 일이었다. 아울러 막연하게나마 붓다 자신이 깨닫고 제자들에게 전수해준 위빠사나 수행을 하기 위해 떠나는 이 길이 나 자신에게 있어서도 구도의 마지막 여정임을 느낄 수 있었다.

드디어 미얀마에 도착해 마하시센터를 찾아갔다. 마하시센터는 미얀마뿐 아니라 전 세계 위빠사나 수련센터 중에서도 가장 유명하고 전통이 있었다. 한국인들도 10여 년 전부터 스님들을 위시한 수행자들이 굉장히 많이 드나들고 있는 곳이었다. 그런데 그동안 많은 한국인들이 문제를 일으키고 떠났기에 한국인을 차별하는 것이 역력하게 드러났다. 부푼 꿈을 안고 찾아온 곳이 이 지경이니 다소 마음에 걸렸지만 수행하러 왔지, 대접받으러 온 것이 아니라고 마음을 굳게 다지고 본격 수행에 들어갔다.

한국에 있을 때는 평균 수면시간이 하루 8시간 정도였는데, 마하시센터에서는 밤 11시에 취침해서 새벽 3시에 기상을 하고 오후 불식을 하면서, 하루 두 번씩 있는 식사시간과 샤워시간을 제외하고는 좌선과 경행을 1시간씩 교대로 정진해야 했다. 처음 일주일 동안은 졸음과 다리관절 통증으로 너무나 고통스러웠다. 하루가 이처럼 긴 줄은 예전엔 정말 몰랐다. 그러나 이처럼 심신의 고통과 싸우는 중에도 몸과 마음에 대한 관찰력이 대단히 빠르게 진보해갔다.

한 번은 좌선 중에 다리통증을 의식하면서 자주 시계를 들여다보는 자신을 알아차리게 되었다. 이렇게 해서는 안 되겠다 싶어, 그날 저녁 6시부터 9시까지 끼어있는 경행 시간을 무시하고 연속 3시간 동안 좌선을 강행했다. 역시 수행시작 40분 정도 지나자 통증이 오기 시작하더니 시간이 지날수록 다리가 끊어져 나가는 것 같았다. 그러나 여기서 물러서면 죽도 밥도 안 된다고 굳게 마음먹고 꼼짝도 하지 않고 버텼다. 2시간이 지나면서 통증도 사라지고 몸을 거의 느끼지 못할 정도로 가벼운 상태로 공중에 떠있는 느낌으로 삼매에 들었다. 이때 몸과 감각 그리고 마음에 대한 관찰이 크게 진전이 있었다.

이날 이후로 1시간 좌선, 1시간 경행을 교대로 하는 수행이 아무 어려움 없이 진행되었다. 명상센터에서의 생활은 수행 중에는 물론이고 일상생활 중에도 계속 관찰을 해야 하기 때문에 거의 사람과의 대화가 없이 침묵 속에서 지내게 된다. 입을 다물고 있을 때 얼마나 많은 망상이 머릿속에서 일어났다 사라지는지 이루 헤아릴 수가 없었다. 나는 나름대로 그동안 수행을 통해 어지간한 번뇌망상은 극복했다고 자부하고 있었다. 그러나 실제로는 나의 내면이 얼마나 수없이 많은 쓰레기들로 부글부글 끓고 있는가를 보았다. 수행 1시간 중에 제대로 관찰하고 있는 시간은 20분 정도고 나머지 40분은 번뇌망상에 끌려다니고 있었다.

처음에는 한참 끌려다니다가 뒤늦게 알아차리고 다급하게 '망상, 망상' 하면서 머릿속에서 털어버리기 바빴다. 망상의 종류를 살펴보면 소용없는 작은 문제까지 전부 떠오르는 것이었다. 나는 마음을 관찰하면서 그 옹졸함과 변덕스러움, 그리고 치사스러울 정도로 작은 것에 집착하는 이기성에 놀랍기도 하고 당황스럽기도 했다. 구도자가 되기 위해 모든 물질적 권리마저 다 버리고, 가족도 버리고 떠나온 사람이 수행자 생활에서 일어나는 작은 일들에 집착해 마음을 빼앗기고 있었던 것이다.

어쨌든 망상과 씨름을 하면서도 하루하루 지날수록 사념처에 대한 일어남과 사라짐의 관찰은 더욱 세밀해지고 망상이나 집착도 점차 수그러들었다. 명상 중 관찰이 깊어짐에 따라 삼매가 보다 쉽고 빠르게 이뤄졌다. 호흡에 의한 배의 일어남과 사라짐, 통증의 일어남과 사라짐, 생각의 일어남과 사라짐, 심지어 낙엽이 떨어지는 것, 개 짖는 소리 등 모든 것이, 인과법칙에 의한 생멸현상으로서 있는 그대로 보이기 시작했다. 따라서 그동안 뜬금없이 일어나 마음을 괴롭히던 깨달음에 대한 막연함, 가족에 대한 책임감, 앞날에 대한 계획 등의 잡념도 점차 사라지면서 평안이 깃들었다. 하루하루 지나면서 눈에 띄게 수행에 진전이 있었다.

그런데 어느 날 수행자들이 술렁이고 있었다. 하루가 다르게 사람들이 마하시센터를 빠져나가고 있는 것이었다. 그 이유를 알아봤더니 11월 30일부터 열흘 동안 전국에 분포되어 있는 400여 마하시센터 산하 책임자 연례행사가 본부인 이곳에서 열린다는 것이었다. 한 지역에서 5명씩만 참석해도 2,000명이 모인다는 결론이므로 대회기간은 물론이고 앞뒤로 해서 최소 보름 정도는 장사진을 이뤄 명상할 수 있는 분위기가 아니라는 것이었다.

드디어 11월 25일 외국인 전용 숙소와 명상홀을 비워주고 낡고 좁은 옛날 숙소로 짐을 옮겼다. 나도 동요되었으므로 모비명상센터로 옮길 결심을 했다. 이러다 보니 마음이 산만해질 수밖에 없었다. 수행을 시작해서 20일간은 정말 주위 사람들이 놀랄 정도로 관찰에 빠른 진전이 있었는데 그 리듬이 그만 끊어지고 만 것이다. 이래서는 안 되겠다 싶었다. 어차피 옮길 거라면 빨리 실행에 옮겨야겠다 마음먹고 모비센터에 대해 알아보기 위해 모체격인 참메명상센터를 찾아갔다.

그런데 불행하게도 상황이 좋지 않았다. 12월 초에 참메에 계시는 사야도가 해외 순방길에 나서게 되어 모비에 있는 중간 사야도가 참메로 이동하고, 모비에서 현재 통역을 해주고 있는 분도 한 달 뒤에는 떠난다는 소식이었다. 그래서 명상센터 옮기는 문제는 포기하기로 했다. "어차피 장기간 수행하러 왔는데 보름 정도야 참고 지낼 수 없겠는가!" 하는 생각과 '명상센터를 옮기지 말라는 뜻인가 보다' 라고 생각을 정리하니 마음이 편안해졌다.

그러던 어느 날 함께 동행했던 스님이 물품 구입할 것이 있다고 해서 양곤 시내에 갔다가, 곡선이 아름다워 보이는 목각상이 있기에 아무 생각 없이 기념으로 하나 사서 돌아왔다. 숙소에 돌아와 목각상을 꺼내서 이리저리 살펴보았더니 아뿔싸, 두 남녀가 부둥켜안고 키스를 하는 조각상이었다. 그 순간 맥이 빠져버렸다. '수행하러 온 놈이 자세히 살펴보지도 않고 이따위 물건이나 사왔단 말인가' 하는 생각이 들었고 그 조각상을 쳐다보기도 싫었다.

그런데 문득 이런 거부감이 왜 생기는지 관찰하게 되었다. 결론은 '자라보고 놀란 가슴 솥뚜껑 보고 놀란다' 는 속담처럼 수행자는 성스러움을 추구하고 속됨을 멀리해야 한다는 분별심 때문이라는 것을 알게 되었다. 그래서 우연히 구입하게 된 그 목각상이 좋은 공부 재료라는 것을 깨닫게 되었다. 그날부터 목각상과 부처님 사진을 함께 놓고 차별심을 끊는 공부를 하기 시작했다.

목각상을 통해 수행에 큰 진전이 있었다. 마음에서 일어나는 수많은 잡념에 끌려다니지 않고 그 잡념들을 생멸하는 현상으로서 바로 관찰하게 되었다. 그즈음 숙소를 옮긴 후부터는 자율 수행을 하고 있었기 때문에 나름대로 스케줄을 다시 짰다. 한국에서 떠나올 때 책 몇 권을 가지고 왔는데 바로 마하리쉬와 마하라지, 그리고 불교서적이었다. 행사기간 동안은 편안한 자세로 여유 있게 수행을 하기로 마음먹고 좌선 1시간, 경행 1시간, 독서 1시간씩 교대로 시간표를 짜서 수행하고 있었다. 잠시 동요했던 마음도 가라앉았고 주어진 모든 환경과 자신에게 벌어지는 사건들을 긍정적으로 받아들여 공부 재료로 관찰하게 되었으며 짜인 스케줄에 매이는 조급함도 없었다.

행사가 시작되어 센터는 소란스러웠지만 나는 오히려 더 깊은 삼매 속에서 잔잔한 법열을 즐기고 있었다. 좌선을 해도, 경행을 해도, 독서를 해도 삼매는 끊이지 않고 너무도 평온한 기운이 이어졌다. 수행 중에 떠오르는 많은 생각들을 이제는 다급하게 없애려고 하지 않았다. 그냥 바라만 보고 있으면 저절로 사라진다는 것을 체득했기 때문이었다. 그러나 사라졌던 생각이 또 일어나는 것이 문제였다. 그 생각에 집착하거나 매이지는 않았지만 계속해서 일어났다 사라지는 데에는 속수무책이었다. 그리고 삼법인(三法印) 중에 무상(無常)과 고(苦)는 확연히 관찰이 되는데 무아(無我)는 머리로만 이해될 뿐 가슴으로 증득할 수가 없었다. 그러나 조바심은 나지 않았고 잔잔한 법열 속에서 그렇게 하루하루를 지내고 있었다.

　드디어 12월 3일. 그날은 잠에서 깨어나면서부터 머리가 무척 맑았다. 2~3일 전부터 어떤 것에도 집착하거나 부딪침이 없이 평화로운 기운에 감싸여 지내온 것이 느껴졌다. 남녀가 부둥켜안고 있는 조각상을 봐도, 불상을 봐도 성스러움과 속됨을 분별하는 마음이 일어나지 않았다. 그날은 좌선과 경행에서도 관찰이 잘 되었다. 특히 마하라지의 책을 보고 있었는데 글자가 가슴에 와서 박히는 것처럼 다른 때와는 다른 느낌이었다. 그 책은 이미 여러 번 정독했기 때문에 새로운 내용이 있을 리가 없었으나 그날은 정말 달랐다. 그래서였는지 좌선을 해야 할 시간이었는데도 그대로 책 속에 빠져서 시간 가는 줄 모르고 있었다. 마하라지의 표현들이 그렇게 생생할 수가 없었다.
　한참을 읽어나가다가 다음 문장에서 나는 그만 숨이 멎더니 그 말의 의미가 내면을 치면서 가슴을 뻥 뚫어버렸다. 그 순간 마치 잡고 있던 밧줄이 툭 끊어져 나가는 것처럼 에고가 툭 떨어져 나가는 것이었다.
　"구속은 육체를 자신과 동일시한 결과로 생긴 가공의 행위자, 독립적으로 존재할 수도 없건만 자율적 존재라고 지어놓은 상상의 개념이 행위와 그 결과의 책임을 스스로 짊어짐으로 생기는 것이다."
　드디어 에고의 정체를 본 것이다. 붓다가 말한 '집을 짓고 있는 놈'의 정체를 확연히 본 것이다. 원래 뿌리가 없는 에고를 붙잡고 열심히 따라갔음을 확인한 것이다. '이것이 바로 무아로구나. 본래 나라는 독립된 인격체는 없었는데 지금까지 몸과 마음을 갈고 닦아서 성스러운 존재를 만들려는 실수를 저지르고 있었구나.' 나는 깨달았다. 아니 정확하게 표현하자면 깨달음이 나를 통해 드러났다. 오매불망 긴 세월 그렇게도 찾아 헤매던 본래성품을 깨달았으니 그 기쁨은 이루 말로 다 표현할 수 없었지만 나는 너무나 어이가 없었다. 이렇게 확실한 것을, 이렇게 단순한 것을 그동안 보지 못했다는 것은 너무나 놀라운 일이었다.

마하라지나 마하리쉬의 책에는 온통 그런 내용들이었고 나는 그들의 책을 여러 번씩 읽어 거의 외울 지경이었다. 또한 미얀마에 오기 전에 함께 수행하던 도반들에게 입이 부르트도록 앵무새처럼 "이 몸과 마음은 내가 아니다. 나라고 하는 독립된 개체는 원래 없다."라고 얼마나 떠들어댔던가. 그러면서도 지금 이 순간 멀고먼 미얀마로 날아와 이 무더위 속에서 몸과 마음을 정화시키려고 용을 쓰고 있지 않았는가. 왜 이런 어리석은 일이 일어났는가?

그 이유는 간단하다. 이전에는 무아를 머리로 이해했다. 즉 에고의 시비심으로 무아를 이해하고 분별했던 것이다. 그러므로 실제에 있어서는 에고적 삶이 그대로 이어지고 있었던 것이다. 그러나 나는 이제 무아를 가슴으로 증득했다. 이것이 다른 점이다. 그런데 이것으로 끝나는 것이 아니었다. 무아를 깨닫고 난 뒤에는 더 이상 관찰을 하지 않았다. 열반의 상태에 있었으므로 수행이 더 이상 필요하지도 않았고 막상 관찰을 하려고 해도 아무 의미가 없었다. 그냥 앉아있었고 그냥 걸었을 뿐이다. 그렇게 구름에 뜬 것처럼 좋아서 며칠을 보냈는데 일주일쯤 지나면서 도로 막혀버렸다. '무아'를 증득할 때의 그 확연함이 사라져버린 것이었다.

나는 당황했다. 분명히 깨달았는데 그 깨달음의 느낌이 없어지다니 도무지 이해할 수가 없었다. 그래서 마하라지의 책을 다시 읽기 시작했다. 그런데 이것이 어찌된 일인가. 책을 끝까지 다 읽도록 그저 그럴 뿐 깨달을 당시의 가슴이 뻥 뚫리는 확연한 느낌은 오지 않았다. 근본무명의 습기란 이렇게도 무서운 것이었다. 속수무책으로 당할 뿐 어찌 해볼 도리가 없었다. 누구에게 말도 못하고 혼자서만 벙어리 냉가슴 앓으면서 다시 수행을 시작했으나 답답하기는 마찬가지였다. 그렇게 대책없이 시간은 흐르고 있었다.

첫 번째 무아를 체험한 지 보름이 지난 12월 17일 오후 3시쯤, 명상홀에서 경행을 하다가 창문 앞에 멈추어 서있는데 눈앞으로 미얀마 처녀 한 명이 지나가고 있었다. 그때 아무 생각없이 내 눈이 그 처녀의 뒷모습을 쫓아가면서 마음에서 음욕이 살짝 일어났다. 음욕이 일어남과 동시에 반사적으로 좌절감이 엄습하면서 나는 그 자리에 주저앉고 말았다. 깨달음의 느낌이 사라져서 갖은 애를 다 쓰고 있는 이때에 설상가상으로 오랫동안 일어난 적이 없는 음욕까지 일어나니 너무나 혼란스러웠던 것이다. 이런 생각들이 찰나에 스치고 지나가는 와중에 이 음욕이 누구에게 일어났으며 누가 좌절하고 있는가 하는 자각이 생겼다.

그 순간 '아! 마음에서 일어나는 무상한 현상을 내가 음욕을 일으켰다는 습관적인 착각이 또 일어나서 죄책감을 유발시키고 좌절감이 일어나 괴로워했구나' 라고 있는 그대로 관찰이 되면서 놓쳤던 무아의 깨달음이 다시 확연하게 되살아났다. 몸과 마음을 나라고 생각해 온 근본무명의 습기 때문에 다시 혼동했을 뿐 음심이나 좌절감을 일으킨 주체인 '나' 는 어디에도 없다는 것을 다시금 확인했다. 이번의 깨달음은 좀더 강렬했다. 한 번 놓쳤다가 다시 잡았기 때문에 더욱 확실했다. 다시 삼매가 이어졌고 이틀 뒤인 12월 19일 새벽, 눈을 뜨면서부터 모든 것이 확연했다.

잠에서 깨고 눈을 뜨고 몸을 일으키고 하는 모든 동작에서 나라는 주체는 어디에도 없었다. 이제는 에고라는 놈이 완전히 떨어져 나갔음을 알았다. 근기에 따라서 깨달음도 한 번에 자리잡는 것이 아님을 통감했다. 이처럼 에고라는 근본무명의 습기는 무서운 것이었다. 이제 다시는 무아의 상태를 놓치지 않을 만큼 기둥이 섰다는 것을 스스로 알 수 있었다. 이 몸을 비롯해서 현상계 전체가 인연법에 따라 서로 연기하면서 끊임없이 일어났다 사라지는 현상으로만 가득 차 있을 뿐이었다. 완전히 깨닫고 나니 정말 신기할 정도로 모든 것이 있는 그대로 진리였다.

번뇌망상이라는 것도 본래 없었다. 오직 일어났다가 사라지는 생각만 있을 뿐이다. 그 생각에 집착하고 끌려다니기 때문에 고통을 당하고 번뇌망상이라고 분별하면서 진저리를 치는 것이다.

마음에서 일어나는 어떤 생각과 몸에서 행해지는 어떤 행위, 그리고 다른 사람들의 언행에 대해서 일체 시비분별이 없었다. 또한 이때부터 진리에 대한 정리된 생각들이 마구 쏟아져 나왔다. 앉아있거나 걸어다녀도 진리에 관한 생각들이 정리되어 쏟아졌다.

이날 마하시센터에 신기한 일이 벌어졌다. 오전 9시쯤 명상홀에 앉아 있는데 밖에서 까마귀 소리가 요란하게 들려왔다. 소리가 너무 커서 명상을 할 수 없을 지경이었다. 수행자들과 함께 밖으로 나가보니 명상홀 근처에 서있는 수백 년 된 보리수에 까마귀떼 수백 마리가 온통 까맣게 덮여서 대장관을 이룬 채 소리를 지르고 있었다. 그렇게 30분 정도 하늘을 맴돌며 마하시센터가 떠나가도록 소리를 지르더니 하나둘씩 떠났다. 마치 내가 느끼고 있던 열반삼매의 상서로운 기운을 영물인 까마귀들이 함께 느끼고 기뻐하는 것처럼 말이다.

깨달음이 확연하게 기둥을 세운 이날부터는 하루하루가 지날수록 '나 없음'의 상태가 더욱 더 깊어지고 자리를 잡아가는 점이 첫 깨달음 이후 혼란스러웠던 것과는 정반대였다.

깨달음을 검증하다

그 후로 10여 일 동안 더 머물면서 자신의 깨달음과 붓다, 마하리쉬, 마하라지의 깨달음이 한 치도 다른 점이 없음을 비교 검증하였다. 그때 진리에 대해 정리했던 노트를 간략하게 살펴보도록 하자.

팔만대장경의 방대함을 자랑하는 붓다의 진리체계는 의외로 간단하다. 삼법인, 이중에서 핵심은 무아다. 현상계 모든 사물 가운데 나라는 고정된 주체가 존재하지 않는다는 것이다. 영원하게 변하지 않는 실체가 존재하지 않기 때문에 현상계 모든 사물은 상호의존적으로 변화하면서 존재할 수밖에 없다. 즉 인과법칙에 의한 연기성으로, 이것이 생하므로 저것이 생하고 이것이 있기 때문에 저것이 있다. 그런 연고로 이것이 멸하면 자동적으로 저것도 멸하며 이것이 없으면 저것도 없는 것이다. 그런데 존재 자체가 상대성으로만 존립할 수밖에 없으므로 나와 너, 선과 악, 유와 무, 성과 속, 고와 낙 등의 개념이 쌍극을 이루게 되고 존재 과정에서 나라는 고정된 주체가 있다는 착각이 발생하여 몸과 마음을 자신이라고 동일시하는 과오를 범하게 되었다. 이 첫 번째 착각인 '나라는 생각'이 바로 근본무명인 에고를 형성해 몸 마음에서 일어나는 모든 현상을 자신이 했다는 착각을 일으켜 고통을 받게 되는 것이다. 이러다 보니 각각의 근기에 따라 욕망과 집착이 심화되고 상대적 시비분별이 끊임없이 이어지니 세상은 고통의 용광로가 되어버리는 것이다. 원래 없는 나라는 에고의 노예가 된 중생은 자신이라고 동일시한 몸과 마음에 끌려다니며 온갖 욕망과 집착에 사로잡혀서 희비가 엇갈리고 상대적 개념의 끝없는 수렁 속에서 헤매게 되니 자유를 누릴 수가 없다.

그렇다면 본래 나라는 주체는 어디에도 존재하지 않는다는 간단한 사실을 깨달으면 어찌될까? 에고가 사라지니 이 몸과 마음 그리고 현상계 모든 사물들은 오직 순리적 인과법칙에 의한 연기성에 의해 일어나서 존재하다 사라지고 또 일어나서 존재하다 사라지는 연속되는 현상이라는 것을 바로 보게 된다.

떨어지는 낙엽은 무심하게 보면서 자신이라고 착각하는 몸과 마음에 대해서는 무심할 수 없는 것이 어리석은 중생이다. 그러므로 나라는 것이 존재한다는 착각만 바로 잡으면 존재자체는 연기에 의한 무아의 상태이고 양극단의 시비분별을 일으킬 놈이 없으니 그대로 중도다. 내가 없으니 생사가 없고, 선악이 없고, 고와 낙을 즐기는 놈이 없는 것이다. 양극단에 대한 시비분별이 끊어지면 양극이 그대로 공존한다. 이것이 바로 중도고, 색즉시공 공즉시색이다. 이 모든 진리는 오직 '무아 – 본래 나 없음'을 설명하고 있다. 이 무아의 상태가 곧 마하리쉬가 말하는 절대적 상태, 진아다.

이것만 바로 깨달으면 팔만대장경은 모두 방편이니 쓰레기통에 처넣어야 한다. 그 잡다한 교리서들이 구도자들의 다리에 족쇄를 채워 꼼짝달싹 못하게 하고 있기 때문이다. 지금 이 순간에도 대다수의 구도자들이 자신의 몸과 마음을 닦아 자신을 성스러운 존재인 부처로 만들려고 애쓰고 있다. 즉 에고를 쳐 없애서 무아를 만들려고 하는 것이다. 그래서 선정삼매를 개발하여 오매일여를 해야 하고 멸진정을 체득해야하고 성불을 해야 한다고 생각하고 있다.

누가 오매일여하고 멸진정에 들고 성불하는가? 진리를 바라보는 첫 시각이 잘못되었다. 이런 식으로 하다 보니 수십 년 수행을 해도 깨달을 수가 없는 것이다. 부처는 성스럽거나 위대한 사람이 아니다. 단지 나라는 놈은 원래 없다는 것을 가슴으로 증득하여 몸 마음에서 일어나는 욕망도, 집착도, 시비분별도, 내가 하는 것이 아니라는 것을 확연히 깨달아 두 번 다시 속지 않는 사람일 뿐이다.

모든 깨달은 사람이 전하는 진리는 바로 이것이다. 진리는 성취하는 것도, 새로운 것을 만드는 것도 아니다. 첫 번째 착각만 확실하게 바로 잡으면 더 이상 깨달을 것도, 닦을 것도 없다.

무아란 독립된 개체적 자아는 본래 없다는 것을 깨닫는 것이지, 존재하고 있는 에고를 없애서 도달하는 식의 복잡한 것이 아니다. 일체유심조라는 말처럼 마음이란 놈은 못하는 일이 없으므로 저 스스로 복잡하게 얽어놓지만 그 복잡한 모든 것에는 뿌리, 즉 어떤 주체가 없다는 것만 알면 일시에 번뇌는 사라진다.

하루는 회양선사가 길을 가다가 참선하는 마조를 보고 물었다.

"지금 무엇을 하고 있습니까?"

"성불하려고 참선 수행 중입니다."

그 소리를 듣고 회양선사는 깨진 기왓장 하나를 들고 와 참선하는 마조 옆에서 돌에 대고 갈고 있었다. 마조가 하도 괴이해서 회양선사에게 물었다.

"지금 무엇을 하고 있습니까?"

"기왓장을 갈아서 거울을 만들려고 합니다."

몸과 마음을 갈고 닦아서 성불하려는 것은 마치 기왓장을 갈아서 거울을 만들려는 것만큼이나 무모한 짓이다. 물론 본성을 깨닫기 위해서는 마음이 고요해야 한다. 마치 들끓는 물로는 사물의 모습을 있는 그대로 비추지 못하고, 잔잔하고 고요한 물만이 비출 수 있듯이 말이다. 마음이 밖으로 향해서 온갖 것에 집착하고 시비분별하는 상태로는 절대로 본성을 깨달을 수가 없다. 그러므로 마음을 안으로 향하게 하여 내면을 비추게 하는 것이 수행이다. 그래야만 본래성품인 무아를 제대로 관찰하여 중도에 머무는 깨달음을 증득할 수 있기 때문이다.

계정혜로써 탐진치를 몰아내는 것은 내면을 고요하게 만들어 깨달음을 증득하기 위한 방편이지 목적이 아니다. 무아를 깨닫고 보면 몰아내야 할 탐진치도, 극복해야 할 생사도, 성속도, 고락도, 원래 없는 것이라는 점을 알게 된다. 모든 것은 내가 있다는 착각에서 생긴 에고의 부산물일 뿐인 것이다. 그러므로 진실을 진실로, 거짓을 거짓으로 바로 보기만 하면 끝나는 것이지, 하나하나 넘어가야 할 수행의 단계나 경지가 있는 것이 아니다.

요즘 불교계에선 돈오돈수와 돈오점수라는 깨달음과 수행의 관계에 대한 논란이 끊이지 않고 있는데, 먼저 깨닫고 나서 습기를 닦아 나간다는 돈오점수는 깨달음이 무엇인지를 제대로 모르고 알음알이로 떠드는 소리다. 계속 닦아야 할 습기가 있다면 에고가 남았다는 것이고 그것은 무아를 증득한 상태가 아니다. 그러므로 돈오점수라는 말은 진리를 알음알이로 이해했다는 '해오(解悟)'를 깨달음으로 착각한 데서 나온 잘못된 주장이다. 무아를 깨달으면 에고는 더 이상 존재하지 않는 열반의 상태인데 무슨 수행을 더 한단 말인가? 수행은 에고가 있다고 착각한 상태에서나 필요한 것이지, 에고가 본래 없음을 깨달은 후에는 필요없다. 그러므로 깨달음과 동시에 닦음도 끝이라는 돈오돈수가 맞다. 하지만 깨달음이란 있는 그대로의 본래성품이지 누가 열심히 닦아서 새롭게 깨닫는 것이 아니기 때문에 돈오돈수니 돈오점수니 하는 것은 어리석은 중생들의 시빗거리일 뿐 깨달음도, 닦음도, 본래는 없다.

그러기에 성불도, 열반도, 따로 없으며, 시비분별심만 없으면 있는 그대로가 진리다. 우주만상 전체가 독립된 자아가 없이 서로 연기하면서 존재하기에 각 사물은 본래 무아고, 양극단의 시비분별이 끊어져 화합하니 중도다. 본래 무아기 때문에 부처 눈에는 만상이 그대로 하나로 보이지만, 본래 무아임을 모르는 중생 눈에는 모든 사물이 각각의 독립된 자아로 존재하는 것으로 보이기 때문에 에고가 발생해서 온갖 욕망과 집착, 시비분별이 끊임없이 일어나는 것이다.

업이라는 것도 깨달은 사람에게는 상호의존적 연기성에 의해 나타나는 인과법칙일 뿐이고, 업을 발생시키는 주체도, 업을 받는 독립된 자아도, 원래 없다는 것을 안다. 이것이 바로 해탈이다. 그러나 중생은 내가 있다고 믿기 때문에 몸과 마음에서 일어나는 모든 생각과 말과 행위를 자신이 했다고 착각하고 그 결과에 따라 영향을 받고 있다. 따라서 업이 순리적 연기법칙이 아닌 개체적 운명법칙이 되어 업에 매이게 되므로, 허구인 에고가 존재에 대한 집착을 유발시켜 생멸하는 몸 마음의 노예로 전락하는 것이다.

구도자들이 깨닫지 못하는 이유는 몇 가지 대단히 중요한 착각을 하는데 있다.

첫째, 무아를 존재하고 있는 에고를 없애서 성취하는 경지라고 생각한다. 다시 말하지만 독립된 자아 즉 에고란 본래 없는 것이다.

둘째, 부처란 몸 마음을 갈고 닦아서 탐진치를 완전히 몰아내어 도달하는 성스러운 경지라고 생각한다. 부처니 중생이니 하는 것은 착각에서 생긴 시비분별일 뿐 본래 무아인데, 누가 부처고 누가 중생인가? 분별심만 끊어지면 있는 그대로 중생이 바로 부처다. 이 말은 중생이 닦아서 부처가 되는 것이 아니라, 원래 부처 따로, 중생 따로 있는 것이 아니기 때문에, 모두가 본래 그대로 부처라는 뜻이다. 그러므로 깨달은 사람은 독립된 개체적 존재가 아니다. 중생도 결코 독립된 개체적 존재가 아니다. 다만 자신이 독립된 존재라고 착각하고 있을 뿐이다.

셋째, 방편에 매여 있다. 정신세계에 발을 들여놓다 보면 자신도 모르는 사이에 종교적 전통이나 조직, 관습, 집단적 아집이나 맹신 등에 길들여지게 된다. 이것이 얼마나 무서운 중독성을 갖고 있는지 사람들은 잘 모른다. 결국에는 중독되어 빠져나오지 못하는 사람들이 대부분이다. 기독교인은 예수에 중독됐고, 불교인은 붓다에 중독됐고, 참선하는 사람은 화두에 중독됐고, 요가 하는 사람은 요가에 중독됐고, 자신이 따르는 스승이나 단체 그리고 수행법등에 쉽게 중독되어 평등한 시각으로 다른 것들을 넓게 볼 줄을 모른다.

맹신이라는 것이 꼭 자신을 구세주라고 떠드는 사이비 종교에만 있는 것이 아니다. 세상이 다 인정하는 종교단체라도 그 틀에 매이면 맹신이 된다. 이런 편협한 마음 자세는 이미 구도자의 자세가 아니다. 그러나 자신도 모르는 사이에 중독된다는 것, 이것이 바로 세뇌의 무서움이다. 붓다는 이런 중독성을 너무나 잘 알고 있었기에, 절대로 자신에게 의지하지 말라고 했으며, 모든 것은 깨닫기 위한 방편이므로 집착하지 말라고 했다.

내가 위빠사나 수행을 시작한 지 한 달 만에 깨달음을 증득할 수 있었던 가장 중요한 요소 중에 하나가 동서양의 여러 종교단체를 거치면서 뼈저리게 경험한 종교적 독선과 중독성을 잘 극복했다는 것이다. 그런 경험 때문에 다시는 어디에도 매이지 않는 대신 모든 깨달은 사람들의 가르침을 평등하게 받아들이고 소화해 낼 수 있었다.

나의 구도과정에서 살펴볼 때 어느 사람 어느 사건 하나도 스승 아닌 것이 없었지만 깨달음에 가장 결정적인 영향을 끼친 사람은 바로 마하리쉬와 마하라지, 그리고 붓다였다. 무슨 스승이 그렇게 많으냐고 할지 모르지만 직접적으로 깨달음을 전해준 스승이 없었던 나로서는 폭넓게 받아들여야만 했던 것이다. 마하리쉬의 가르침은 멀리만 느껴지던 진리를 눈앞에 가져다준 망원경이었고, 마하라지의 가르침은 눈앞에 있는 진리를 세밀하게 관찰하게 해준 현미경이었다. 그리고 붓다의 위빠사나는 직접 무아를 깨달아 증득하게 한 수행법이었다.

그러나 무엇보다 중요한 것은 어디에도 매이지 않는 것이다. 종교에 중독되고, 알음알이에 중독되고, 수행에 중독되면 에고만 커지고 껍질만 단단해져 오히려 깨달음은 저만큼 멀어지고 만다. 만약 내가 위빠사나 수행을 하지 않고 마하리쉬나 마하라지의 책만 보았다면 틀림없이 알음알이에서 헤어나오기 힘들었을 것이고, 마하리쉬와 마하라지를 모른 채 위빠사나 수행만 했다면 틀림없이 세월을 낭비하면서 테크닉만 쌓고 있었을 것이다. 불교 교리 체계는 너무 방대해서 단순한 진리를 이해하는 데 오히려 방해만 될 뿐이다. 그만큼 부처님의 근본진리를 왜곡시켜 놓았다는 것이다.
　이제 마하리쉬와 마하라지의 가르침 중에서 가장 중요한 몇 가지만 살펴보자.

●

"깨달은 사람은 자신이 육체가 아니라는 사실을 알고 있으며 따라서 육체가 어떤 행위를 하고 있더라도 자신은 아무런 행위도 하고 있지 않음을 알고 있다."

●

"어떤 생각이 일어나면 '나라는 생각'이 그 생각의 주인처럼 나타나서 '내가 생각한다', '내가 믿는다', '내가 원한다', '내가 행위하고 있다'라는 식이 되지만 사실은 동일시할 대상 없이 독립적으로 존재하는 '나라는 생각'은 없다. '나라는 생각'이 마치 실체인 것처럼 계속 나타나는 이유는 끊임없이 동일시가 계속되고 있기 때문이다."

●

"중요한 점은 어떤 행위든 그 행위를 내가 하고 있다는 느낌으로부터 벗어나야 한다는 점이다. 내가 그것을 하고 있다는 느낌이 구속이다."

●

"인간이 스스로를 행위자라고 생각하는 점이 문제다. 그러나 그것은 착각이다. 모든 행위는 더 큰 힘이 하고 있으며 인간은 도구에 지나지 않는다."

마하리쉬

-

"의식이 있는 한은 현시의 작용이 일어나게 되어있는데 쓸데없이 자신을 행위자와 동일시함으로서 책임과 죄를 끌어들이게 됩니다."

-

"당신은 이미 당신이 되돌아가려는 그 자리에 있습니다. 한시도 그 자리에서 벗어난 적이 없었으며 항상 그곳에 있었습니다. 사실이지 당신이 새로이 갈 그 어떤 곳은 없습니다. 단지 전체를 즉각적으로 보는 것 그 외에는 할 일이 없습니다. 행위자가 완전히 사라져야 합니다. 행위의 긍정적 부정적인 면 모두가 없어져야 합니다. 이것이 진정한 '놓음' 입니다."

-

"단순한 객체, 드러난 것들, 육체적인 몸 등 나타나는 모든 것들은, 결코 독립된 실체로서 어떠한 행위도 할 수 없다는 사실은 아주 자명한 일이 아닌가요? 그런데도 불구하고 비개체적 의식이 스스로를 객체화하여 현시화할 때 개인적인 '나' 라는 생각을 나타내 자신을 개별적 대상과 동일시함으로써 멍에를 자초하는 것입니다. 이러한 개념이 '속박' 의 원천이 되는 것입니다. 순수한 주체인 '나' 를 상대적 '거짓나' 로 대상화하면서 말입니다. 개념적 속박이란 이러한

'나'라는 개념 또는 에고입니다. 해탈을 구하는 지각있는 존재의 정체가 무엇인지를 명확하게 인식한다면 이러한 모든 생각들이 얼마나 우스꽝스러운지 알게 될 것입니다."

●

"되돌아가 원래의 온전함의 상태, 당신이 태어나기 이전의 상태에 머물도록 하십시오. 거기에는 '나는 존재한다'는 인식조차 없으며 따라서 어떤 종류의 필요도 결핍도 없으니 순수한 깨어있음속에서 환상을 환상으로, 순간적인 것을 순간적인 것으로 알아차리자마자 모든 고통은 끝나게 될 것입니다."

마하라지

진리란 이렇게 간단한 것이다. 복잡한 것은 인간의 마음이다. 복잡하게 얽혀있는 마음의 근원은 나라는 생각, 즉 에고다. 에고, 즉 개체적 존재인 나는 본래 없는 것인데 있다고 착각할 뿐이다. 어떠한 생각과 행위가 발생해도 내가 했다는 착각만 일으키지 않으면 집착도, 책임감도, 죄의식도, 고통도 없다. 그러나 "나는 없다"라고 무턱대고 믿으라는 것이 아니다. 그것은 예수를 믿기만 하면 구원받는다는 맹신과 다를 바가 없다. '나 없음'을 위빠사나 수행을 통해 직접 관찰하여 깨달으라고 붓다는 말했다.

위빠사나의 위대함은 몸과 마음을 극복하거나 망상을 제거하라는 것이 아니라, 있는 그대로의 현상을 개입하지도 말고 놓치지도 말고 그냥 보라는 것이다. 그래서 이 몸과 마음 그리고 우주 현상계에 드러난 모든 사물과 현상들이 얼마나 무상하고 고통스러우며, 그 어디에도 고정된 주체가 없이 서로 연기하며 생멸을 반복하고 있는가를 깨달으라는 것이다. 본래 없는 것을 있다 하고 집착할 수 없는 것을 집착하는 전도된 삶이 중생이요, 거짓을 거짓으로, 진실을 진실로 보아서 본래 없는 것을 없는 것으로 바로 보고, 집착할 것도, 시비분별할 것도, 선악도, 성속도, 생사도, 본래 없음을 알아 중도에 서서 모든 법에 간섭할 것도, 영향받을 것도 없이 있는 그대로가 진리라는 것을 깨달은 자가 부처다. 그러므로 부처는 독립된 인격체가 아니고 만상 그 자체다. 드러난 현상으로서 깨달은 사람은 각각의 개체로 보일지라도 부처는 너와 내가 없으니 오직 하나일 뿐이다.

  석가모니 부처님은 모두가 부러워하는 제국의 왕자로서 더 이상 부족함이 없는 신분으로 이 세상에 태어났다. 하지만 인간으로서 그 누구도 피할 수 없는 운명인 생로병사, 그리고 희로애락의 번뇌와 고통으로부터 해탈하여 진정한 대자유를 이루기 위해서 육신의 편안함과 즐거움을 버리고, 더 나아가 모든 인연을 끊고 더할 수 없는 육체적 고통을 수반한 고행의 길을 걸어 드디어 스스로와의 생사를 건 싸움에서 승리하여 부처가 되었다. 개체인 몸과 마음을 나라고 인식했던 이상, 그 나를 둘러싸고 있는 내 것이라고 하는 모든 주변 환경, 그것들을 지키기 위해서 생겨나는 집착과 욕망, 그로 인해서 받게 되는 번뇌와 고통, 이러한 모든 것으로부터 완전히 해탈하여 일체 걸림이 없는 대자유의 경지에 서기 위해서는, 개체적 존재로서 내가 있다는 착각과 내 것이라는 집착을 완전히 벗어던지게 될 때에 가능한 것이다.

석가모니 부처님은 무아를 증득해서 시비분별이 완전히 끊어진 중도(中道)에 머무는 경지를 열반이라고 했다. 부처란 바로 개체로서의 자아는 본래 없음을 알고 본래성품인 진아를 깨달아 시비분별이 없는 무아의 삶을 살아가는 사람들을 일컫는 말이다. 그러한 상태에 있는 사람만이 진정으로 생사를 초월하고 시비분별을 초월하여 순리적 삶을 살아갈 수 있는 대자유인이다. 그런데 구도자는 수행과정에서 무수히 많은 함정에 빠져들게 된다. 수행이 깊어지다 보면 일시적 적멸상태인 삼매를 맛볼 수 있게 되는데, 마음이 가라앉은 상태에서 나름대로의 지혜가 샘솟기도 한다. 이전에는 결코 경험하지 못한 것이라, 자신이 깨달았다고 착각하는 경우가 허다하다. 수행을 하는 사람들은 누구나 한두 번씩 경험하게 되어있다. 그러나 시비분별이 완전히 끊어진 중도로서의 무아상태가 아니면 또 다시 에고가 나타난다.

완전한 깨달음은 줄 끊어진 두레박이 다시는 우물 속에서 나올 수 없는 것처럼 에고가 더 이상 나타나지 않는다. 이 상태가 아니면 깨달은 것이 아니다. 다만 수행에 의해 마음이 가라앉아 삼매가 개발되어 일시적 망아의 상태가 된 것뿐이다. 석가모니 부처님은 일시적 삼매에 현혹되지 않고 여러 스승을 거치면서 완전 무아를 향해 발걸음을 쉬지 않았다.

 오늘날의 정신세계를 살펴볼 때 진정한 구도자를 찾아보기 어려운 것은 몹시 애석한 일이 아닐 수 없다. 수행의 테크닉에 매달려서 조그마한 성과가 나타나면 그것이 마치 깨달은 것인 양 떠들어대며 혹세무민하는 어리석은 사람들이 너무도 많다. 석가모니 부처님이나 깨달은 사람들의 공통점은 완전한 깨달음인 무아를 증득하기 전에는 스승으로 나서지 않고 구도자로서의 본분을 다하여 수행에만 정진했다는 점이다. 그들은 완전히 깨달은 후에 스승의 길을 걸었다. 그러나 반대로 깨닫지도 못한 채 스승 행세를 하는 사람치고 마지막 죽을 때까지 깨달은 사람을 본 적이 없다. 깨닫지 못한 상태에서 스승 노릇을 하면 에고가 극대화되기 때문이다. 에고는 참으로 무서운 것이다. 모든 것을 다 버리고 구도자가 되었으면서도 그때그때의 크고 작은 집착과 알음알이와 이상을 키워나가고 있으니 말이다.

 그러나 한편으론 일심정진하는 구도자도 많은데, 현대에 와서는 어찌하여 수십 년씩 수행을 해도 깨달은 자가 안 나올까? 근본진리인 무아를 잘못 이해해 몸과 마음을 갈고 닦아서 무아를 만들려고 하니 불가능한 것이다. 목숨이 붙어있는 동안은 생각과 행위가 끝없이 이어지는 것이 순리다. 생각과 행위가 없다면 송장이거나 돌멩이에 불과하다. 만약 인위적 노력으로 버려야 하고 극복해야 한다면 그것을 어찌 진리라고 할 수 있는가. 몸 마음에서 일어나는 생각과 행위를 내가 했다는 에고 없이 지켜보고 만법의 현상을 너와 나라는 시비분별심 없이 바라보는 것만이 순리적 삶이요 대자유인의 성품인 것이다.

어리석은 사람들은 깨달은 사람을 성스러운 존재로서 하나의 독립된 인격체의 완성으로 생각한다. 그러나 부처는 살인을 했어도 살인한 적이 없고, 간음을 했어도 간음한 적이 없다. 중생도 마찬가지다. 개체적 존재인 나가 없기 때문에 행위만 있을 뿐 행위자가 있을 수 없다. 이 대목에서 중생들은 다시 망상을 일으키게 된다. "말이 그렇다는 것이지 중생들은 몰라도 실제로 깨달은 부처가 살인을 하거나 간음을 하지는 않겠지요."라고 말이다.

에고의 무지는 항상 육체와의 동일시를 기본으로 해서 일어난다. 부처든지 중생이든지 행위자로서 나는 없다. 설혹 살인을 했을지라도 내가 했다는 생각만 없으면 업보도, 고통도 없다. 그러나 무아를 깨달아 에고가 사라지기 전에는 살인자가 자신이라는 번뇌망상을 떨쳐버릴 수가 없다. 이것이 중생의 비극이요. 이것이 바로 오묘한 마음 조화인 것이다. 진리는 인간의 상식을 완전히 벗어나 있기에 이해하기가 너무나 어려워서 과거의 붓다 이후로 지금까지를 통틀어서 깨달은 사람이 극히 드물다고 할 수 있다.

이와 같이 모든 것을 자세하게 검증해본 후 드디어 새해가 열리는 1999년 1월 1일 아침햇살을 받으며 두 달간 정들었던 마하시 명상센타를 조용히 떠났다.

나는 이제 더 이상 독립된 자아로서의 인격체가 아니다. 모든 깨달은 사람들이 그랬듯 시비분별이 끊어진 채 에고가 사라진 본래성품으로 존재한다. 그러므로 해공이라고 불리는 이 몸과 마음은 본래성품이 화현된 있는 그대로의 모습으로 살아갈 뿐이다.

종교는 방편이다

종교란 달을 가리킨 손가락이다

도는 진리 그 자체고, 이 세상에 존재하는 모든 종교는 각자 나름대로 그 근본 진리를 설파한 가르침이다. 그러므로 기독교, 불교, 힌두교, 도교 등의 수없이 많은 어떤 형태의 종교도 결국은 도를 가르친다는 점에서 하나다. 기독교와 불교가 다를 수 없고 석가모니 부처님과 예수 그리스도가 둘이 아니다. 그것은 그들이 진리에 대해서 설파하신 내용을 비교해보면 너무나 자명하다. 그런데 그들을 추종하는 후대인들은 깨달은 경지에 있지 아니하기 때문에, 오직 그들의 말씀에 묶여서 서로 분별하고 시비하고, 자기들이 신앙하고 있는 종교가 최고며 그 종교만을 통해서 구원받을 수 있다고 착각한다.

선불교의 가르침 중에 "저 달을 보라고 손가락으로 가리키면 목표물인 달을 쳐다봐야지 손가락을 쳐다보면 어떻게 하냐?"는 말이 있다. 그들 모든 성인은 본래성품인 '도'를 이야기했는데, 그들의 말을 들은 신앙인들은 가리키고 있는 손가락에 매여서 근본 진리를 알지도 못하고 서로 "내가 믿는 손가락이 진리다, 네가 믿는 손가락은 가짜다" 하며 어리석은 싸움만 하고 있다. 그 어떤 깨달은 성인도 신앙의 대상이 되어서는 안 된다. 그들은 단지 먼저 깨달은 사람으로서 인류를 자기들과 같은 깨달음의 경지로 이끌어주기 위한 하나의 가이드일 뿐이다. 그래서 석가모니 부처님은 "나는 이 세상에 와서 45년 동안 가르쳤지만 한마디도 말한 적이 없다"고 했으며 너 자신만을 등불로 삼으라고 말씀하셨다. 신앙이란 인류가 어린아이 수준이었을 때 필요한 행위다. 이제는 손가락에 메이는 것이 아니라 바로 달을 쳐다보고 그 달과 하나가 되어야 하는 시대다. 그래서 자기 스스로가 하느님이요 신이라는 진리를 깨달아야 한다.

그러기 위해서는 지금 현재 뒤집어쓰고 있는 개체로서의 삶을 과감히 벗어던져 버리고, 만물이 나온 본래성품을 깨달아 그 근본 자리와 하나가 되는 길밖에 없다. 기독교에서 말하는 삼위일체 하나님인 '성부, 성자, 성령', 또 불교에서 말하는 '법신불, 화신불, 보신불', 유교에서 말하는 '무극, 태극, 황극', 한민족 사상인 '천, 인, 지 합일사상' 등은 용어가 다를 뿐이지 전부 삼위일체를 이야기하는 대표적인 가르침이다.

그러므로 원래 하나인 신이 이처럼 근본신과 화생신, 그 화생이 일어날 수 있는 조건신의 세 가지로 작용을 해서 진리가 표현되는 것이다. 이처럼 나누어서 표현할지라도 그것은 어디까지나 개념에 불과할 뿐 진리는 결코 나누어질 수 없는 절대성인 그것이다.

21세기에 이르도록 인류의 정신을 지배하고 있는 종교는 기독교와 불교임을 부정할 수 없다. 그러나 두 종교에서 가르치고자 하는 참뜻은 상실된 채 방편인 손가락에 매달리고 있는 것이 또한 현실이다.

    간단하게나마 두 종교의 본래 참뜻을 전하고자 한다.

불교 사상

금강경

나의 법문은 이해력이 뒤떨어진 사람은 들을 수가 없다. 자기에 대한 집착의 견해가 있는 사람, 살아있는 것에 대한 집착의 견해가 있는 사람, 개체에 대한 집착의 견해가 있는 사람, 개인에 대한 집착의 견해가 있는 사람들은 들어도 들을 수가 없는 까닭이다. 여래라고 하는 것은 단지 이름이 여래일 뿐이다.

수보리야! 여래라고 하는 것은 생하는 일이 없는 존재의 본질과는 전혀 다른 이름일 뿐이다. 왜냐하면 생하는 일이 없다는 것이 최고의 진리기 때문이다.

수보리야! 살아있는 것은 실은 살아있는 것이 아니라고 내가 말했다. 그렇기 때문에 바로 살아있는 것이라고 말하는 것이다. 그러므로 나는 모든 것에 자아라는 것이 없다, 모든 것에 살아있는 것이라고는 없다, 개체라는 것도 없다, 개인이라는 것도 없다고 말하는 것이다. 또 나는 불국토를 이루었다 하고 말하면

이는 깨달은 사람이 아니다. 왜냐하면 내가 불국토를 이룬다는 뜻도 불국토를 이룬다는 그 말이 있을 뿐이다. 본래 없는 그 말이 있을 뿐이다.

수보리야! 본래 없는 자기 성품을 통달한 사람이야말로 진실한 깨달음에 이른 사람이라고 나는 말한다.

수보리야! 이러한 세계에 있는 모든 살아있는 생명들의 여러 가지 마음을 나는 다 알고 있다. 왜냐하면 내가 말한 마음은 본래 마음 아닌 그것까지를 마음이라고 한다. 그러므로 과거의 마음도 얻을 수 없고 미래의 마음도 얻을 수 없고 현재의 마음도 얻을 수 없기 때문이다.

현상계라고 하는 것은 꿈과 환상, 신기루나 그림자와 같다. 또한 아침이슬 같고 번개와 뜬구름 같다. 마땅히 이렇게 바로 보아야 한다. 깨달음의 세계는 말이나 논리가 아니다. 어리석은 사람들이 법에 집착할 뿐이다. 결코 존재에 얽매이지 말아야 한다. 존재의 법은 비존재의 존재법이다. 만물의 자성이 공(空)하므로 무아이기에 과거, 현재, 미래의 삼세에 시비분별이 끊어져서 취할 바가 없다.

화엄경

보살 마하살에게 열 가지 집착 없음이 있다. 모든 세계에 집착이 없고, 모든 중생에게 집착이 없고, 모든 법에 집착이 없고, 모든 하는 일에 집착이 없고, 모든 선근에 집착이 없고, 태어나는 곳에 집착이 없고, 모든 소원에 집착이 없고, 모든 행에 집착이 없고, 모든 보살에게 집착이 없고, 모든 부처님께 집착이 없다.

이 말씀은 진리를 깨닫게 되면 세상의 모든 것으로부터 집착을 하지 않게 되는 것은 물론이요, 모든 형상과 모든 현상, 삶에 의해 발생되는 모든 인연, 삶에 의해 벌어지는 모든 행위, 더 나아가서는 진리에 대한 집착조차도 없어지게 된다는 것이다. 진리에 대한 집착조차도 없어지는 이유는 무아를 체득해 시비분별이 끊어진 중도로서, 있는 그대로가 진리이기 때문에 인위적인 노력 없이도 항상 진리 속에 머물러 있기 때문이다.

능엄경

아난아! 지금 너와 모든 중생들이 시작 없는 나고 죽음의 반연하는 마음을 자아라고 생각하는 것과, 원래부터 밝은 의식이 모든 인연을 만드는데 바로 그 인연을 좇으므로 말미암아 본래의 참다운 마음을 잃어버리는 것이니라. 이와 같이 네가 시작이 없는 과거로부터 지금까지 도적을 주인으로 잘못 인정하고 있어서 본래 항상한 마음을 잃어버렸기 때문에 나고 죽는 세계를 집착하고 있느니라. 모든 법이 생기는 것은 오직 마음이 나타내는 것이며, 모든 원인과 결과와 세계의 작은 티끌까지도 마음으로 인하여 실체를 이루느니라. 세간에서 수행하는 모든 사람들이 지금 비록 차례로 이어서 닦는 아홉 가지 선정을 이루었다 하더라도 번뇌를 다 끊어 아라한이 되지 못한 것은, 모두 저 나고 죽고 하는 허망한 생각에 집착해서 진실한 것인 양 오인하기 때문이니라. 어찌하여 지금 너희는 동요하는 것을 몸으로 여기고 또한 대상인 물질이라고 생각하여 처음부터 끝까지 생각마다 생겼다 없어졌다 하면서 참다운 성품을 잃어버리고 뒤바뀐 짓을 하느냐? 더욱이 본래성품은 잃어버리고 육체를 나인 줄 알고 있으면서 그 속을 돌고 돌아 스스로 끌려 다니느냐?

몸과 마음을 나라고 생각한 첫 번째 착각 때문에 원래 변함없이 여여한 본래성품을 잃어버리고, 덧없이 허공 속을 떠다니는 한낱 티끌 같은 이 몸과 마음에 끌려 다니면서 온갖 고통과 번뇌 속에서 신음하는 것이 어리석은 중생이다. 우주 현상계란 의식이 만들어낸 실체가 없는 허상임을 바로 깨달아 더 이상 삶에 집착함이 없는 자유로운 존재가 되어야 한다.

본래성품은 허공을 떠다니면서 끊임없이 일어났다 사라지는 티끌 같은 존재가 아니라, 그 모든 물질과 현상을 시비분별하지 않고 있는 그대로 포용하는 허공과 같이 항상 변함없는 절대성인 것이다.

법화경

여래는 있는 그대로 삼계를 보기 때문에 태어나는 것도 없고 죽는 것도 없으며, 물러남도 없고 나아감도 없으며, 윤회함도 없고 적멸함도 없으며, 존재함도 없고 존재하지 않음도 없으며, 유도 없고 무도 없으며, 같은 것도 없고 다른 것도 없다. 여래는 우매한 범부가 보듯이 삼계를 보지 않기 때문이다. 이와 같이 깨달음을 연 여래는 수명의 양이 무량하다.

깨달은 사람은 본래성품인 열반에 든 사람이기 때문에 현상계에서 벌어지는 일체 상대적 현상의 어떤 시비와 분별에도 머물지 않는다는 뜻이다. 그러므로 그 수명을 측량할 수 없는 절대적 존재가 되는 것이다.

아함경

일구월심 사유하던 여래에게
모든 존재가 밝혀진 그 날.
그의 의혹은 씻은 듯 사라졌다.
연기의 도리를 알았으므로.

●

내가 체득한 이 법은 심히 깊고, 보기 어렵고, 깨닫기 어렵다. 적연미묘하여 사람들의 생각을 초월하며, 심원하여 오직 지혜로운 이만이 이해할 수 있다. 그런데 세상 사람들은 욕망을 즐기고, 욕망에 빠지고, 욕망을 좋아하고 있다. 이런 사람들은 연기, 즉 모든 존재는 원인이 있음으로 말미암아 생겼다는 이치를 이해하기 어려울 것이다.

●

고생 끝에 겨우겨우 얻은 이것을
어이 또 남들에게 설해야 되랴.
오, 탐욕과 노여움에 불타는 사람에게
이 법을 알리기란 쉽지 않아라.
세상의 상식을 뒤엎는 그것
심심미묘하니 어찌 알리오.
격정에 매이고 무명에 덮인 사람은
이 법을 깨닫기 어려우리라.

●

내 이제 감로의 문을 여나니
귀 있는 이는 들으라. 낡은 믿음 버리고.

-

비구들아, 출가한 이는 두 극단에 매달려서는 안 되나니, 그들이란 무엇인가? 온갖 욕망에 깊이 집착함은 어리석고 추하다. 범부의 소행이어서 성스럽지 못하여 또 무익하니라. 또 스스로 고행을 일삼음은 오직 괴로울 뿐이며 역시 성스럽지 못하고 무익하니라. 나는 이 두 가지 극단을 버리고 중도를 깨달았으니, 그것은 눈을 뜨게 하고 지혜를 생기게 하며, 적정과 증지와 등각과 열반을 돕느니라.

-

여러분이여, 모든 동물의 발자취는 다 코끼리의 발자취 속에 들어온다. 코끼리의 발자취는 그 크기가 동물 중에 으뜸이다. 그와 마찬가지로 모든 진리는 다 사성제 안에 포섭된다. 그 네 가지란 고의 성제, 고의 발생의 성제, 고의 멸의 성제, 고의 멸에 이르는 길의 성제이다.

-

"소나여, 어찌 생각하느냐. 물질은 불변하는 것이겠느냐, 변화하는 것이겠느냐?"
"변화하는 것입니다."
"만약 변화하는 것이라면 괴로움이겠느냐, 즐거움이겠느냐?"

"괴로움입니다."

"만약 변화하고 괴로운 것이라면 그것을 관찰하여 '이는 내 것이다', '이는 나다', '이는 나의 본질이다'라고 할 수 있겠는가?"

"그럴 수는 없습니다."

석가모니 부처님의 깨달음은 너무나 간단하다. 모든 존재는 인과에 의한 연기법칙으로 유지된다는 것과 양 극단에 매달림으로써 발생하는 시비분별이 끊어진 중도, 그것을 바로 보고 깨닫기 위한 방편으로서 사성제와 팔정도. 이것들을 완전히 이해하고 깨닫게 됐을 때 구경열반인 무아의 경지에 들어 한발짝도 실족하지 않게 되는 것이다. 불교의 팔만대장경은 이 간단한 진리를 이렇게 저렇게 설명해 놓은 해석서에 불과하다. 붓다가 깨닫고 처음으로 다섯 비구에게 이 법을 집중적으로 설하였고 며칠 간격으로 다섯 비구는 모두 깨닫게 되었다. 다섯 비구들이 설법을 통해서 깨달을 수 있었던 것은 그만큼 집착이나 욕망이 제거된 상태였기 때문이다.

자신들이 가지고 있던 잘못된 견해를 고집하지 않고 붓다가 전해준 내용을 그대로 수용했기에 가능한 일이었다. 자신들이 구축해 놓은 알음알이를 고집하면 절대 깨달을 수 없다. 에고를 내세우지 않고 순수할 때 지혜의 광명이 비추이면 무지에 의한 어두움은 저절로 사라진다. 진리의 빛을 에고라는 커튼으로 자꾸 가려서는 안 된다. 나라는 생각을 내려놓고, 있는 그대로를 바라보면 생멸하는 현상 그 자체가 그대로 진리임을 알게 된다. 이것이 모든 성현들이 깨달은 단 하나의 진리다.

반야심경

물질이 허공과 다르지 않고 허공이 물질과 다르지 않으므로 물질이 곧 허공이며 허공이 바로 물질이니라.
이와 같이 중생들의 번뇌가 바로 부처님의 밝은 지혜이며 부처님의 광명 지혜가 바로 중생들의 번뇌이니라. 이 모든 번뇌가 없어진 참 마음자리는, 생겨나는 것도 없어지는 것도 아니며, 더러워지거나 깨끗해지는 것도 아니며, 불어나는 것도 줄어드는 것도 아니니라.
그러므로 아무것도 아닌 이 마음 가운데는 물질, 느낌, 생각, 의지, 인식도 없고 눈, 귀, 코, 혀, 몸, 이치도 없으며 보는 것, 듣는 것, 말하는 것, 맛보는 것, 만지는 것, 생각하는 것조차도 없다. 허망한 육신을 나라고 하는 그릇된 착각도 없고, 나라는 그릇된 생각이 없어졌다는 생각마저 없으므로, 나를 위한 행동도 없으며 생명도 없어지고 너와 나의 대립도 감각, 욕심, 가짐, 업, 생사 등의 열두 가지 인연 법칙이 모두 없다. 늙고 죽는 것도, 늙고 죽은 다음 없어지는 것도 없으며 그 괴로움과 그 괴로움의 원인과 그 괴로움을 벗어난 것과 그 괴로움을 벗어난 방법까지도 없으므로 지혜도 없고, 또한 없는 것도 없느니라.

마음은 본래 얻을 것이 없기 때문에 보살이 반야바라밀이 되어 아무 곳에도 걸린 데가 없어서 겁나는 일이 없으며, 꿈같은 허망한 생각이 없어서 최후의 열반에 이르게 되며 과거, 현재, 미래의 모든 부처님도 이 마음자리를 깨달아 가장 높고 빠르고 밝은 지혜로써 생사를 초월했고, 자유 자재한 경지를 성취했느니라. 그러므로 생각의 주체인 이 마음도 아닌 마음이 가장 신비하고 가장 밝고 가장 높은 주문이며 절대 아닌 절대로서 이 마음은 모든 것과는 다르면서 또한 만물과 둘이 아닌 주문이다. 그러므로 능히 모든 고난을 물리칠 수 있고, 진실하여 허망된 것이 없느니라.

반야심경은 석가모니 부처님이 주신 가르침의 진수를 뽑아놓은 대단히 중요한 말씀이다. 이 간결한 말씀 속에는 진리의 근본 성품과 현상계의 모든 생명 활동과의 관계가 간결하고도 근본적으로 표현되어 있다. 이 세상에 있는 일체의 물질적 현상, 즉 색(色)은 그 실체가 있는 것이 아니다. 시간과 공간을 따라 변화무쌍하게 움직일 따름이다. 일정한 실체가 없기 때문에 진실로 허공성인 것이다. 이 허공성의 문제를 확연하게 깨달아야만 우리가 눈으로 보고 있는 현상 세계인 색에 대해서도 정확하게 알 수가 있다. 절대의 세계를 올바로 깨닫지 못하고는 우리가 날마다 눈으로 보고 몸으로 부딪치며 살아가고 있는 이 현상 세계를 올바르게 이해할 수가 없다.

원래 주체가 없는 색의 입장에서 보면 삼라만상으로 펼쳐진 생명의 다양한 모습들은 하나의 허상에 불과하다. 그 허상의 대표격이 바로 나 자신이라고 인식하고 있는 존재다. 나 자신이라고 인식하고 있는 이 존재, 여기서부터 모든 착각과 문제가 발생하므로 개체인 삶은 철저하게 속고, 속이고, 고통 받고, 고통을 주는 악순환의 연결 고리로 이어지게 된다. 실재하지도 않는 개체인 나를 인식하게 되면 그 개체에 집착하게 되고, 그 집착이 곧 너와 나라는 분별을 만들고, 개체인 나를 이익되게 하고자 하는 욕심이 생겨나고, 그 욕심이 점점 나 자신을 옭아매는 올가미가 되어서 자기 자신을 꼼짝달싹 할 수 없도록 꽁꽁 묶어버리는 어리석은 결과를 초래하게 된다.

사념처 위빠사나 수행을 통해 몸과 마음 그리고 현상계를 관찰한다면 이 세상에 있는 모든 존재는 무엇이나 다 주체가 없다는 결론에 도달한다. 어떤 존재든 시간과 공간을 따라 그 질과 양이 끊임없이 변하고 있기 때문이다. 또한 육체를 생각해볼 때 사람이 한 평생을 살아가는 동안 육체는 평균 60조 개에 달하는 세포를 항상 유지하고 있다. 그런데 그 60조 개의 세포가 태어날 때부터 죽을 때까지 함께 공존하는 것이 아니라, 한 찰나에도 수억의 세포가 죽어나가고 그 대신 수억의 세포가 새로 태어나기를 거듭하며 하나의 육체를 지탱해 나가는 것이다.

그렇다면 죽어나간 세포를 '나'라고 할 것인가? 아니면 새로 태어난 세포를 '나'라고 할 것인가? 죽은 세포도 나의 일부요, 새로 태어난 세포도 나의 일부라고 생각한다면 더 넓은 차원으로 확대해 봤을 때, 원래 생명의 근본 자리에서 나온 그 모든 존재를 나라고 보는 것이 옳지 않겠는가. 60조 세포 중에 하나를 나라고 말하지 않는 것처럼 무한한 우주 삼라만상의 모든 존재 중 한 점 티끌에 불과한 이 육체만을 나라고 말할 수 없기 때문이다.

본래성품에서 볼 때 우주만상 전체는 바로 한 마음에서 생겨난 한 몸의 각기 다른 기관에 불과하다. 그러므로 개체인 나를 초월해 본체로서의 나를 깨닫는 것, 이것이 바로 진리를 깨닫는 것이다. 사람들이 본체로서의 나를 깨닫지 못하고, 태어나서 죽을 때까지 개체로서의 나만을 고집하고 집착하고 살아가기 때문에 개인적으로는 죽을 때까지 고통 속에서 헤매게 되고, 넓게 볼 때 서로가 서로에게 끊임없는 고통을 주고받음으로써 이 세상은 상극의 악연으로 끊임없이 쳇바퀴 돌듯 돌아가게 된다.

공(空)과 색(色)은 원래 구분지을 수 없는 하나다. 동전의 앞면과 뒷면의 차이일 뿐이다. 공한 가운데 우주 만상이 그대로 존재하고 있으며, 우리가 눈으로 보는 현상계인 이 물질세계가 존재하는 그 상태 그대로 공한 것이다. 이것은 절대로 지식이나 논리로써 이해되는 부분이 결코 아니다. 오직 본래성품을 체득하여 진리와 하나가 됐을 때에만 모든 생사로부터, 옳다 그르다의 시비로부터, 네가 있고 내가 있다는 분별로부터 완전한 해탈을 이뤄 대자유를 얻을 수 있는 것이다.

선문답

어느 제자가 조주스님에게 물었다.

"무엇이 저의 주인공입니까?"

"뜰 앞의 잣나무를 보느냐."

이것저것 시비분별 없이 있는 그대로의 사물을 바라보고 있는 그 존재가 바로 진아라는 말이다. 중생이 번뇌가 끊어지면 부처고 부처가 번뇌를 일으키면 중생이라는 말과 같은 뜻으로, 모든 현상과 사물을 번뇌망상하지 말고 있는 그대로 보는 것, 그것이 바로 진리적 시각이다.

•

어느날 동산스님에게 물었다.

"무엇이 부처입니까?"

"삼이 서근이다."

이것은 동문서답이다. 이 선문답에는 전혀 언어로서의 가치가 필요없다. 무엇이 부처인가를 질문하는 그 자체가 번뇌기 때문에 그 번뇌를 끊어주기 위해서 언어도단을 사용하는 것이다.

●

조주스님에게 물었다.
"무엇이 근본으로 돌아가는 것입니까?"
"하려고 하면 곧 어긋나 버린다."

'진리를 찾는다', '도를 닦는다', '근본으로 돌아간다' 라는 생각과 의도조차도 일으키면 그것은 이미 잘못되어 어긋난다는 말이다. 그러므로 진리는 무작위, 무인위로서 생각도 끊어지고, 행위도 끊어지고, 의문도 끊어지고, 목적도 없이 있는 그대로의 상태, 행위자로서의 나라는 생각이 없는 그 상태만이 본래성품이라는 뜻이다.

●

남전스님에게 물었다.
"도의 근본이 무엇입니까?"
"평상심이 도다. 평상심이란 조작이 없고 시비가 없으며 취사가 없고 단상이 없고 법성이 없는 것이다. 다만 지금의 가고 머물고 앉고 눕는 것과 필연에 응하고 사물에 접촉하는 것이 곧 '도'다."

있는 그대로의 모습을 보고 듣고 느끼고 행, 주, 좌, 와, 중에 있는 그대로를 행하는 것, 즉 '이것이다, 저것이다'의 시비분별심이 끊어진 중도로서 항상한 그 모습이 바로 '도'라는 뜻이다.

●

마조스님에게 물었다.
"달마가 서쪽에서 온 까닭이 무엇입니까?"
"절 한번 하라."
스님이 절을 하고 일어서려는데 마조가 별안간 걷어차 버렸다.
넘어졌다 일어나는 순간 그 스님은 깨달았다.

달마가 서쪽에서 왔건 동쪽에서 왔건 번뇌를 일으키지 말라는 뜻이다. 마조스님으로부터 그럴듯한 대답을 기대하고 정중하게 절을 하던 그 스님은 별안간 걷어차여 자빠지는 그 순간에 일체 생각이 끊어지는 아찔함을 느꼈으며 일체 번뇌망상이 찰나에 사라진 그 순간, 깨달음이란 한 생각도 시비하지 않는 그 자체임을 체득한 것이다.

●

하루는 남전스님의 회상에서 수좌 두 명이 고양이 한 마리를 가지고 서로 자기네 것이라고 다투고 있었다. 그 모습을 보고 남전스님이 고양이를 뺏어들고 말했다.

"만약 한마디 하면 이 고양이를 베지 않겠지만 말하지 못한다면 베어버리겠다."
대중이 여러 말로 대답했으나 남전은 결국 고양이를 베어버렸다. 뒤늦게 조주스님이 외출했다 돌아왔는데, 남전스님이 조주에게 낮에 있었던 일을 알려주고 만일 그대라면 뭐라고 답하겠는가를 묻자, 조주는 신고 있던 신발 한 짝을 벗어 머리에 이고 밖으로 나가버렸다.

이 사건의 발단은 고양이 한 마리를 가지고 서로 자기네 것이라고 시비분별 짓는 데서 발생했다. 그러므로 조주스님은 그러한 시비분별에서 벗어나 중도에 머문 경지를 보여주었던 것이다.

●
어느 날 한 스님이 마조선사의 제자인 유관에게 물었다.
"도는 어디에 있습니까?"
"눈앞에 있다."
"저는 어째서 볼 수가 없습니까?"
"너에겐 자아가 있기 때문에 보지 못한다."
"저는 아상이 있기 때문에 보지 못한다 치고 스님은 보십니까?"
"너도 있고 나도 있으니 더욱 보지 못한다."
"나와 너가 없으면 도리어 볼 수 있습니까?"

"너도 없고 나도 없는데 누가 보고자 하겠느냐."

이 말은 철저하게 시비분별을 짓는 그 주체가 없다고 밝힌 것이다. '도를 본다'고 말하면 이미 그것은 깨달은 것이 아니다. 어리석은 사람의 질문은 개체적 마음에서 발생하기 때문에 그것에 대한 깨달은 사람의 답변은 항상 반대적 입장을 취한다. 그럼으로써 개체적 마음인 에고에서 일어나는 의문의심과 번뇌망상을 끊어주고자 했던 것이다.

•

어떤 스님이 동산스님에게 물었습니다.
"신수대사가 '자주 부지런히 털고 닦아서 먼지가 끼지 않도록 한다'고 지었으나 인가받지 못하였는데 왜 그렇습니까?"
"혜능대사는 '본래 한 물건도 없는데 먼지 앉을 곳이 어디에 있으랴'는 게송으로 의발을 전수받았다. 그러나 나는 본래 한 물건도 없다고 해도 의발을 전수하기에는 부족하다고 하리라."

이 말은 육조 혜능이 본래 한 물건도 없는데 먼지 앉을 곳이 어디 있느냐고 말을 한 그것조차도 '있다 없다'의 분별심을 일으키게 하는 쓸데없는 참견이라는 뜻이다. 그러나 시비분별조차도 끊어진 중도의 상태를 극명하게 알려주기 위해서 동산스님은 제자에게 더욱 철저한 모습으로 드러내 보인 것이다.

•

한 노파가 참선하는 스님에게 암자를 지어주고 20년 동안 공부 뒷바라지를 하였다. 그 노파가 하루는 딸에게 이렇게 시켰다. "밥상을 내려놓거든 스님 품에 안기면서 스님 이럴 때는 어떠하십니까? 하고 물어 보아라." 딸이 노파가 시킨대로 하고 스님에게 묻자, "고목이 차가운 바위에 기대었으니 삼동에 따뜻한 기운이 없다."고 하였다. 노파는 이 말을 듣고 즉시 암자를 불태워버리고 스님을 내쫓아 버렸다.

노파는 20년 동안 온갖 정성을 들여서 뒷바라지한 스님이 죽은 도(道)를 닦았다는 것에 대해서 분노했던 것이다. 철저하게 자아가 없어진 사람은 있는 그대로의 모습이 진리지 인위적인 모습으로 변하는 것이 아니다. 몸과 마음을 억지로 눌러서 목석(木石)을 만드는 것이 도가 아니다.

•

어떤 스님이 운문스님에게 물었다.
"어떤 것이 불법의 대의입니까?"
"봄이 오니 풀이 저절로 푸르다."

진리란 어떤 거창한 것이 아니라, 있는 그대로의 현상과 시절을 쫓아 순리대로 펼쳐지는 그것이 바로 진리의 순수한 모습이라는 뜻이다.

●

하루는 운문선사에게 물었다.
"부처가 무엇입니까?"
"마른 똥 막대기다."

일반 사람들의 깨달음에 대한 환상을 철저하게 부숴주는 좋은 예다. 사람들은 깨달음을 막연하게나마 거룩한 것, 신성불가침의 것으로 착각할 때가 많다. 그런데 길거리에 굴러다니는 저 마른 똥 덩어리조차도 시비분별이 끊어진 그 자리에서 볼 때, 본래성품이 드러난 현상으로서 있는 그대로의 진리 그 자체라는 뜻이다.

●

마조선사에게 물었다.
"도가 무엇입니까?"
"밥 짓고 물 길러 나르는 것이다."

깨달은 사람은 이 세상이 있는 그대로 진리다. 번뇌망상이 끊어지고 일체 에고가 사라진 상태에서 삼라만상이 그대로 진리고, 그 안에서 자연과 더불어 숨쉬고 살아가고 있는 지금 이 모습 자체가 바로 순리적 삶이라고 하는 것을 가르쳐주고 있다.

●

향엄선사는 확철대오한 후에 이렇게 말했다.
"지난해의 가난은 가난이 아니고 올해의 가난이 비로소 가난이네. 지난해는 송곳 꽂을 땅도 없더니 올해는 송곳마저 없네."

향엄선사는 확철대오하기 전까지 자신이 깨달았다는 생각을 가지고 있었다. 거기에는 '나'라는 생각이 있었던 것이다. 그런데 확철대오를 하고 나니 그 '나'마저 없다는 것을 확연히 알게 되었다. 그러므로 깨달음을 성취한 깨달은 자가 없는 경지, 그 확연한 경지에 들어섰음을 극명하게 보여주고 있는 것이다.

기독교 사상

창조신화에 나타난 인류의 타락설을 살펴보면 진리적인 비유가 숨어있음을 쉽게 알 수 있다. 즉 아담과 이브가 선악과를 따먹음으로써 인간 마음에 죄악이 들어와 부끄러움을 알게 되고 낙원에서 쫓겨나 고통스러운 삶을 살다가 죽음을 맞이하게 되었다는 것이다. 이 신화에서 중요한 것은 선악과의 정체다. 이것을 어떤 신흥종교에서는 남녀의 섹스로 보고 있는데 이런 넌센스는 성(性)을 불결하게 생각해 온 잘못된 판단에서 생긴 견해다. 그렇다면 선악과란 무엇인가?

그것은 말 그대로 선과 악을 구별하는 시비분별심, 즉 에고를 말한다. '이것이다 저것이다', '옳다 그르다', '있다 없다', '아름답다 추하다', '길다 짧다', '성스럽다 속되다', '좋다 싫다', '착하다 악하다', '너다 나다' 등의 사사건건에 있어 차별하는 마음이 생겨날 때, 인간은 순수성을 잃어버리고 고통의 구렁텅이에 빠지게 되는 것이다. 이 같은 모든 시비분별심은 '나라는 생각'에서 모두 비롯된다. 에고가 없으면 모든 시비분별도 사라지게 된다.

마태복음 5장 5절

"마음이 가난한 사람은 행복하다. 하늘나라가 그들의 것이다."

이것은 마음이 온갖 집착과 욕심으로 꽉 차있는 사람은 진리를 볼 수 없다는 이야기다. 집착과 욕심을 전부 버린, 마음이 텅 빈 사람만이 깨달음을 통해 진리세계에 들어갈 수 있다는 뜻이다.

마태복음 6장 3절

"자선을 베풀 때에는 오른손이 하는 일을 왼손이 모르게 하라."

선행을 내가 했다는 생각 없이 할 때에만 오른손이 하는 일을 왼손이 모르는 경지가 될 수 있다. 불교에선 이것을 무심행이라고 한다. 무아의 경지에서만 가능하다.

마태복음 6장 25절

"너희는 '무엇을 먹고 마시며 살아갈까, 또 몸에는 무엇을 걸칠까' 걱정하지 마라. 공중의 새들을 보라. 그것들은 씨를 뿌리거나 거두거나 곳간에 모아들이지 않아도 하늘에 계신 너희 아버지께서 먹여 주신다. 또 들꽃이 어떻게 자라는가 살펴보아라.

그것들은 수고도 하지 않고 길쌈도 하지 않는다. 그러나 온갖 영화를 누린 솔로몬도 이 꽃 한 송이만큼 화려하게 차려입지 못하였다. 그러므로 내일 일은 걱정하지 마라. 내일 걱정은 내일에 맡겨라."

이 세상의 모든 생명체는 순리 그 자체로 모두 살아가게 되어 있다는 것이다. 인간만이 쓸데없이 근심 걱정을 가지고 살아간다. 그래서 필요 이상으로 잔뜩 쌓아놓고 그것도 양이 차지 않아 남의 것을 빼앗으려고 싸우고 있다. 이 모든 에고는 나라는 생각에서 비롯된다. 진리를 깨닫고 하나님과 하나가 되면 먹고 살아갈 그 모든 것들은 순리에 의해서 자연히 주어진다. 내일에 대한 근심걱정은 일체 허망한 것이니 걱정한다고 해서 어떻게 되는 것이 아니다. 그저 물 흐르듯이, 바람 불듯이 그렇게 마음으로부터 집착과 근심 걱정을 내려놓고, 그때그때 순리에 따라서 살아가면 만사가 모두 해결된다. 생사문제조차도 인위적으로 어찌해볼 도리가 없는 순리적 현상이다. 삶은 살아가는 것이 아니라 살아지는 것이다.

마태복음 7장 15절
거짓 예언자들을 조심하여라. 그들은 양의 탈을 쓰고 너희에게 나타나지만 속에는 사나운 이리가 들어있다. 너희는 행위를 보고 그들을 알게 될 것이다. 가시나무에서 어떻게 포도를 딸 수 있으며 엉겅퀴에서 어떻게 무화과를 딸 수 있겠느냐. 이와 같이 좋은 나무는 좋은 열매를 맺고 나쁜 나무는 나쁜 열매를 맺게 마련이다.

동서고금을 막론하고 무수히 많은 사람들이 진리를 빙자하여 사람들을 혹세무민하고 멸망의 구렁텅이로 몰아간 사실을 볼 때 대단히 중요한 말씀이다. 많은 사람들이 구원을 이야기하고 개벽을 이야기하며 사람들을 맹신으로 몰아가고 있다. 그러나 진리는 오직 자기 마음속에서 찾아야 한다. 그러므로 순수하게 진리를 전하지 않는 사람은 모두 열매를 맺지 못하는 가짜라는 얘기다. 그 열매를 보고 그 나무를 아는 법이다.

마태복음 7장 21절

나더러 주님, 주님 부른다고 다 하늘나라에 들어가는 것이 아니다. 하늘에 계신 내 아버지의 뜻을 실천하는 사람이라야 들어간다. 그날에는 많은 사람이 나를 보고 '주님, 주님, 우리가 주님의 이름으로 예언을 하고 주님의 이름으로 마귀를 쫓아내고 또 주님의 이름으로 많은 기적을 행하지 않았습니까?' 하고 말할 것이다. 그러나 그때에 나는 분명히 그들에게 '악한 일을 일삼는 자들아 나에게서 물러가라. 나는 너희를 도무지 알지 못한다.'고 말할 것이다.

그저 맹신하면서 신앙한다고 해서 다 진리세계에 들어가는 것이 아니라 오직 하늘에 계신 아버지의 뜻을 실천하는 사람, 즉 진리를 깨닫고 진리의 화신으로 살아가는 사람만이 본성에 합일될 수 있다는 말이다. 이처럼 맹신하는 일은 결코 하느님의 뜻을 실천하는 것이 아니다. 맹신은 장님이 장님을 인도하는 결과를 초래하므로, 많은 사람들을 올바로 진리를 깨닫게 만드는 것이 아니라 영원히 진리에 눈멀게 만드는 악한 일을 하는 것이라는 뜻이다.

마태복음 8장 21절
제자 중 한 사람이 와서 "주님 먼저 집에 가서 아버지 장례를 치르게 해주십시오." 하고 청하였다. 그러나 예수께서는 "죽은 자들의 장례는 죽은 자들에게 맡겨두고 너는 나를 따르라."고 말씀하셨다.

깨닫지 못한 자들은 살아있어도 죽은 송장과 똑같다는 뜻이다. 언젠가는 죽을 수밖에 없는 세상사에 얽매이지 말고 생사를 초월하는 진리를 닦는 데 온 힘을 다하라는 뜻이다.

마태복음 10장 34절

내가 세상에 평화를 주러 온 줄로 생각하지 마라. 평화가 아니라 칼을 주러 왔다. 나는 아들은 아버지와 맞서고 딸은 어머니와, 며느리는 시어머니와 서로 맞서게 하려고 왔다. 집안 식구가 바로 자기 원수다. 아버지나 어머니를 나보다 더 사랑하는 사람은 내 사람이 될 자격이 없고, 아들이나 딸을 나보다 더 사랑하는 사람도 내 사람이 될 자격이 없다. 또 자기 십자가를 지고 나를 따라오지 않는 사람도 내 사람이 될 자격이 없다. 자기 목숨을 얻으려는 사람은 잃을 것이며 나를 위하여 자기 목숨을 잃는 사람은 얻을 것이다.

개체로서 자아가 가장 사랑하는 동시에 가장 강한 집착을 갖고 있는 부모, 형제, 처, 자식이 구도자 입장에서 볼 때 가장 큰 장애라는 말이다. 그러므로 예수님의 '칼을 주러 왔다'는 말은 활인검이다. 마음에 집착으로 가지고 있는 부모, 형제, 처, 자식에 대한 집착을 과감하게 끊어내서 완전히 집착 없는 자유인으로 서게 될 때 진리를 알게 되고, 또한 나라는 생각조차도 초개처럼 마음으로부터 끊어낸 사람만이 영원한 생명을 얻게 된다는 말씀이다.

한국 불교의 대들보인 성철스님에게 재미있는 일화가 있다. 성철스님은 경북 산청에서 양반 집안의 삼대독자로 태어났다. 그런데 28세의 젊은 나이에 딸 하나만 낳고 중이 되었다. 대대로 유교적 전통을 목숨보다 소중하게 생각해온 그의 부친에게는 큰일이 아닐 수 없었다. 아들이 있음에도 불구하고 눈앞에서 대가 끊어지게 되어 조상님 뵐 면목이 없어진 것이다. 상황이 이렇게 되자 그의 부친은 몇 년 동안을 필사적으로 성철스님에게 찾아가 다시 돌아오기를 간청했다. 눈썹하나 까딱하지 않는 아들을 대하며 다시 집으로 환속시키는 것은 불가능하다는 것을 깨달았다. 고민 끝에 부친은 서로 한 발짝씩 양보하는 방안을 찾아냈다. 소위 '윈윈작전'이었던 것이다. 이번만큼은 거절할 수 없을 것이라고 확신한 부친은 웃는 얼굴로 성철스님을 만나서 말했다. "너는 중노릇 포기하지 않아도 된다. 대신 아들만 하나 낳아 주거라." 오랜 침묵을 깨고 성철스님이 대답했다. "안됩니다." 부친은 눈앞이 깜깜하고 하늘이 무너졌다. 아무리 설득해도 성철스님은 입을 다문 채 더 이상 한마디도 하지 않았다. 완전 포기 상태에 빠진 부친이 자리를 털고 일어나면서 허공을 향해 피를 토하듯 한마디 했다. "석가모니가 철천지원수다."

마태복음 11장 28절

수고하고 무거운 짐 진 자들아 다 내게로 오너라. 내가 너희를 편히 쉬게 하리라. 나는 마음이 온유하고 겸손하니 내 멍에를 메고 나에게 배워라. 그러면 너희의 영혼이 안식을 얻을 것이다. 내 멍에는 편하고 내 짐은 가볍다.

세상 사람들은 욕심과 집착, 근심과 걱정 등으로 마음에 무거운 짐을 지고 하루하루를 허덕이며 사는 사람들이다. '다 나에게로 오너라. 내가 너희를 편히 쉬게 하리라.' 라는 말씀은 개체로서의 예수 자신을 말한 것이 아니라, 진리를 깨달은 본래성품으로서의 진아를 말하는 것이다. 깨달은 사람은 개체의 마음이 없기 때문에 그 마음은 항상 비어있고 항상 평화스럽기 때문에 더 이상의 고통이 없는 자유를 누리게 된다.

마태복음 12장 46절

예수께서 아직 군중에게 말씀하고 계실 때 예수의 어머니와 형제들이 밖에 와 서서 예수와 말씀을 나눌 기회를 찾고 있었다. 그래서 어떤 사람이 예수께 "선생님, 선생님의 어머님과 형제분들이 선생님과 이야기를 하시겠다고 밖에 서서 찾고 계십니다." 하고 알려드렸다. 예수께서는 말을 전해준 사람에게 "누가 내 어머니며 내 형제들이냐?" 하고 물으셨다. 그리고 제자들을 가리키시며 "바로 이 사람들이 내 어머니며 내 형제들이다. 하늘에 계신 내 아버지의 뜻을 실천하는 사람이면 누구나 다 내 형제요 자매요 어머니이다." 하고 말씀하셨다.

진리 차원에서 볼 때 무상한 존재인 육신으로 인연 맺은 부모 형제는 스쳐지나가는 인연일 뿐이다. 그러나 깨닫고 보면 진리 안에 함께 머무는 모든 사람이 바로 형제요, 자매요, 부모요 더 나아가서는 자기 자신과 하나다.

마태복음 18장 1절

제자들이 예수께 와서 "하늘나라에서는 누가 가장 위대합니까?"하고 물었다. 예수께서 어린아이 하나를 불러 그들 가운데 세우시고, "나는 분명히 말한다. 너희가 생각을 바꾸어 어린아이와 같이 되지 않으면 결코 하늘나라에 들어가지 못할 것이다. 그리고 하늘나라에서 가장 위대한 사람은 자신을 **낮추어** 이 어린아이와 같이 **되는 사람이다**."라고 말씀하셨다.

지식이나 재물, 권력, 명예가 마음속에 가득 차있는 사람은 진리 세계에 들 수가 없다는 말이며, 마음의 모든 가짐을 전부 비워버리고 마치 어린아이와 같이 순수한 상태가 되었을 때 진리를 깨닫게 되고 진리 안에 들 수 있다는 말이다.

마태복음 18장 21절

베드로가 예수께 와서 "주님, 제 형제가 저에게 잘못을 저지르면 몇 번이나 용서해주어야 합니까. 일곱 번이면 되겠습니까?" 하고 묻자, 예수께서는 이렇게 대답하셨다. "일곱 번뿐이 아니라 일곱 번씩 일흔 번이라도 용서하여라."

이 말씀은 490번을 용서하라는 것이 아니라 무한정의 용서를 말하는 것인데 그렇게 하려면 다른 사람이 나에게 잘못을 저질렀다는 마음조차 갖지 말라는 뜻이다. 용서라는 말에는 상대가 나에게 잘못했다는 것을 분별하는 마음이 있기 때문에 '내가 용서를 해줘야겠다.' 라는 마음이 생기는 것이다. 그러므로 시비분별심이 끊어지게 되면 모든 잘잘못조차도 시비하지 않는 경지가 된다.

마태복음 19장 16절

한번은 어떤 사람이 예수께 와서 "선생님, 제가 무슨 선한 일을 해야 영원한 생명을 얻겠습니까?" 하고 물었다. 예수께서는 "네가 생명의 나라로 들어가려거든 계명을 지켜라." 하고 대답하셨다. 그 젊은이가 "저는 그 모든 계명을 다 지켰습니다. 그런데 아직도 무엇을 더 해야 되겠습니까?" 하고 다시 묻자 예수께서 "네가 완전한 사람이 되려거든 가서 너의 재산을 다 팔아 가난한 사람들에게 나눠주어라. 그러면 하늘에서 보화를 얻게 될 것이다. 그러니 내가 시키는 대로 하고 나서 나를 따라오너라."

하셨다. 그러나 그 젊은이는 재산이 많았기 때문에 이 말씀을 듣고 풀이 죽어 떠나갔다. 예수께서는 제자들에게 이렇게 말씀하셨다. "나는 분명히 말한다. 부자가 하늘나라에 들어가는 것보다는 낙타가 바늘귀로 빠져나가는 것이 더 쉬운 것이다."

이 젊은 사람은 자기 것을 그대로 지키면서 선한 일을 하기를 원했다. 그러나 진리를 깨닫기 위해서는 일체 자아를 부정하고 모든 집착을 버려야 한다. 그럴 때에만 에고인 개체를 초월해 본성인 진리와 하나가 될 수 있다. 진리는 부분적 선택이 아니다. 완전히 자아를 버리는 것이 참된 믿음이다. 이 청년은 자기의 전재산을 나누어 주기에는 '나'와 '내 것'에 대한 집착이 너무도 강했다. 또 이 세상을 살고 있는 모든 사람들이 이러한 경우에 닥친다면 모두가 이 젊은 사람같이 가슴에 고민만 안고 돌아갔을 것이다. 그것은 진정으로 무집착과 무소유를 깨닫고 나면 이 세상 모든 것이 다 내 것이 되는 신비를 모르기 때문이다. 깨달음은 생사를 초월하는 것인데 한낱 재산에 연연하는 사람이 어찌 깨닫기를 바라는가.

마태복음 22장 34절

한 율법교사가 예수의 속을 떠보려고 "선생님, 율법서에서 어느 계명이 가장 큰 계명입니까?"하고 물었다. 예수께서 이렇게 대답하셨다. "네 마음을 다하고 목숨을 다하고 뜻을 다하여 주님 이신 너희 하느님을 사랑하라. 이것이 가장 크고 첫째가는 계명이고 네 이웃을 네 몸과 같이 사랑하라는 둘째 계명도 이에 못지않게 중요하다. 이 두 계명이 모든 율법과 예언서의 골자이다.

구도자에게 있어서 가장 중요한 것은 마음과 뜻과 목숨을 바쳐서라도 진리를 깨닫는 것이며 그러기 위해서는 이웃이 나와 둘이 아님을 바로 알아 내 몸과 같이 사랑하라는 뜻이다. 그러므로 이 첫째 계명과 둘째 계명이 모든 율법과 예언서의 전부라고 말씀하셨다.

요한복음 3장 3절

예수님께서 니고데모에게 이렇게 말씀하셨다. "정말 잘 들어두어라. 누구든지 거듭나지 아니하면 아무도 하늘나라를 볼 수 없다." 니고데모는 "다 자란 사람이 어떻게 다시 태어날 수 있겠습니까? 다시 어머니 뱃속에 들어갔다가 나올 수야 없지 않습니까?" 하고 물었다. "정말 잘 들어두어라. 물과 성령으로 새로 나지 않으면 아무도 하느님 나라에 들어갈 수 없다."

개체인 에고를 초월해 전체인 진아로 다시 태어나야만 하나님 나라에 들 수 있다는 말이다. 개체는 육에 속한 에고이고 진리인 전체는 죽지 않는 영원한 본래성품인 것이다.

요한복음 4장 13절

예수님이 우물가에서 사마리아 여자에게 이렇게 말씀하셨다. "이 우물물을 마시는 사람은 다시 목마르겠지만 내가 주는 물을 마시는 사람은 영원히 목마르지 않을 것이다. 내가 주는 물은 그 사람 속에서 샘물처럼 솟아올라 영원히 살게 할 것이다.

진리를 깨닫게 되면 일체 모든 삶의 고통과 의문이 해결되므로 본성에서 흘러나오는 감로수로 인해서 영원토록 목마름이 없다는 이야기다.

요한복음 8장 31절

"너희가 내 말을 마음에 새기고 산다면 너희는 참으로 나의 제자이다. 그러면 너희는 진리를 알게 될 것이며, 진리가 너희를 자유롭게 할 것이다.

진리를 깨닫게 되면 모든 틀에서 벗어나 대자유인이 된다. 그러나 오늘날 모든 종교의 신앙인들은 진리를 통해서 대자유인이 되는 것이 아니라 신앙의 맹신자가 되어서, 자신의 삶과 다른 사람까지도 구속시켜 마치 노예처럼 자유롭지 못한 종교의 멍에에 매여 사는 것이 현실이다.

요한복음 14장 6절
나는 길이요, 진리요, 생명이니 나로 말미암지 않고서는 아무도 아버지께 갈 수 없느니라." "나를 보았으면 곧 아버지를 본 것이다. 그런데도 아버지를 뵙게 해 달라니 무슨 말이냐. 너는 내가 아버지 안에 있고 아버지께서 내 안에 계시다는 것을 믿지 않느냐. 그 날이 오면 너희는 내가 아버지 안에 있다는 것과 너희가 내 안에 있고 내가 너희 안에 있다는 것을 깨닫게 될 것이다."

이 구절은 대단히 중요한 말씀이다. 진리의 근본 성품에 대해서 확실하게 밝혀주신 말씀이다. 오늘날 기독교에서 하느님 아버지를 인격체로 믿고 있는 것이 현실이지만, 예수님은 분명히 하느님 아버지의 존재에 대해서 독립된 인격체가 아니라 이 세상을 순리로써 다스리는 진리 그 자체라는 것을 밝혀주신 내용이다. 깨닫게 되면 내가 곧 진리기 때문에 나와 하나님이 하나되는 것이고 또 누구든 깨닫기만 하면 예수님과도 바로 하나가 되는 것이다.

그러므로 마음으로 깨우치고 나면 일체가 둘이 아닌 하나가 된다는 말씀이다. 또한 나의 존재는 개체로서의 예수를 말하는 것이 아니라 본래성품으로서 진아를 말하는 것이다. 진아는 길이요, 진리요, 생명이니 진아로 말미암지 않고는 본래성품과 합일될 수 없다고 이해하면 된다.

요한복음 16장 28절
나는 아버지께로부터 나와서 세상에 왔다가 이제 세상을 떠나 다시 아버지께 돌아간다.

이것은 예수님이 마지막으로 제자들과 작별하는 자리에서 하신 말씀으로 모든 우주 만상이 나온 생명의 근원자리로 돌아간다는 말씀이다.

지금까지 2,000여 년이 넘는 긴 세월동안 동양과 서양을 관통해 온 대표적 종교인 불교와 기독교의 사상을 간략하게 살펴보았다. 두 종교가 발생한 시대와 문화, 민족성과 언어 등이 다르고 두 종교가 성장해온 과정이 너무나 판이하게 달라서 현대에 이르러서는 그 겉모습으로 볼 때 도저히 동일성을 찾아볼 수 없게 되었다. 그래서 현대에 와서는 급기야 불교는 자력신앙이요 기독교는 타력신앙이라는 웃지 못할 명제가 돌기둥에 각인되어 모든 사람들의 고정 관념으로 만들어 놓았다.

  이 세상에는 알음알음에 의해 시비분별된 개념들이 홍수를 이루고 있다. 깨달은 사람은 시비분별심이 끊어졌으므로 자력신앙이니 타력신앙이니 하는 개념조차 없다. 즉 자력과 타력이 다르지 않다는 말이다. 깨달음에 이르는 방편이 다를 뿐이다. 자력신앙이란 '지혜수행'이고 타력신앙이란 '헌신수행'이다. 어떤 방편이 더 뛰어나다고 말할 수는 없다. 각각의 근기와 문화풍토, 배경 등에 따라서 선택의 여지가 없을 수도 있기 때문이다.

  깨달음에 있어서 진정으로 중요한 것은 자력이든 타력이든 수행을 하는 '내'가 있느냐 없느냐이다. 자력신앙을 강조하는 불교에 있어서도 기본은 부처님께 귀의하는 것이다. 귀의란 부처님께 자신을 완전히 던지는 것이다. 기독교에서도 모든 것은 하나님의 뜻이라고 말한다. 인간의 의지나 선택의 여지가 없다는 말이다. 그러므로 번뇌와 고통은 하나님 또는 부처님의 뜻인 순리를 받아들이지 못하는 에고가 발동할 때 일어나는 것이다. 하나님과 부처님 또는 그 어떤 신앙의 대상인 신을 절대적인 독립적 존재로 믿을 때 맹신이 되고 타종교와의 갈등을 불러일으키게 되는 것이다. 어떤 방편을 택하든지 궁극의 목표는 '나 없음'이다. 모든 것을 시비분별하던 나라는 에고가 사라지면 자력과 타력, 불교와 기독교, 창조주와 피조물 등의 구분은 더 이상 존재하지 않는다. 나 자신이 사라짐으로써 모든 것이 하나 되기 때문이다.

101가지 지혜

❀

　생각하고 움직이는 이것은 '나' 라고 착각된 몸 마음의 작용현상에 불과할 뿐 언제나 고요한 '참나' 는 움직인 적이 없었다.
　그러므로 세상에 드러난 몸 마음을 비롯한 모든 현상계의 그 어떤 변화에도 '참나' 는 물들지 않으므로 절대로 '선악' 에 영향받지 않는다.

❀

　깨달음은 지혜의 빛을 가리고 있는 개체적 자아라는 커튼이 사라졌을 때 컴컴했던 무지가 지혜의 빛으로 하나되는 것이다.
　깨달음이 드러나는 것일 뿐 어떤 개체가 깨닫는 것이 결코 아니다. 부처, 성자, 깨달은 사람은 없다. 자기가 깨달았다고 생각하는 것 자체가 착각이다.

❀

　깨닫기 전과 깨달은 후에 달라진 것은 하나도 없다.
　다만 몸 마음이 나라고 생각했던 착각만 사라졌을 뿐이다.
　무슨 일을 하더라도 자신이 행위자라는 생각만 없으면 고통은 없다.

❊

깨달은 사람은 진리와 하나기에 현상계와도 분리되지 않지만 깨닫지 못한 사람은 진리와 떨어져 있기에 현상계와도 분리되어 있다.

❊

깨달음은 개체적 자아를 성자로 만들려는 노력까지 내려놓을 때에만 가능하다.

❊

깨닫지 못한 사람은 마음이 항상 바다표면에 머물면서 한순간도 쉬지 않고 닥쳐오는 크고 작은 파도를 맞으며 고통스럽게 사는 사람이고, 깨달은 사람은 마음이 언제나 고요한 바다속 내면에 머물면서 표면에서 일어나는 크고 작은 파도에 전혀 영향받지 않고 그냥 바라만 보는 사람이고, 수행자는 표면에 머물면서 노력에 의해 가끔 바다 속으로 들어와 고요함을 느끼고는 감격해하다가 에고의 습기(마음의 경향성)에 의해 다시 바다표면으로 떠오르는 사람이다.

❊

육체와 본성 사이를 가로막고 있던 에고가 사라지면 육체조차도 구속이 없으므로 육체는 그대로 본성의 현현이 된다. 다만 그것이 영원히 존속될 수 없는 생멸하는 무상한 존재라는 것이다.

❀

어떠한 행위, 즉 끔찍한 살인이 일어나더라도 그 행위를 내가 했다고 착각하지 마라. 그러면 죄의식도 괴로움도 없다. 점차 모든 생각과 행위를 그냥 지켜보게 될 것이다.

❀

실재가 자신을 드러내는 순간 절대성에서 상대성이 된다. 이것이 현상계에 드러난 음양이고 나와 너다. 상대성은 분리되기 때문에 개념이며 허상이다. 이때 가상의 존재인 '나-에고'라는 개념이 생겨나게 되고 자신을 육체(몸 마음 복합체)와 동일시하게 된다. 그러나 드러나는 것은 반드시 사라지게 되어 있기에 아무리 자신을 존속시키려고 애를 써도 결국은 사라지게 된다.

❀

깨달음은 지혜가 머리에서 가슴으로 내려와 존재의 중심을 뚫고 지나가는 것이다.

❀

일반적으로 습기를 몸과 마음의 습관화된 생각과 행위로 이해한다. 그러나 그것 이전에 근본 습기가 있는데, 이것은 근본무명과 다르지 않다. 몸과 마음이 내가 아니라고 머리로는 이해하면서도 경계에 부딪쳤을 때, 몸과 마음을 자신과 동일시하는 것이 바로 근본 습기다.

✺

본래 '무아' 이기 때문에 생각은 있되 생각하는 자는 없고, 말은 있되 말하는 자는 없고, 행위는 있되 행위자가 없다.

✺

구도자가 해야 할 유일한 수행은 모든 것을 그냥 아무 대책없이 내려놓는 것이다. 그리고는 저절로 일어났다 사라지는 모든 현상을 가만히 지켜보는 것이다. 그러나 지켜보는 것조차 집착해서는 안 된다. 지켜보는 내가 있기 때문이다. 수행력이 높아지면 높아질수록 에고도 높아진다는 사실을 명심해야 한다.

✺

굳이 나의 스승을 꼽으라면 마하리쉬, 마하라지, 붓다, 세 사람이다. 그러나 그들은 셋이 아니라 하나고 바로 '참나' 다.

✺

보고, 듣고, 냄새를 맡고, 맛을 보고, 생각하고, 말하고, 느끼는 것은 의식이지 나라는 독립적 인격체가 하는 것이 아니다. 의식을 나라고 할 수 없는 것은 의식은 개체성을 갖고 있지 않기 때문이다. 그러므로 개체의식이라는 것은 에고가 만들어낸 허상이다. 순수의식이 대상으로 드러날 때만 존재의식으로 나타난다.

✼

사람들이 그렇게 집착하는 태어남과 죽음은 몸과 마음이 잠시 일어났다 사라지는 현상일 뿐이지 결코 어떤 주체적 인격이 태어나고 죽는 것이 아니다.

✼

의식이 순수의식에서 멀어지면 멀어질수록 순수의식에 가까이 다가선 것이다. 의식은 밖으로 향하는 성향을 갖고 있지만 순수의식에 가까워지면 본능적으로 내면을 향하게 된다. 이때 삶 속에서 의식이 내면으로 방향을 선회하는 계기적 사건이 발생하게 되며 구도의 길을 걷게 된다. 이미 수행인은 본성을 향해 길을 잡은 사람이므로 시간차이는 있을지라도 모두 본래 상태인 무아를 체득하게 될 것이다.

✼

이 세상에는 오직 현상만이 존재한다. 나와 너, 이것저것의 구분이 있을 수 없다. 부처 눈에는 부처만 보인다는 말은 일체가 자성이

공(空)한 현상으로만 보이기 때문에 개체로서의 인격이 보이지 않는다는 뜻이다. 말할 때나 밥 먹을 때나 똥 쌀 때나 잠잘 때나, 심지어 섹스를 할 때에도 행위라는 현상만 있지, 행위하는 의지적 존재는 없다. 모든 생각도 마찬가지다. 있는 그대로의 현상이 바로 진리다.

❀

살인이라는 행위 자체가 죄가 아니라 그 행위를 '내가 했다'라는 그 생각이 죄다. 에고는 항상 자신을 행위자로 착각하기 때문에 고통을 받는다.

❀

이 몸과 마음에서 일어나는 현상이 다양하지만 하나에서 일어나듯이 온 우주 안에서 일어나는 모든 사물과 현상도 주체가 없기 때문에 하나다.

❀

현상계라는 것이 허깨비들이 서로 저 잘났다고 떠들어대는 형국이니, 깨달은 사람이 볼 때 얼마나 웃기는 코메디인가.

❀

무아와 진아는 결국 같은 상태다. 그러나 수행자의 입장에서는 무아라는 개념으로 접근해야 한다. 부처님께서 인도의 전반적인 사상인 진아, 범아(브라만)사상을 쓰지 않고 무아라고 정의하신 것에는 깊은 뜻이 있다. 인간(에고)의 심리를 배려했다는 것이다. 진아, 범아로 접근할 경우 십중팔구는 오히려 거대한 에고를 만들어버린다. 깨닫고 나면 진아, 범아, 무아라는 말 자체가 소용없음을 체득하지만 그러기까지는 무아로 가야 한다.

❁

 깨달은 사람은 마음이 없는 것이 아니라 마음에 매임이 없고, 생각이 없는 것이 아니라 생각에 걸림이 없다. '몸과 마음이 나' 라는 생각조차 없기 때문이다.

❁

 파도는 새로 창조된 것이 아니라 바다의 조건변화에 의해 드러난, 있는 그대로의 모습(현상)인 것처럼, 현상계란 본래성품이 창조한 그 어떤 것이 아니라 본래성품이 지금 여기에 드러난 있는 그대로의 변화 모습일 뿐이다.

❁

 몸과 마음을 성불시키려고 하지 마라. 그것들은 모두 허망한 것이니 일어난 것은 모두 사라질 뿐이다. 그 안에는 진리가 없다. 오직 그것들 안에는 어떤 자아도 없다는 바른 생각만이 진리다.

❈

몸과 마음이 내가 아니라는 사실을 증득하려면 먼저 머리로 이해하고 나서 붙잡지 말고 놓아라. 그러면 자연스럽게 가슴을 뚫을 것이다. '나 없음'이 가슴을 뚫고 지나가면 몸과 마음은 더 이상 '참나'를 구속할 수 없다.

❈

진정한 본래성품은 일체의 개념화가 부재하는 실재, 즉 유아독존이다. 모든 현상은 전부 개념일 뿐이다. 부처도, 깨달음도, 열반도, 모두 상대적 현상계를 대상으로 존재하는 개념일 뿐이다.

❈

깨달은 사람은 더 이상 독립적 인격이 아니다. 오직 현존하는 의식일 뿐이다. 몸이 죽으면 의식도 사라진다.

❈

삶은 이미 짜인 각본대로 진행되기 때문에, 결국 일어날 일은 일어나고 일어나지 않을 일은 일어나지 않는다. 일어날 일을 막으려 하고 일어나지 않을 일을 염원하며, 일어난 일에 대해서 후회하고 죄의식을 느낄 때 고통과 속박이 생긴다.

✸

삶이란 실재가 아니라 꿈속에서 진행되는 이미 짜인 대로 흘러가는 연극이며, 모든 개체는 인격적 주체가 아닌 가상의 존재로서 연기되어지는 허상임을 알 때, 어떤 역할이든 즐겁게 연기하고 집착하거나 책임을 느끼거나 하는 것이 없으므로, 따라서 고통도 없게 된다.

✸

머리로 이해하는 것은 단지 개념화가 정리되었다는 것이지 깨달음이 아니다. 깨달음이란 머리에 의한 마음이 작동할 여유도 없이 즉각적인 직관력에 의해 가슴(중심)이 뚫려나가는 것이다.

✸

깨달은 사람은 '나라는 생각'이 사라졌으므로, 몸 마음이 일으키는 모든 생각과 행위에 절대로 물들지도 않고 영향받지도 않기 때문에 항상 지복의 상태이며, 성스러움도 더러움도 없다.

✸

몸과 마음에서 일어나는 모든 현상을 간섭하지도 말고 영향받지도 않은 채, 그냥 바라만 보면 몸 마음이 나라고 착각한 채 강력집착제로 붙여 놓은 것처럼 찰싹 달라붙어 있던 에고에 점점 간격이 생기게 된다. 계속 관찰해나가면 어느 한순간 에고가 몸과 마음에서 떨어져 나가면서 몸과 마음은 하나의 현상이외의 아무 의미가 없게 되고, 그 안에서 일어나는 모든 현상과 '참나'는 전혀 관계가 없음을 알게 된다. 이것이 바로 무아의 상태인 깨달음이다.

❈

바다의 표면은 잔잔할 때도 있고 파도가 거칠게 일어날 때도 있다. 깨닫지 못한 사람은 표면의 상태에 따라 영향받지만 깨달은 사람은 표면의 상태와 상관없이 늘 내면의 고요속에 있으므로, 겉으로 드러난 생각과 행위에 전혀 영향받거나 구속당하지 않는다. 영향받을 내가 없기 때문이다.

❈

간혹 깨달았다는 사람들 중에도 "자신은 탐진치를 완전히 극복하였으며 더 이상 망상도 하지 않는다."고 말하는 사람들이 있다. 그러나 유감스럽게도 그들은 깨달은 사람이 아니다. 탐진치를 극복하고 망상을 하지 않는 '내'가 있기 때문이다. 지금은 수행을 통해서 탐진치를 극복했다고 믿고 있으나 죽기 전에 언제라도 다시 미세하나마 탐진치가 일어나면 어떻게 할 것인가. 깨달음을 반납할 것인가. 그렇다면 완전한 깨달음은 죽은 후에 평가할 수 있다는 말인가. 이와 같은 어리석음은 몸과 마음의 복합체인 육체를 '나'라고 생각하는 착각에 의해 저질러지는 무지일 뿐이다. 깨달음은 허상인 육체의 생각과 행위와는 아무 상관없이 한번 체득하면 더 이상 착각하지 않는 완전함이다.

❀

 깨달은 사람에게 있어서 진리란 너무도 단순하고 명백한 진실 그 자체다. 그러나 이처럼 쉬운 진리가 깨닫지 못한 사람에겐 오리무중이요 뜬구름과 같아서, 잡으려면 그 실체가 없는 것같이 애를 먹이는 이유는 무엇인가. 그것은 사람들이 지금까지 믿고 있었던 사실이 100% 모두 거짓이기에 전부 다 뒤집어야 하기 때문이다. 구도과정에서 수행을 통해 하나하나 뒤집으면서 영적 진화를 이뤄내지만 미세한 착각이 미묘하게 작용을 하고 있다. 이러한 진실과 거짓을 손바닥 뒤집듯이, 떡판 뒤집듯이 단번에 확 뒤집으면 간단할 것이지만 무지로 길들여진 습기 때문에 말처럼 쉽게 되는 것이 아니다.

❀

 성욕은 인간을 비롯한 모든 생명체, 즉 존재의 본능이다. 이것을 개체성을 가지고 접하게 되면 끝없는 고통을 일으키지만, 시비분별을 버리고 보면 현상계에 나타나는 모든 현상과 조금도 다르지 않다. 모든 현상은 덧없는 것이고 그것들은 본래성품인 참나에게 어떤 영향도 미칠 수 없다.

※

선과 악, 진실과 거짓은 마치 동전의 양면 같아서 상대성으로 존재하기 때문에 한쪽이 드러나면 한쪽이 감추어지는 악순환을 거듭하게 된다. 모든 것을 나누어놓고 시비분별하는 에고가 남아있는 한 전체를 통각하는 깨달음은 불가능하다.

※

구도자로서 가장 큰 복은 현존하는 깨달은 스승으로부터 직접 가르침을 받는 것이고, 그 다음은 깨달은 사람이 직접 남긴 어록을 접하는 것이고, 마지막이 깨달은 사람의 껍데기인 종교를 믿고 추종하는 것이다. 각각의 차이는 실로 엄청나게 다르다.

※

'무엇을 해야겠다, 하지 말아야겠다' 라고 시비분별하는 것 자체가 번뇌망상이다. 무엇을 하고 안 하는 것을 결정할 수 있는 독립된 인격체란 원래 없다. 모든 것은 오직 하나의 본성이 수백수천 억으로 나뉘어서 벌이는 꿈속의 드라마일 뿐이다. 모든 것은 각본으로 짜여있기에 어떤 의지도 작용할 수 없다. 생각과 행위가 일어났더라도 그것을 '내가 했다' 라는 인식만 갖지 않으면 번뇌란 없다.

❋

　현상계에 드러난 모든 물질, 생각, 행위는 의식이 활동을 멈추면 모두 사라지는 대상으로서의 현상이다. 그러므로 그것들은 실체가 될 수 없다. 실체란 의식이 작용을 하든지 하지 않든지 상관없이 항상 존재하는 오직 그것, 본래성품이다.

❋

　깨달은 사람은 속된 생각이나 행위를 일으킨다 해도 진리 아닌 것이 없지만, 깨닫지 못한 사람은 설혹 성스럽고 자비스런 생각과 행위를 일으켜도 거짓 아닌 것이 없다.

❋

　현상계에 드러난 모든 존재는 모두 본래성품의 화현이다. 진리에는 상대적 인식이 없기에 창조주와 피조물이 둘이 아니다. 모든 생각과 행위는 모두 본래성품에 의해 짜인 각본에 의해 진행될 뿐이다. 각본의 구성은 만물이 상호의존적으로 맞물려 돌아가면서 만들어내는 인과법칙, 즉 연기성에 의해 인위적이지 않게 자동으로 짜인다. 오직 하나뿐인 본래성품이외에 누가 있어서 그것들을 조작하고 시비분별할 것인가. 있는 그대로가 진리다.

✵

　구도자가 지녀야 할 가장 근본적인 의문은 '누가 깨달음을 추구하는가?' 이다. 깨달음을 추구하는 자가 남아있는 한 깨달음은 없다.

✵

　모든 생각과 행위 그리고 모든 인연과 사건은 저절로 일어나는 것이며, 그것들을 의지적으로 간여하거나 그 결과에 의해 영향받을 '개체로서의 나'는 존재하지 않는다. 굳이 원인과 결과의 모든 책임을 질 자가 반드시 있어야 한다면, 그것은 개체라는 개념이 없는 본래성품의 몫이다.

✵

　'현상계의 모든 물질에는 불성이 있다' 라고 말했는데 그것은 적절한 표현이 아니다. 그 말대로라면 불성이외에 다른 요소도 함께 있다는 뉘앙스를 느끼게 만든다. 모든 물질은 오직 불성(본래성품)으로 이루어졌을 뿐 다른 것은 없다.

✵

　'이 몸과 마음이 바로 나' 라고 착각한 상태에서는 아무리 노력해도 이미 첫단추가 잘못된 연고로 계속 제자리를 찾을 수 없게 된다. 독립된 자아로서의 나는 본래 없으며 몸과 마음은 내가 아니라는 정견(正見)이 바로 깨달음의 열쇠다.

❀

붓다에게 유미죽을 준 처녀의 공덕이 얼마나 될까. 아무런 공덕이 없다. 준 사람도 받은 사람도 없기 때문이다.

❀

중도란 상대성인 양극단이 끊어진 절대성이므로 색이니 공이니 하는 분별심조차 없는 깨달음의 본질, 즉 절대의 상태다.

❀

자유를 원하는 그 마음이 바로 구속이다. 그것을 내려놓을 때 비로소 자유는 아무런 욕망도, 아무런 걸림도 없이 그대로 드러난다.

❀

마음이 내부로 향하면 순수의식에 머물러 절대적 진리가 드러나고 마음이 외부로 향하면 분별의식에 머물러 상대적 에고가 드러난다.

❀

운명은 인과법칙에 의해 이미 정해져 있다. 오고 가는 인연을 좋다고 잡으려 하거나 싫다고 끊으려 한다면 그것이 바로 번뇌며 괴로움이다. 어차피 존재란 찰나에 일어남과 사라짐이 연속적으로 이어진 현상에 불과하므로, 좋아하고 싫어하는 것도 순간의 생멸 현상인 것이다. 그대로 놔두고 바라만 보면 오고 감은 인연 따라 뿌리 없이 일어나고 사라지는 것인데 무엇 때문에 집착한단 말인가.

❀

내가 우주 안에 있는 것이 아니고 우주가 내안에 있다. 현상계는 의식 안에 들어있다는 것이다. 의식이 모든 것을 창조한다. 그러나 마음은 실재하지 않는 허상이다. 실체인 진아가 비춘 빛의 그림자에 불과하다. 그러므로 마음도, 몸도, 나라는 존재도, 영혼도, 현상계도 착각에 의해 나타나는 신기루 같은 현상이다.

❀

새벽녘에 잠시 풀잎에 맺힌 이슬과 같은 존재, 태양이 뜨면 흔적도 없이 사라지는 것처럼 우리의 몸과 마음도, 무한하게 보이는 우주 현상계조차도 진리의 빛을 가리고 있던 무지의 커튼이 열리면 흔적도 없이 사라진다.

❀

의식이 꾸고 있는 이 꿈이 얼마나 생생하고 광대한지 알면 놀랄 것이다. 너무나 생생하고 광대해서 감히 꿈이라고 믿을 수가 없는 것이다. 그러나 그것은 마치 구성이 복잡한 대하드라마와 같다. 아무리 복잡해도 연기법칙이라는 각본에 의해 질서 있게 진행된다.

❀

의식의 첫 생각인 존재의식이 처음이자 마지막 에고다. 이것이 알파와 오메가고, 천상천하유아독존이고, 존재 그자체인 진아요, 브라만이요, 하느님이요, 불성이다. 여기까지 도달하면 이 첫 생각을 놓아야 한다. 그러면 순수해서 이름도 붙일 수 없고, 시작도 끝도 없는 절대성만이 있을 뿐이다.

❀

부처는 순수의식으로 살고 중생은 개체의식으로 산다. 부처는 본래성품을 깨달아 어떠한 현상에도 영향받지 않으므로 항상 자유롭지만 중생은 몸과 마음을 자신으로 믿는 착각에 의해 집착된 마음, 즉 에고가 지배하므로 허상인 삶의 꿈속을 헤매는 고통을 받는다.

❀

인간이 집착하는 삶이라는 것은 찰나에 일어났다 사라지는 한 생각처럼, 입에서 뱉어진 한마디 말처럼 그렇게 의미 없는 것이다.

❀

　의식의 대우주적 현시과정은 이 몸 마음 작용의 소우주적 현시과정 속에 그대로 복사시켜놓았다. 즉 의식이 없을 때는 깊은 잠속에서 아무 것도 인식하지 못하지만, 의식이 흔들려 한 생각 일으키면 꿈의 세계를 창조하게 된다. 분명히 나라는 주체는 꿈을 꾸는 의식이지만 꿈속에 들어있는 특정인을 나라고 착각하고 다른 대상들과 분리된 인식을 가지고 있다. 그러므로 실제가 아닌 꿈속에서의 사건에 따라 깨어있을 때와 똑같은 희노애락애오욕과 탐진치가 그대로 작용하는 것이다. 그러다가 깨어나면 그때서야 비로소 그것들이 사실이 아닌 단지 허상인 꿈이었다는 것을 안다. 그러므로 꿈속에서의 고통을 끝내는 유일한 방법은 꿈에서 깨어나는 것이다.

　이와 마찬가지로 깨어있는 꿈인 개체적 삶의 고통을 종식시키는 유일한 방법은 오직 삶이라는 꿈에서 깨어나는 것, 즉 깨달음밖에 달리 길이 없다.

　우리가 숨을 쉴 때, 언제 들이쉴지 언제 멈추고 언제 내쉴지 일일이 계획하고 걱정하지 않아도 저절로 숨이 쉬어지듯 삶도 마찬가지다. 일일이 계획하거나 신경쓰지 않아도 저절로 살아지는 것이다.

❀

　사람들은 나를 보고 친구, 남편, 아버지, 아들, 형, 동생 등으로 부르지만 나는 결코 이름 붙여진 그런 것이 아니다. 그러나 삶 자체는 각본에 의해 진행되기 때문에 그런 역할들을 무리없이 소화해낸다. 배우가 역할에 충실하지 않을 경우 그 연극은 엉망이 된다. 그러나 다만 연기할 뿐 그 역할과 동일시하지 않는다. 강도 역할을 맡은 사람은 실감나게 연기해야 한다. 그러나 진짜 자신을 강도로 인식하게 되면 문제가 생긴다. 극중에서 자신을 괴롭히는 역할을 한 배우를 진짜로 미워하는 바보는 없다. 단지 연극이기 때문이다. 개체로서의 삶은 본래성품인 '참나'가 만든 연극의 가상적인 등장인물이며 우주 현상계와 모든 물질, 인물들이 모두 연극 안에서만 존재한다는 것, 그리고 그것은 마치 꿈과 같아서 깨고 나면 아무것도 아니라는 것을 확실하게 아는 것이 깨달음이다.

❀

　마음에서 음욕이 일어났을 때 순간 당황하게 된다. 음욕이 일어나는 것이 번뇌가 아니라 내가 음욕을 품었다고 생각하는 것이 번뇌다.

❀

　구도자의 최대 걸림돌은 돈과 섹스다. 만약 돈에 매이지 않는다면 돈을 부려도 상관없듯이, 섹스에 매이지 않는다면 섹스를 해도 상관이 없다. 그러나 깨닫지 못한 상태에서는 절대로 감당할 수 없으므로 계율을 주는 것이다. 깨닫고 나면 계율은 저절로 폐기처분된다. 계율을 지켜야 할 개체적 자아가 사라졌기 때문이다.

❂

깨달은 사람이 '나' 라고 할 때는 본래성품인 진아를 의미하고 깨닫지 못한 사람이 '나' 라고 할 때는 '개체적 자아' 를 의미하기 때문에 서로 뜻이 통하지 못하고 동문서답이 되는 것이다.

❂

진리탐구에는 지혜와 헌신의 두 길이 있다고들 한다. 그러나 헌신은 맹신에 빠지기 쉽고 맹신에서 벗어나려면 결국 지혜로워야 한다. 그러므로 시작에는 지혜와 헌신의 두 갈래 길이 있지만 결국에 가서는 지혜로 합치게 된다. 지혜가 계발되려면 선정이 따라줘야 한다. 그래서 '정혜쌍수' 라고 하는데, 지혜가 없는 선정은 우매한 잠과 같고 선정이 없는 지혜는 메마른 알음알이일 뿐이다. 지혜와 헌신의 마지막 관문은 '자아' 가 사라지는 것이다.

❂

깨달은 후의 삶의 모습은 일정하지 않다. 붓다처럼 수백만 명의 제자를 거느리고 전 인도를 주류하면서 법을 설하는 경우도 있고,

마하리쉬처럼 평생 동굴에서 찾아오는 사람만 만나는 경우도 있고, 마하라지처럼 가족과 집을 떠나지 않고 평생을 시장통 골목 작은 다락방에서 가르침을 펴는 사람도 있다. 이러한 다양한 형태는 진아의 다양한 모습이 드러나는 측면이며, 자체로서는 각각에게 주어진 배역대로 연기하는 순리적 모습이다.

❁

깨달은 사람은 자아가 완전히 사라져 버린다. 그래서 다시 태어나지 않는 것이 아니라, 태어난 적이 없는 것이다. 그러므로 죽음도 없다. 이것은 관념적으로는 이해가 안 된다. 마음을 없애려고 해봐야 없어지지 않는다. 마음은 원래 없다. 그 마음이 나라는 생각을 없애야 한다.

❁

삶은 구속이나 고통이 아니다. 자기 스스로 그렇게 생각할 뿐이지 사실은 유희요 웃기는 코미디다.

❁

현상계에는 오직 물질적 현상과 정신적 현상만이 존재한다. 그나마 청정한 본래성품에는 그것조차 없다.

❈

'나는 존재한다.'라는 첫 생각이 에고의 시작이었다면 '나는 존재하지 않는다.'라는 존재에 대한 마지막 생각으로 열반은 이뤄진다. 머리로 이해하는 차원을 넘어서 가슴을 관통할 때 깨닫게 된다.

❈

깨달음이란 도달하기 어려운 멀고 먼 길이 아니다. 단지 각자가 색안경(에고)을 끼고 있어서 진실을 바로 보지 못하고(무지) 있을 뿐이다. 뒤바뀐 생각을 하고 있다는 사실을 깨달아(지혜) 색안경을 벗게 되면 진실을 진실로, 거짓을 거짓으로, 있는 그대로 명백하게 보는 그것이 바로 깨달음이다.

❈

진실을 바로 본다면 수행이라는 것 자체가 어리석은 짓이다. 가만히 있어도 일어난 모든 존재는 결국 사라지게 되어있다. 그러므로 수행을 해야겠다는 생각 자체가 스스로 만들어놓은 함정에서 빨리 빠져나가야겠다는 욕망에서 시작된 미화된 에고다. 그러나 깨달음은 어떤 형태의 에고적 욕망으로서 이루어지는 것이 아니다. 바로 그 욕망을 놓았을 때 가려졌던 본래성품이 드러난다.

✺

　눈을 뜨고도 한 생각 멈추면 이 거대한 우주가 존재하지 않는다. 한 생각을 일으켜야 비로소 존재하게 되는 것이다. 몸과 마음, 전체 현상계는 의식의 한 점에서 일어났다 사라지는 허상에 불과하다. 한 생각이 일어난 후 꼬리에 꼬리를 물면 생각에서 생각이 나오므로 끝이 없다. 그러므로 생각 속에서만 우주는 끝이 없는 것이다. 모든 사념을 멈추고 한 생각 거둬들이면 일체가 적멸하다. 깨달음이란 이 최초의 한 생각인 '내가 존재한다.'를 거둬들이는 것 이외에 아무것도 아니다. 한 생각을 거둬들이기 위해 장좌불와가 무슨 소용이고 소주천 대주천, 차크라 개발, 교리 이해, 자비행, 찬양, 기도 등이 왜 필요한가. 오히려 에고만 키울 뿐이다. 나중에는 몸에 난 땀구멍 숫자를 세거나 혈관의 총 길이를 정확히 알아야 깨닫는다고 주장하는 사람이 나올지도 모르겠다. 이것은 대단히 심각한 농담이다.

　사람들은 개념에 사로 잡혀있고 진리는 개념을 초월해 있다. 그래서 명백한 사실을 못 보는 것이다. 깨달은 사람은 처음에는 개념을 통해 이해를 시켜나가지만 어느 때가 되면 개념을 부수는 방향으로 이끌게 된다.

❀

'나라는 생각'은 첫 번째 에고고, '내 것이라는 생각'은 두 번째 에고다. 두 번째 에고인 내 것이라는 생각은 너무나 광범위하다. 흔히 그릇이 클수록 에고가 크다. 내 것이라는 생각에는 종교, 민족, 이념, 인류애도 포함된다.

❀

깨달은 사람이라는 표현 자체가 '무아가 된 개아'를 뜻하므로 잘못된 것이지만, 언어 표현의 한계로 인해 어쩔 수 없이 사용할 수밖에 없다. 깨달은 사람도 잠을 자고 꿈을 꾼다. 그러나 잠자는 현상과 꿈꾸는 현상만 있을 뿐 주체는 없다. 깨달은 사람도 밥 먹고 똥 싼다. 그러나 밥 먹는 현상과 똥 싸는 현상만 있을 뿐 그것을 의지적으로 행하는 개별적 행위자는 없다.

❀

깨달은 사람은 중생들의 입장을 생각해서 눈높이를 맞춘다. 하지만 진리를 전할 때에는 절대적 입장에서 한치도 물러서지 않는 단호함이 있다. 왜냐하면 수행자에게 전도된 생각(에고)의 여지를 주지 않고 직관력을 키워주기 위해서다.

❀

　지금 머릿속에 들어있는 것도 너무 많은데 무엇을 더 집어넣으려고 애쓰는지 정말로 딱하다. 어느 시점에 이르면 그것들을 전부 버리느라고 고생할 날이 올 것이다.

❀

　고요한 바다가 한 생각 일으키면 파도가 일어나지만 파도가 바다를 떠나서 존재하지 않고, 잠시 모양을 드러냈으나 다시 고요한 본래의 바다로 돌아간다. 이렇듯이 현상계 모든 존재는 의식이 한 생각 일으켜 나타난 현상이지만, 일어났다 사라지는 파도가 그냥 파도이듯이 모든 존재 또한 너나가 없는 생명의 현상으로서의 모양을 가진 존재 그 자체이고, 잠시 나타났지만 결국은 모두 본래 고요한 근원으로 돌아간다.

❀

　손가락 다섯 개가 각각 달라 보이지만 하나로 연결되어 있어서 분리하려야 분리할 수 없는 것처럼 현상계 모든 존재 역시 모양이 달라 보일 뿐 따로 분리되거나 독립된 개체는 절대로 있을 수 없다.

❈

　붓다나 예수, 그리고 그 어떤 존재를 신성하게 모시는 종교인은 절대로 깨달을 수 없다. 그들과 자신은 늘 다르기 때문이다.

❈

　현상계라는 꿈은 우주의식이 꾸는 꿈이기에 나를 비롯한 너와 그도 똑같이 인식하게 되는 것이며, 각자의 꿈은 개체의식이 꾸는 꿈이기에 각각 다른 상황을 체험하게 된다. 그럼에도 불구하고 우주의식이든지 개체의식이든지 그 모든 것의 주관자는 분리될 수 없는 오직 하나의 의식이다.

❈

　깊은 잠의 상태는 의식이 휴식을 취하는 상태이므로 현존의 느낌이 없는 것이고, 본래성품의 상태는 현존의 느낌이 있고 없고의 분별이 없는 상태이다.

❈

　탐진치는 마음이 밖으로 향해 만든 상태고, 계정혜는 밖으로 향한 그 마음을 안으로 몰고 들어가기 위한 수단이다. 그러나 수단이 목적은 아니다. 목적을 이루고 나면 수단도 버린다. 아직도 수단이 필요하다는 것은 목표에 도달하지 못했다는 증거다.

❊

　진정한 수행은 바다 표면의 파도를 잠재워 잔잔하게 만드는 것이 아니라 파도를 상관하지 않고 내면으로 들어가 있는 그대로를 지켜보는 순수의식에 머무는 것이다.

❊

　구도자는 모든 사람과 현상계 전체를 스승으로 받아들여야 한다. 심적, 물리적으로 가장 크게 괴롭힘을 준 사람이야말로 가장 위대한 스승임을 알아야 한다. 삶이 고통임을 깨닫게 하여 진리로 인도해주었기 때문이다. 에고는 자신에게 기쁨을 준 사람은 사랑하고, 괴로움을 준 사람은 미워하는 것이 속성이다. 사랑과 미움의 감정이 평등해질 때 깨달음에 가까워진다.

❊

　모든 존재는 단지 개념인 시간과 공간 속에서 머물기 때문에 창조, 진화, 삶과 죽음 등의 모든 개념에 대한 논란은 끝이 없다. 시간과 공간의 개념은 일직선으로 흐르거나 평면적으로 펼쳐지는 것이 아니고 일원상으로 존재한다.

❊

　꿈속에서는 그것을 현실로 착각하다가 꿈에서 깨어나야 비로소 현실이 아닌 꿈이었음을 알 수 있듯이, 깨어있는 상태에서도 밖으로 향한 의식을 내면으로 돌려서 진아에 머무르면 다섯 가지 감각기관에 의해 인지되는 현실세계가 실재하는 것이 아니라 단지 의식이 꾸는 꿈임을 알게 된다.

❋

비현시된 절대적 본성은 알파이전이요 오메가이후이고, 현시된 의식이 알파요 오메가이다. 이 의식 안에서 끝없이 일어나고 사라지는 현상으로서의 각 형체는 존재에 대한 의지가 있을 수 없는 무아의 상태이다.

❋

모든 생각과 행위는 있는 그대로일 때 진리고, 관여하거나 끌려다니면 망상이고 번뇌다.

❋

무지는 양파껍질과 같아서 아무리 벗겨도 자꾸만 무지가 나타난다. 내면의 텅 빔을 스스로 증득하기 전까지는 만물의 자성이 본래 무아라는 것을 알 수 없다.

❇

　모든 구속과 고통은 현상계가 실체로서 존재한다는 착각과 나라는 독립된 인격체가 존재한다는 착각이 있는 한, 없어지지 않는다.

❇

　장자가 하루는 꿈속에서 나비가 되어 꽃밭을 노닐다가 깨었다. 꿈에서 깬 장자는 "장자가 꿈속에서 나비가 된 것인지 나비가 꿈속에서 장자가 된 것인지 모르겠다."고 말을 했다. 이 말속에는 깊은 철학이 들어 있다. 사람들은 꿈속에서 현실에선 불가능한 그 어떤 존재도 될 수 있고 어떤 삶도 살 수가 있다. 그러나 그것은 꿈을 깨는 순간에 하나의 환상이었다는 것을 알게 된다. 나비의 꿈을 깬 현실조차도 사실은 꿈에 불과하다는 것을 너무도 은유적이며 비유적으로 말하고 있다.

❇

　도(道)는 신비주의가 아니다. 일반적으로 도라고 하면 무언가 신비적이고 환상적이라서 이 세상과는 다른 어떤 차원의 것으로 생각하는 사람들이 대부분이다. 그래서 도사라고 하면 일반인들이 행할 수 없는 기사이적을 마음대로 행할 수 있는 그러한 사람을 일컫는 대명사가 되어버렸다. 그러므로 많은 구도자들이 참된 도의 바른 길을 알지 못하고 허황되고 근본적이지 않은 여러 가지 잡술에 많이 현혹되고 있으며, 그들 자신은 무엇이 참인지를 판단할 수 없으므로 무작정 끌려가고 있는 실정이다. 그래서 대부분의 구도자들이 단전 호흡이나 기공을 통해서 무엇인가 초능력적인 존재가 되기를 꿈꾸고 있으며 또는 신통술을 개발해서 천리 밖 먼 곳을 보거나 듣고, 남의 마음을 뚫어보거나, 남의 운명을 훤히 내다보거나, 귀신들을 마음대로 부리고 쫓아낼 수 있는 그러한 능력이 주어지기를 바란다.

그런데 이러한 모든 현상들과 바람 속에는 에고인 자아가 들어있다. 그러므로 에고를 극대화시켜서 자아를 완성시키려는 잘못된 길로 나아가고 있는 것이다. 아무리 애를 써도 개체인 자아가 완성될 수 없다. 왜냐하면 개체는 원래 있지도 않은 허상이며 육체는 하나의 물질로 구성되어 있기 때문이다. 육체는 지수화풍의 조건에 의해서 현상계에 나왔으며, 현상계의 시공간을 타고 존재하다가 역시 때가 되면 지수화풍의 조건으로 다시 돌아가는 것이 순리기 때문이다.

그렇다면 참 '도' 는 그러한 허황된 그 무엇을 꿈꾸는 것이 아니고 오로지 허상인 에고의 정체를 확연히 깨달아 무아를 증득하여, 본래면목과 완전 합일되는 것이 오직 도의 참된 길인 것이다. 그 어떤 신통술도, 그 어떤 영적인 체험도 도의 본질이 아니다. 수행을 하는 과정에서 나타나는 또 다른 하나의 에고적 현상에 불과할 뿐이다. 개체적 자아에 매이게 되면 참 도를 놓치게 된다. 그러한 신통술에 중심이 서있는 것은 에고기 때문이다. 그러한 것에 정신을 빼앗기다 보면 결국 에고는 더욱 더 극대화되고 참 도의 길은 멀어져만 갈 수밖에 없다. 지금 세상에는 너무나도 안타깝게 수없이 많은 사람들이 자신도 모르는 사이에 이처럼 잘못된 길을 향해 너무도 열심히 가고 있다.

도는 신비주의가 아니다. 도는 있는 그대로의 모습이며, 있는 그대로의 모습 속에 한 티끌 에고도 가미되지 않은 100% 청정한 상태가 바로 본래성품이다. 이것은 나라는 생각 자체가 없을 때에만 가능하다. 그래서 깨달은 스승들이 바로 이러한 참 도의 진면목을 드러내주기 위해서 "참나는 오고 감이 없다."라고 말했던 것이다. 참 도는 개체의 마음인 에고가 허상이라는 것을 바로 보고, 집착하고 시비하며 자신을 내세우는 이 에고를 철저하게 뽑아버려서 일체 자아가 없는 경지, 해탈 열반의 경지인 무아를 증득하여 본래 내가 절대라는 사실을 깨닫는 것이다.

중생의 어리석음과 집착에도 등급이 있다. 어떤 사람들은 눈에 보이는 육체와 물질에만 집착해 돈과 명예와 권력을 쟁취하기 위해서는 무슨 짓이라도 저지른다. 영적인 문제에 관심있는 사람들은 육체와 물질은 영원하지 않기에 허망하다고 생각하며, 영혼이야말로 육체가 죽은 후에도 죽지 않고 영원히 존재한다고 믿고 비물질적 영혼세계에 집착한다. 이 상태를 잘 극복한 사람들은 만물의 근본은 공하다고 알음알이로 '공', '적멸' 등을 이해하지만 에고를 완전히 극복한 것은 아니다. 오직 '무아'를 가슴으로 체득해 이것이다 저것이다, 옳다 그르다, 아름답다 추하다, 태어났다 죽었다, 있다 없다, 색이다 공이다 하는 시비분별심이 완전히 끊어져서 있는 그대로가 진리인 중도에 우뚝 서야 진정한 깨달음이다.

❂

깨달은 사람은 집착, 욕망, 시비분별이 없는 것이 아니다.
집착, 욕망, 시비분별을 일으키는 자아가 없는 것이다.
– '무아(無我)' –

❂

흔히 근본무명을 설명할 때 새끼줄을 뱀으로 착각하는 것을 많이 인용한다. 어두운 밤길을 걷다가 저만치 길 위에 떨어져있는 새끼줄을 뱀으로 착각하고 무서워서 도망간다는 것이다. 이 사람의 두려움은 뱀을 보았기 때문이다. 그러나 진짜 뱀이 아닌 새끼줄을 뱀으로 착각했기 때문에 쓸데없이 두려움에 떨고 있는 것이다.

그러면 이 사람의 잘못은 무엇일까? 정확하게 확인을 하지 않고 새끼줄을 뱀이라고 착각한 것이 잘못이다. 이와 마찬가지로 세상 모든 사람들이 확인도 해보지 않고 몸과 마음을 자기라고 철석같이 믿고 있기 때문에 엄청난 고통과 두려움을 당하고 있다. 이 몸과 마음이 정말로 '나'인지 철저하게 확인하는 방법이 바로 위빠사나를 위시한 여러 가지 수행법들이다. 거짓 나를 참나로 착각함으로써 엄청난 고통을 당하고 있다면 지금이라도 철저하게 사실을 규명하여 지금 당하고 있는 부당한 고통과 두려움에서 한시 바삐 빠져나와 자유를 찾아야 하지 않겠는가.

❈

본래성품이 수천억의 모습으로 나뉘어 현현한 것이 바로 우주 현상계의 모습이다. 그것들은 본래 하나고 언제까지나 하나일 뿐 나누어질 수 없다. 그러나 인간의 분별의식이 모든 것을 갈기갈기 찢어놓았다. 모든 사물, 모든 사건, 모든 현상이 있는 그대로 진리 아닌 것이 없건만 너니 나니, 옳으니 그르니, 있느니 없느니, 생했느니 멸했느니 하면서 시비분별을 일으켜 본래성품을 훼손시켰다.

하루는 공자가 노자의 소문을 듣고 찾아갔다. 그러나 공자는 노자의 호통소리와 함께 문밖으로 쫓겨났다. 쓸데없이 인의(仁義)를 들먹거려 오히려 사람들을 혼란에 빠뜨렸다는 것이다. 도교 쪽에서 꾸며낸 이야기지만 사실이 그렇다. 세상의 사상가, 철학가, 종교가들은 모두 이런 부류들이다. 아무짝에도 쓸모없는 것들을 자꾸 개발해서 사람들에게 더욱 혼란을 심어주고 있다. 이제 인간이 자유로운 본래성품으로 돌아가기 위해서는 머리와 가슴속에 담아놓은 온갖 쓰레기들을 모두 내버려야 한다. 그래서 시비분별이 끊어진 무아의 상태가 되면 있는 그대로의 진리가 드러난다.

❃

나라는 인식이 있을 때 다른 것은 모두 '너'가 된다. 나라는 생각만 없게 되면 내가 없어짐으로 너라는 대상도 사라지고 전체가 하나로 된다. 그러므로 나라는 에고만 없으면 우주 삼라만상이 모두 나 아닌 것이 없게 된다.

그러나 현상계는 끊임없이 변화하는 물질이므로 진리가 아니다. 영원히 변함없는 상태가 바로 진리의 근본자리인 본래성품이다. 이것을 머리로 이해한 것은 깨달음이 아니다. 실재로 에고가 완전히 다 사라져서 시비분별이 끊어진 상태의 순수의식이 깨달음이고 이 상태가 된 사람이 깨달은 사람이다.

본래성품인 진아가 무심 상태의 스크린이라면 그 스크린 위에 펼쳐지는 온갖 삶의 형태는 물질적 현상계이고 영화를 보고 있는 것은 의식이다. 영화가 상영되는 동안은 눈에 보이는 화면이 실재하는 것으로 착각하고 희노애락애오욕의 감정을 느낀다. 영화가 끝나고 나면 영상은 사라지고 본래성품인 무심한 스크린만 남는다. 지금까지 펼쳐졌던 영상에 전혀 물들지 않은 본래 깨끗한 상태 그대로 존재하고 있다. 마치 새가 날아간 하늘에 발자국이 남지 않듯이 깨달은 의식은 삶을 살면서도 절대로 그 삶에 물들지 않는다. 삶은 덧없이 일어났다 사라지는 허상임을 알기 때문이다. 거짓 나인 육체는 태어나면 존재하고 죽으면 사라지지만 참나인 본래성품은 현상적 생멸과 상관없이 항상 그대로다.

❂

　동서고금을 통해서 깨달은 사람이 가족이나 친구 또는 가까운 사람들에게 인정받기란 매우 드문 일이었다. 왜냐하면 그들은 자신들과 전혀 다르지 않은, 심지어는 인간적 능력 면에서 자신들 보다 뒤떨어진 모습을 항상 보아왔기 때문이다. 그런데다가 깨닫고 나면 슈퍼맨 같은 초능력을 발휘해야 하는데 그런 것도 아니기 때문에 오히려 미친놈 취급하기 십상이다.
　그런데 2,500년 전 인도에서 특별한 일이 벌어졌다. 석가모니 부처가 깨달은 후 가장 먼저 찾아간 사람들이 바로 함께 수행을 하다가 고행을 포기한, 석가모니를 손가락질하고 떠나간 다섯 명의 도반들이었다. 그들은 처음 석가모니가 찾아왔을 때 말도 하지 않았다. 그러나 석가모니의 깨달음의 소식을 외면하지 않고 진지하게 받아들인 결과 모두 석가모니의 제자가 되었다.

질문과 대답

◉ 왜 이 세상 종교나 단체들이 진리를 가르치는 방법이 다 다른가?

나무를 하나의 예로 든다면 뿌리도 하나고 몸도 하나지만, 끝으로 갈수록 수없이 많은 가지와 그 가지 끝에 매달려있는 잎사귀들이 무수히 많은 개체로 존립하게 된다. 원래 진리도 하나고 그 진리로 통하는 길도 하나지만, 그것을 가르치는 방법은 각각의 문화가 다르고 기호가 다르고 여러 가지 차이점에 의해서 그 방법이 모두 다르게 전해져 왔다. 또한 같은 방법을 이야기하는 사람 중에도 그 깨달음의 경지에 따라서 여러 형태로 드러나게 된다. 구도자는 누구나 하나의 개체인 잎사귀로 시작한다. 잎사귀에서부터 가지를 거쳐 줄기, 뿌리에 이르기까지 넘고 넘어야 할 무수히 많은 단계가 있다. 그런데 생명의 근원인 뿌리까지 도달한 스승이 세상에는 그리 많지 않다. 어떤 이는 반도 오지 못한 상태에서 자기는 다 왔다고 착각하는 사람도 있다. 또한 그 길이 멀고도 험하므로 중도에 포기하고 마는 사람도 있다. 이렇게 생명의 근원인 뿌리까지 올 수 있는 방법을 제대로 알지 못해서 헤매는 일들이 너무도 많다. 잘못된 스승들은 악해서가 아니고 그들 역시 올바른 길을 모르고 있으므로 자기들이 가고 있는 그 길이 최선의 길이라 맹신하고 있기 때문이다. 그래서 지금 세상은 정도(正道)와는 거리가 먼 종교와 단체들로 가득 차게 되고 말았다.

⊙ 호흡수련은 어떤 효과가 있는가?

단전호흡법은 기를 모아서 온 몸에 운기(運氣) 시키므로 심신이 허약한 사람이 건강해지는 효과를 얻을 수 있다. 그런데 호흡수련의 마지막 단계는 진리를 깨닫는 수련이다. 진리를 깨닫는 수련을 하기 위한 전초 과정으로 오랜 세월 동안 호흡수련을 하고 있다. 그런데 많은 사람들이 진리에는 들어가 보지도 못한 체 호흡수련으로만 거의 모든 시간을 허비하고 있다. 또 호흡수련을 하고 있는 많은 사람들이 그 마지막 단계인 지혜관찰 수련에 대해서 제대로 알고 있지 못하다. 그러므로 본성을 깨닫는 것은 하나의 이론에 불과한 것이지 호흡수련을 통해서는 천년이 지나도 깨달을 수가 없다.

따라서 진리를 알기 위해 오랜 시간 호흡수련을 거친 후 통찰수행을 할 이유가 없다. 모든 것은 오직 마음으로 하는 것이며 마음으로 할 때에만 올바른 깨달음으로 들어갈 수 있다.

힘들게 호흡수련으로 허송세월을 할 것이 아니라 바로 마음자리를 꿰뚫고 들어가야만 진리를 깨달을 수가 있다. 그 어떤 수련도 지혜관찰이 안 되면 테크닉일 뿐이다.

⊙ 부부는 어떤 인연인가?

수십억 개의 실과 바늘이 각각 하늘에서 떨어져 내려오다가 서로 수십억 분의 일의 확률로 꿰어져 땅에 떨어지는 것이 부부의 인연이라고 했다. 이처럼 지금 현재 60억 인구 가운데 남자 하나 여자 하나가 만나서 이루어진 부부란 대단히 희귀한 인연이 아닐 수 없다. 그런데 따지고 보면 세상에서 가장 집착이 심했던 사람끼리 만난 것이 부부다. 구도자 입장에서 보면 가장 큰 걸림돌이 또한 부부다. 인간적 에고의 집착을 끊지 않는 한 하염없는 세속의 수레바퀴 속에서 사랑과 미움이 상반된 감정의 파도를 타며 끝없이 다람쥐 쳇바퀴 돌듯 돌아가야 하는 관계가 부부의 관계다. 그러므로 더 이상 애착을 가질 것이 아니요, 본래자아가 없음을 깨달아 다시는 에고에게 우롱당하며 생사의 고통 속에서 헤매지 말고 대자유인이 될 수 있는 좋은 동반자로 거듭 태어나야 한다. 구도자에게 있어 부부란 인연에 집착하기 위한 관계가 아니라 집착된 인연을 함께 풀기 위한 관계다. 삶 속에서 가장 큰 집착을 완전히 풀고 진리의 동반자가 되기 위해 맺어졌다는 것을 알아야한다.

⊙ 요즘 동서양 정신세계에서 유행하고 있는 '지금 여기'는 무엇을 말하는가?

지금 여기는 현재를 말하는 것이 아니라 있는 그대로의 진리를 나타내는 말이다. 인도사상에 크게 영향받은 서구 철학자들이 나름대로 정립시킨 개념이 '지금 여기'로서의 현재를 이야기하고 있으나 그것은 진리적 측면에서 왜곡된 사상이다. 본래성품은 시공간을 초월해 존재하므로 과거니 현재니 미래니 하는 구분이 있을 수 없고 진리를 깨달은 사람들이 그러한 분별에 의한 현재를 가르칠 리가 없다. 깨달은 사람들의 말씀은 깨닫지 못한 사람들이 이해할 수 있는 범주를 넘어섰기 때문에 그들의 지적 수준에 맞게 이해되어지곤 한다. 부처님의 말씀이 중생들에게 잘못 이해되는 것처럼 모든 깨달은 사람들의 말은 그것을 받아들일 수 있는 영적 차원에 선 사람이 아니면 왜곡되고 만다. 지금 여기란 과거, 현재, 미래의 분별심이 아니라 있는 그대로의 변함없는 진리적 실재, 바로 그 포인트를 나타내는 말이다.

⊙ 깨닫게 되면 병이 없어지고 수명이 연장되는가?

깨달음을 환상적으로 보게 되면 이와 같은 에고가 계속해서 일어나게 된다. 육체는 진아가 아니며, 진아가 아닌 것은 모두 허상이다. 육체는 지수화풍의 조건에 의해 이루어진 허상에 불과하며 깨달은 사람은 더 이상 육체에 매여 있지 않다. 육체는 연기적 인과법칙에 의해 탄생부터 죽음까지가 이미 결정되어 있는 물질에 불과하다. 진아는 절대적 존재이므로 생멸하지 않기 때문에 수명이 늘 것도 줄 것도 없다. 깨달은 사람은 육체에 연연하지 않는데 몇십 년 수명이 연장되는 것이 무슨 의미가 있겠는가? 육체는 이미 주어진 조건을 벗어날 수 없다.

⊙ 깨달음을 위해서 금욕을 해야 하는가?

구도자에게 있어서 가장 큰 걸림돌이 바로 성욕에 대한 문제다. 성욕은 두 가지 측면으로 볼 수 있는데, 젊은 사람들에게서 나타나는 본능적인 욕구와 습관에 의한 욕구가 그것이다. 구도자가 수행을 함에 있어서 습관에 의한 성욕은 제어해나갈 필요가 있지만 본능에 의한 성욕은 무조건적으로 억누를 때 그것이 잠재의식 속에 깊게 숨어 들어가게 되고, 겉으로는 극복이 된 듯하지만 결국에는 더 큰 문제를 야기시키게 된다. 그러므로 공부를 진행하는 동안 순리에 의해서 저절로 성욕이 조절돼가는 방법을 선택해야 한다. 처음부터 억압적으로 성욕을 억누를 때에는 극복되는 것이 아니라 억압되어 있기 때문에 언젠가는 반드시 안에서 썩은 종기가 터져나오듯 분출되고 만다. 그러므로 구도자는 너무 성욕 자체를 금기시하는 틀에서 벗어나 자연스러운 순리적 조화를 이루어낼 수 있도록 해야 한다. 성욕은 모든 생명체에게 주어진 정당한 본능이므로 너무 그 문제에 매어서 고뇌하지 않는 것이 오히려 자연스럽다.

⊙ 사람은 왜 홀로 있을 때 외로운가?

인간은 상대적 존재기에 그 근본이 연약하다. 그러므로 홀로 남겨지게 되면 불안하고 그 불안한 마음이 외로움을 만들어낸다. 항상 다른 사람에게 의지해야만 안심이 된다. 그래서 신을 믿기도 하고, 단체를 결성하기도 하며, 마음 맞는 사람들끼리 모임을 구성하기도 한다. 그러나 깨달은 사람은 홀로 있을 때에도 편안하다. 깨달은 사람은 연약하지 않기 때문에 외로움이나 고독함이 없다. 여러 사람과 더불어 있을 때는 흥겹고 홀로 조용히 있을 때는 지극히 편안하다.

⊙ 세상일을 하면서도 구도자가 될 수 있는가?

생활 구도자야말로 진정한 구도자다. 모든 인연을 끊고 산속으로 들어가서 홀로 도를 닦는 사람들은 반쪽 구도자에 불과하다. 사람과 부딪치며 그 안에서 삶에 구속되지 아니하고 사는 것이 올바른 순리적 삶이기 때문이다. 산속에서 도를 닦았다 하더라도 결국은 세속으로 나와야 한다. 산속에서 혼자 닦을 때는 잘 닦을 수 있다. 사람들과 부딪칠 일이 없기 때문이다. 그러나 세속에 나오게 되면 그들은 또 다시 부딪치게 된다. 그러므로 진정한 구도자는 속세를 떠나지 않는다. 중생들과 더불어 온갖 번뇌와 씨름하면서 구도의 과정을 극복했을 때, 비로소 참된 구도자가 될 수 있다. 참된 수행은 버리는 것도 취하는 것도 아닌 있는 그대로를 바로 보는 것이다.

⊙ 큰 죄를 지은 사람도 깨달을 수 있는가?

큰 죄를 지은 그가 누구인지를 생각해보라. 참나인가? 아니면 거짓 나인가? 참나라면 절대로 죄를 지을 리가 없다. 참나는 독립된 인격체가 아니기 때문이다. 죄를 저질렀다고 생각하는 그놈은 허상인 에고에 의해서 발생한 거짓 나이다. 그렇다면 실상도 아닌 허상으로서의 거짓 내가 저질렀다고 생각하는 죄에 의해서 살아있는 동안 고통받고 비관하는 일이 과연 올바른가 생각해봐야 한다. 그러므로 참나, 즉 진아를 깨닫는 것이 중요하다. 진아를 깨닫는 그것만이 이제까지 속고 살아온 거짓 삶을 깨끗이 씻어버리고 삶을 순리적으로 받아들일 수 있는 유일한 길이다. 그 어떤 죄인도 본래성품인 진아를 깨닫기만 하면 지난날의 모든 악몽이 모두 사라지게 된다.

⊙ 진리란 무엇을 말하는가?

지금까지 모든 성인들이 진리를 말할 때 불성, 하느님, 신, 무극, 도, 진아, 실상, 영원한 생명 등으로 표현했다. 그러나 이것들이 언어에서 오는 한계를 극복할 수 없기 때문에 노자는 도덕경에서 "도를 도라고 말하면 그것은 도가 아니다."라고 말했다. 그것은 절대적 진리가 언어로 표현될 때 상대적 개념인 말에 묶이게 되는 잘못을 지적해주는 말이다. 진리는 언어로 표현될 수도 없으며 오직 체득해야만 한다. 허상인 에고를 마음에서 완전히 뽑아버리게 되면 마음이 고요한 상태가 되어 '나 없음'을 체득하게 될 때 스스로 그 모습을 드러내게 된다. 진리를 깨닫는 것은 지식으로 불가능하며 오직 에고가 사라진 뒤에 스스로 나타남으로써 체득할 수밖에 없다.

⊙ 죽음에 대한 두려움은 왜 생기는가?

그것은 죽음 이후의 상태를 알지 못하는 것에서 오는 두려움이다. 다시 말해서 자기 존재성에 대한 근본을 모르기 때문에, 도대체 자기는 어디에서 와서 어디로 가는지를 모르기 때문에, 세상에서 살아가고 있는 삶 그 자체도 두려움이고 죽은 이후에 대해서도 두려움만이 남아있는 것이다. 삶에 대한 두려움과 죽음에 대한 두려움을 해결할 수 있는 유일한 방법은 자신의 참 모습인 본성을 깨닫는 길밖에 없다.

⊙ 현상계는 실재하고 있는 것이 아닌가?

　사람들은 이 세상이 눈에 보인다 하여 실제로 존재하고 있는 실상세계라고 착각하고 있다. 한 가지 예를 든다면, 우리가 꿈을 꾸고 있는 순간에는 그 꿈이 실상세계라고 착각한다. 그러나 꿈에서 깨고 나면 자기가 지금까지 실감나게 살았던 그 모습이 하나의 허상에 불과하고 아무 의미가 없다는 것을 깨닫게 된다. 마찬가지로 지금 우리가 실재하고 있다고 믿으며 살아가고 있는 이 현상계는 우주의식이 꾸는 하나의 꿈에 불과하다. 우리는 현재 이 삶속에 들어있기 때문에 그것을 추호도 눈치채지 못하고 있을 뿐이다. 그러나 이 현실에서 깨어나는 순간에 우리가 지금까지 살아왔던 이 수많은 사연과, 만났던 수많은 인연과, 벌어졌던 수많은 사건들이 모두가 부질없는 한바탕 꿈이었다는 것을 알게 된다. 우리가 진리를 깨닫게 되면 지금까지 목매달며 살았던 이 세상이, 그리고 이 인생이 허망한 꿈에 불과하다는 것을 알게 된다.

⊙ 깨닫고 나면 전생을 볼 수 있는가?

전생은 깨닫지 못한 중생이 자신을 육체와 동일시하고 자아에 집착하기 때문에 생긴 개념일 뿐, 깨달은 사람은 전생이나 윤회란 것이 의식에게 속은 에고가 일으킨 하나의 착각임을 안다.

⊙ 업은 어떻게 형성되는가?

업이란 본래 없으며 '나'라는 것이 있다는 착각 때문에 생긴 거짓 개념이다. 현상계의 모든 존재는 연기법칙에 의해 상대성으로 생겼으니 주체적 자아가 없는데 누가 업을 짓고 누가 윤회를 한단 말인가?

⊙ 깨달은 사람은 육체를 벗은 후에 어떻게 되는가?

깨닫지 못한 사람은 육체를 벗은 후에도 그 에고가 만들어 놓은 상념체가 계속 존재함으로써 영계에 머물다가 윤회를 반복하게 된다고 착각하지만 육체를 벗는 순간에 개체의식도 사라지기 때문에 그대로 진아로서 존재하게 된다. 그것은 독립된 개체로 존재하는 것이 아니라 본성으로서 모든 삼라만상 가운데 그대로 존재한다는 뜻이다. 그러므로 깨달은 사람이나 깨닫지 못한 사람이나 본래성품이기 때문에 육체가 죽은 후에 또 다른 형체를 가지고 다른 세상에서 사는 것이 아니다. 깨달은 사람은 독립된 자아는 원래 없음을 깨달아 항상 진아로서 육체의 유무와 상관없이 절대적 존재로서만 영원하게 존재한다는 것을 확연히 알 뿐이다.

⊙ 사람에게 인생은 무슨 의미가 있는가?

인생에는 아무런 의미가 없다. 아니 인생 그 자체가 없다. 우리가 살고 있는 이 현실세계조차 실상이 아닌 허상세계이기 때문이다. 마치 실재하지도 않는 꿈을 꾸고 나서 그 꿈이 어떤 의미가 있는가 하고 묻는 것과 같다. 바다에 바람이 불면 파도가 출렁이며 물거품을 일으켰다 사라진다. 그때 물거품이 무슨 의미를 가지고 있느냐고 묻는 것과 같다. 맑은 하늘에 뜬구름이 하나 떴다가 사라지는 것을 보고 저 구름이 어떤 의미를 가지고 있느냐고 묻는 것과 같다. 인생의 허구성, 이것을 철저하게 깨닫고 오직 영원한 존재인 진아를 아는 것만이 자기 존재의 참 의미를 깨닫는 길이다.

ⓞ 각종 예언서는 어떻게 받아들여야 하는가?

예언서란 이 세상의 미래에 일어날 일들을 적어 놓은 문서를 말한다. 구도자에게 있어 이 세상은 한갓 덧없는 환상에 불과하다. 천체가 어떻게 변하든, 지축이 어떻게 변하든, 지각이 어떻게 움직여서 어디에 지진이 나고 화산이 폭발하든, 언제 구세주가 나타나서 인류를 구원하든 이것은 모두 이 세상과 육신에 매여서 살아가고 있는 세속인들에게나 관심있는 문제지 진리의 근본을 찾고자하는 구도자에게는 아무런 의미도 없는 것들이다. 실제로 진아를 알게 되면 이러한 세상의 예언서들이 얼마나 허무맹랑하고 얼마나 우스꽝스러운지를 깨닫게 된다.

ⓞ 당신의 스승은 누구인가?

자연의 산천초목 풀잎 하나, 돌멩이 하나, 스승 아닌 것이 없다. 지금까지 살면서 인연 맺어온 모든 사람들이 스승 아닌 이가 없다. 지금까지 살아오면서 지지고 볶고 고뇌하면서 견뎌왔던 모든 사건들이 다 스승 아닌 것이 없다. 특히 구도의 길을 걸어갈 때 각 과정마다 한 파트씩을 담당했던 외형적 스승들도 대단히 중요한 존재들이다. 그러나 외형적 스승들은 어디까지나 가이드에 불과하다. 진정한 스승은 본래성품, 즉 내면에 있는 진아다.

⊙ 왜 깨달아야 하는가?

사람을 비롯한 삼라만상은 진리의 본래성품인 진아(眞我)에서 나왔다. 그러므로 진아적 삶을 살아가게 되어있는데 특히 인간이 성장하면서 에고가 생겨난다. 에고는 나라는 생각과 이 육체를 나와 동일시함으로써 나를 위해서 모든 생각의 초점을 맞춰놓는 이기주의적 발상을 말한다. 이러한 에고가 모든 것에 집착하게 되고 집착이 욕심을 낳게 되고 그 욕심으로 인해서 번뇌망상을 일으키고 희노애락애오욕의 감정에 휘말리게 된다. 그리하여 급기야는 깊은 고통 속에 빠지게 된다.

이처럼 본래 진리체로 존재해야 할 인간이 거짓 자아인 에고가 형성됨으로써 인생은 너무도 처참한 고통의 늪에 빠진다. 이제 다시 본래의 여여하고 평화로운 대자유인으로 돌아가기 위해서는 원래 자신의 본래성품인 진아를 깨달아야만 한다. 진아를 깨닫고 지금까지 나라고 생각해왔던 거짓 자아를 확연하게 알게 됐을 때 인간은 더 이상 욕심과 집착, 번뇌망상, 시비분별, 희노애락 등 상대적 감정의 노예가 되지 않는다.

◉ 마음의 고통은 어디서 오는가?

개체의 마음은 에고다. 에고란 자기 자신을 위하는 마음이고, 욕심내는 마음이고, 집착하는 마음이기에 그것들이 자기가 원하는 상태로 이뤄지지 않았을 때는 고통을 당하게 된다. 그러므로 개체적 존재로서의 나는 본래 없음을 깨달아야만 고통으로부터 해방될 수 있다.

◉ 깨닫게 되면 신통술이 생기는 것이 사실인가?

수행을 하는 과정에서 집중을 하다보면 각자의 발달한 부분에 따라서 신통술이 나타나기도 한다. 불교에서도 육신통을 이야기하고 있고 그 외에 잡다한 여러 가지 신통술이 많이 있다. 그러나 중요한 것은 완전한 열반의 경지에 도달하기 전에 나타나는 신통술은 하나의 장애물로 간주하면 된다는 사실이다. 실제로 지금까지 많은 구도자들이 수행의 과정 속에서 나타나는 신통술에 매여서 공부를 끝까지 이어나가지 못하고 사도(邪道)에 빠진 일이 너무도 비일비재하다.

완전 무아의 경지만이 진정한 통 아닌 통이고 나머지들은 모두 마음작용에서 일어난 쓰레기에 불과하다. 완전 열반 경지에서 부처를 이룬 후에 그때그때 필요에 의해서 자유자재로 사용하는 무아행이야 말로 진정한 신통술이다. 에고가 남아있는 상태에서 나타나는 기적은 구도자를 망치게 하는 아상만 키운다는 사실을 명심해야 한다.

⊙ 천국이나 극락세계는 어디에 있는가?

어느 날 예수님에게 제자가 물었다. "선생님, 하나님 나라는 어디에 있습니까?" 그러자 예수님이 말씀하셨다. "하나님 나라가 여기에 있다 저기에 있다 말하지 마라. 하나님 나라는 오직 내 마음속에 있느니라." 완전세계는 내 마음밖에 있는 것이 아니다. 내면속에 항상 있는 본래성품이 곧 완전세계다. 진아를 깨닫는 그때에 불완전한 상대적 현상계가 아닌 완전한 절대적 존재인 참나를 알게 된다.

⊙ 조상 제사를 지내야 하는가?

사람이 죽어서 육체를 벗으면 순수의식이 된다. 순수의식은 물질이 아니기 때문에 물질로 된 음식을 필요로 하지 않는다. 그런데 사람들은 숭배사상에 입각해서 돌아가신 조상들에게 때가 되면 음식을 차려서 대접하는 것을 당연한 것으로 생각하고 있다. 이러한 관습이 급기야 고정관념을 만들어서 사람이 죽고 나서도 으레 제삿밥을 먹어야 하는 줄 알고 있다 그러므로 자손이 제사를 소홀히 하면 조상이 꿈속에 흉악한 몰골로 나타나 배고프다고 하소연을 하기도 한다. 이런 현상은 세뇌된 마음이 일으키는 불안심리, 즉 죄책감의 발현이다.

재미있는 사실은 제사 문화가 없는 서양인들의 경우에 죽어서 배고프다고 자손의 꿈속에 나타나는 조상이 단 한 사람도 없다. 깨닫지 못한 어리석은 사람들은 죽어서도 먹어야 하는 것으로 착각하고 있다. 어리석음 때문에 진실과는 거리가 먼 뒤죽박죽된 현상이 발생하고 있는 것이다. 마음속에 형성된 고정관념에 따라 각각의 사람은 천차만별의 의식 차원으로 나뉘어 살아가고 있다. 인간의 잘못된 상념이 이렇게 무서운 것이다.

◉ 깨달은 후에 육체를 끌고 다니며 보고 듣고 느끼며 말하는 존재는 누구인가?

깨닫기 전에는 허상인 에고가 주인이 되어 육체의 오관을 통해서 욕심과 집착, 시비와 분별, 삶속에서의 희노애락애오욕의 파도를 타면서 온갖 번뇌와 망상을 일으키고 그것으로 인해서 고통받고 살아간다. 그러나 깨달은 후에는 에고가 완전히 사라진 상태이므로 육체가 세상에 나올 때 본래성품으로서 순수의식이 함께 하고 있는데, 그 본래성품이 주인공이 되어서 있는 그대로를 보고 듣고 느끼며 말하고 생활하는 것이다. 그러므로 깨달은 후의 생활은 주어진 삶 그대로를 살아가는 순리적 삶이지 깨달은 어떤 독립적 존재가 인위적으로 삶을 끌고 가는 것이 아니다.

⊙ 구도자가 되려면 부부나 가족의 인연을 끊어야 하는가?

나라고 생각하는 육체에 대한 집착과 나와 연관된 사람, 일, 재물에 대한 모든 집착을 버리는 것이 구도자의 과정이다. 그러나 이것이 마음으로부터 끊어졌을 때에 진정한 무집착이지 생활 속에서 모든 인연을 끊는다는 것은 오히려 번뇌를 더하는 것밖에 되지 않는다. 인연을 끊는다는 것은 무심의 상태가 되는 것이지 무관심의 상태가 되는 것이 절대 아니다. 부부와 가족이 함께 생활을 해도 그 안에 집착과 시비와 내 것이라고 하는 에고의 생각이 들어있지 않으면 무집착이다. 그러나 육신은 가족을 떠나 산 속에 들어가 있다 하더라도 마음으로 걱정과 집착이 남아있으면 그것은 인연을 끊은 것이 결코 아니다. 그러므로 끊는다는 의미는 마음에서 모든 것을 내려놓는 무집착을 말한다.

⊙ 탐진치를 어떻게 하면 극복할 수 있는가?

부처님께서 인간 번뇌의 가장 뿌리에 해당되는 탐진치를 극복하기 위해서 계정혜를 말씀하셨는데, 욕심은 계율로, 분노하는 마음은 선정삼매로, 어리석은 마음은 지혜로 다스리라 하셨다. 탐진치로부터 벗어날 수 있는 방법은 탐진치의 근원을 찾아보는 데 있다. 탐진치는 거짓 마음인 에고가 만들어낸 허상이다. 이 허상을 한순간에 극복할 수 있는 방법은 바로 마음을 관찰하여 본래 나라는 것은 없음을 확연하게 깨달아 무아를 증득하는 방법밖에 없다. 무아를 체득하게 되면 거짓인 에고는 자연히 사라지게 되고 거짓 에고가 만들어 놓은 탐진치도 본래 없음을 알게 되는 것이다.

⊙ 어떤 사람들은 수련을 할 때 영적 스승이 나타나서 가르친다는데 영적 스승이란 어떤 존재인가?

주로 선도(仙道) 쪽에 이러한 현상이 많이 나타나고 있다. 수련자가 수련을 하고 있을 때 영계차원의 스승이 나타나서 지도를 해준다는 것인데 이것은 에고의 마음이 투영시킨 환상에 불과하다. '일체유심조'의 한 단면이라고 보면 된다.

⊙ 예수님이 원수도 사랑하라 하셨는데 속썩이는 남편을 용서할 수 없어 괴롭다. 어떻게 해야 하는가?

자신을 괴롭히고 있는 존재가 남편이라고 생각하고 있다. 그것이 바로 이기주의적인 에고가 만들어내는 거짓 마음이다. 남편을 자신의 소유물로 인지하고 있기 때문이다. 내 남편이라는 그 착각 때문에 남편이 마음에 들지 않는 행위를 했을 때, 당신의 에고가 상처를 입게 되고 그 상처가 당신에게 고통을 가져다주는 것이다. 원래 나라는 생각도 착각이며 내 것이라는 생각은 더더욱 있을 수가 없다. 이러한 착각의 인연 속에 갇혀있는 한 집착은 계속될 것이며, 그 집착으로 일어나는 번뇌와 망상 그리고 고통이 삶 속에서 한시도 벗어나지 않을 것이다. 이러한 모든 집착과 번뇌에서 해방되는 길은 마음으로부터 연결되어 있는 모든 집착을 끊고 나라는 것마저 본래 없음을 깨닫는 것뿐이다.

⊙ 깨달음은 자기완성인가?

　인간이나 자연은 원래 완전하다. 거짓 마음인 에고가 들어차 있을 때 나라는 존재가 생겨나게 되므로 불완전하다고 생각되는 것이다. 그러므로 깨달음이란 감추어져 있던 완전함이 드러나는 것이지 개체인 자기가 완성되는 것이 아니다. 많은 구도자들이 이 문제를 착각하고 있다. 즉 도를 닦아서 개체가 완성되는 것으로 착각하고 있다는 말이다. 그래서 신통술을 선호하고, 깨닫고 나면 자기가 엄청난 존재로 둔갑하는 줄 안다. 깨달음은 자기완성이 아니라 철저한 '자기 없음'이다. 에고가 완전히 사라지고 진아로만 존재하는 것, 즉 완전함이 그대로 드러나는 것이고, 이 세상은 원래 한 순간도 완전하지 않은 적이 없었으며 본래성품으로서의 나 자신도 완전하지 않은 적이 없었다. 다만 에고로 인해서 그것을 모르고 살아가고 있을 뿐이다.

⊙ 남들은 다 잘사는데 나의 삶은 왜 불행의 연속인가?

　남들은 다 잘살고 나만 불행하다고 생각하는 것은 누구인가? 인간은 누구나 에고의 마음으로 볼 때에 자기 자신이 가장 불행한 법이다. 에고가 사라지고 진아적 차원에 서게 되면 이 세상에는 잘사는 사람도 불행한 사람도 없다. 그러한 판단 기준인 내가 없기 때문이다. 불행하다고 느끼는 그 마음, 그 에고를 근본적으로 뿌리 뽑지 않는 한 인생은 물질이 풍요롭든지, 권력이 높든지, 이름이 널리 알려졌든지 상관없이 늘 불행하게 된다.

⊙ 깨달음이란 자아가 사라지는 것인데 누가 본래성품을 깨닫는 것인가?

깨달음은 개체인 에고가 완전히 사라졌을 때 진아가 스스로 드러나는 것을 말한다. 그것을 우리는 "깨달았다"고 표현할 뿐이다. 굳이 깨달은 것이 누구냐고 따진다면 에고가 사라진 그 순간에 순수의식이 본래성품을 안 것이다. 그것은 즉 진아의 순수의식이 자신의 본래 모습을 드러냄으로써 의식이 깨달았다는 것이다. 독립된 주체라고 착각하는 에고가 진아를 보는 것이 아니다. 그리고 순수의식은 분리된 개체의식이 아니다. 굳이 설명하자면 의식이 착각에서 벗어나는 순간 순수의식이 되어 자신의 본래성품을 보는 것이다. 개체성이 사라졌을 때 드러나는 것이므로 개체인 에고가 남아있는 한 절대로 진아를 알 수가 없다.

⊙ 집착과 욕심을 다 버리고도 세상을 살아갈 수 있는가?

사람들은 세상을 착각 속에서 살아가고 있다. 에고라는 놈은 자기가 집착하고, 자기가 욕심을 부려야만 모든 것이 자기 것이 된다고 믿는 놈이다. 그러나 실제에 있어서는 집착이나 욕심과는 달리 주어지는 것은 순리 그대로 주어진다는 사실을 알아야 한다. 집착과 욕심은 큰 번뇌와 고통을 안겨줄 뿐 실제로 가져다주는 것이 아무것도 없다. 오히려 집착과 욕심을 모두 버리고 무아가 됐을 때 지극히 편안한 가운데 일을 할 수 있고, 그로 말미암아 순리에 의한 물질과 인과관계를 그대로 받아들임으로써 오히려 세상을 잘살 수 있게 된다.

⊙ 수행이 깊어지면서 오는 환희심이나 삼매를 깨달음이라고 볼 수 있는가?

환희심은 마음이 비워져가는 과정에서 나타나는 하나의 현상일 뿐이다. 마음이 비워질수록 잔잔한 기쁨이 느낌으로 나타나기도 하고 빛으로 나타나기도 한다. 그러나 그 자체는 깨달음이 아니다. 깨달음은 확연하게 무아를 증득하여 본성인 진아로 존재하는 것이다.

◉ 깨닫고 나면 모든 일이 만사형통 뜻대로 된다고 하는 의미는 무엇인가?

이것은 에고의 마음이 일으키는 육체적 삶이 만사형통 된다는 뜻이 아니다. 육체는 태어나는 순간에 이미 죽을 때까지의 운명을 가지고 태어난다. 살아가는 중간에 깨달았다고 하더라도 육체에 부여된 운명은 변화하지 않는다. 그렇다면 깨닫고 난 후에 모든 뜻이 만사형통으로 이루어진다는 의미는 무엇일까? 깨달은 사람이란 참나가 육체가 아니라는 것을 아는 사람이다. 즉 진아는 개체적 자아가 아니라는 것을 알았다는 뜻이다. 본성은 진리며 진리는 순리로서만 작용하는 것이다. 모든 것이 순리대로 돌아가니 만사형통이 아니고 무엇이겠는가? 에고의 마음으로 볼 때는 도저히 양이 차지 않는 말이지만 진아의 입장에서 보면 순리만큼 만사형통도 없다.

◉ 종교를 통한 참회에서 오는 편안함과 깨달은 후에 오는 평안함의 차이는 어떤 것인가?

종교에서의 참회는 자신이 지은 죄에 대한 용서를 받았다는 것에서 오는 일시적이고 부분적인 편안함이다. 그러나 깨달음에서 오는 평안함은 허상인 에고가 사라지면서 덮어 누르고 있던 고통이 사라지고, 참나의 존재가 확연히 드러나면서 오는 근본적이고 영구적인 평안함이다. 이 평안함은 다시는 깨어지지 않는다. 종교적 참회에서 오는 편안함은 그때가 지나면 다시 불안해지고 또 참회를 해야 하지만 깨달음에서 오는 평안함은 단 한 번만으로 영구적으로 지속된다는 차이가 있다.

◉ 수행을 하는 데는 채식을 하는 것이 좋다고 하는데 정말인가?

채식을 하게 되면 정신이 맑아지고 몸도 가벼워진다. 그러므로 구도자에게 채식 위주의 식단은 상당히 효과가 있다. 그러나 가끔 육식을 하는 것도 좋으며 너무 완전한 채식을 할 때에 거기에서 오는 괴리감을 극복하지 못하는 수도 있다. 그러나 깨달은 사람은 채식과 육식을 전혀 가릴 필요가 없다. 그런 것 자체에 걸림이 없기 때문이다. 엄밀하게 말하자면 어떠한 계율도 깨달음에 필요한 조건은 아니다.

⊙ 일을 하려면 목적이 있어야 하고, 목적을 달성하려면 성취욕이 있어야 하는데 이것 또한 욕심이 아닌가? 그렇다면 욕심 부리지 않으려면 일도 하지 말아야 하는 것인가?

개체의 마음인 에고는 반드시 일을 하기 위해서 목표가 있어야 한다. 그리고 일을 할 때 성취하고자 하는 욕심을 동반하게 된다. 그러나 깨달은 사람은 일을 그냥 일로 하는 것이지 어떤 목적을 달성하기 위해 하는 것이 아니다. 다시 말해서 삶을 주어진 그대로 순리대로 사는 것뿐이지 무엇을 달성하기 위해서 인생을 사는 것이 아니라는 말이다. 그러므로 욕심이 없다고 해서 일을 하지 않는 것이 아니다. 집착하지 않는다 해서 더불어 살지 않는 것은 아니다. 다만 일을 하고 인생을 살아가는 데 있어서 집착하지 않고 내가 한다는 생각 없이 일하고 살아가는 것이 다를 뿐이다. 엄밀히 말하면 의지적으로 살아가는 것이 아니라 순리적으로 살아지는 것이다.

⊙ 유독 한국에 자칭 미륵불, 정도령, 재림예수 등이 많은 이유는 무엇인가?

한국은 예부터 이러한 특정한 인물에 대한 예언서가 많이 존재해 왔다. 그렇기 때문에 그러한 문화적 토양이 이러한 착각에 빠질 수 있는 함정을 제공해왔던 것이다. 이러다 보니 다른 나라의 구도자들에게서는 찾아보기 힘든 구세주 병에 한국 사람들은 많이 빠지게 된다. 구도자가 수행을 하다보면 자기 극대화가 일어나는 경우가 많다. 자신이 선망해왔던 미륵불이나 정도령, 재림예수 등이 자기 자신이라는 대단히 큰 착각에 빠지게 된다. 그리고 또한 맹신자 부류에 속하는 사람들은 늘 생활 속에서 그러한 예언에 관한 이야기를 들어왔고 기다렸기 때문에 어떤 사람이 나타나서 그럴듯한 감언이설을 하게 되면, 그들의 주파수에 맞는 사람들이 모여들어서 하나의 집단을 형성하게 되는 것이다. 20세기만 해도 한국에 자칭 미륵불, 정도령, 재림예수가 헤아릴 수 없을 만큼 많이 있었으며, 지금 이 시각에도 그런 단체가 상당수가 있다는 사실을 미뤄볼 때 이것은 정도가 아닌 사도에 불과하다는 것을 알아야 한다. 정도는 오직 자기 자신의 본성을 깨닫는 것이다. 누가 누구를 구원하고 누구에게 구원을 받는단 말인가?

◉ 내가 현재 이렇게 존재하고 있는데 '나는 없다' 라고 하는 뜻은 무슨 의미인가?

우주의 절대정신이 만물을 화생시켰다. 그러므로 진리 입장에서는 이 세상 모든 만물이 그대로 하나지 각각의 개체가 너니 나니 하는 분별이 없는 것이다. 그런데 인간이 태어나서 성장함에 따라 그 마음속에 에고가 생기게 됐다. 그 에고는 나라는 생각, 즉 이 육체만이 나라고 하는 착각을 불러일으키게 되고, 이것이 나이기 때문에 저것은 너라고 하는 분별심과 시비심이 생겨나게 된 것이다. 이 우주 전체가 한의식에서 나온 하나의 몸이다. 그러나 깨닫지 못한 모든 사람들은 각각으로 나누어진 육체를 자기 자신이라 생각하고 그 이외의 것은 내가 아니라고 생각하고 있다는 것이다. 하지만 진리 입장에서 볼 때 나라고 하는 개체는 원래 존재하지 않는다. 더 큰 의미로 본다면 이 육체만이 내가 아니라 우주 전체적인 측면에서 모든 것이 하나기 때문에 너나가 없는 가운데 우주 삼라만상이 모두 참나의 현현이라는 것이 정확한 표현이라 할 수 있다.

⊙ 육체가 참나가 아닌 허상이라면 육체를 함부로 굴려도 상관이 없는가?

정확히 표현하자면 이 육체만이 나는 아니라는 말이다. 깨닫지 못한 사람이 육체를 자기와 동일시 여기고 육체에 집착하는 그것 때문에 문제가 되는 것이지, 에고가 없는 상태에서 보면 육체는 그 자체로서 진리의 화현이다. 즉 깨달은 사람에게는 진아가 나투어서 세상에 드러난 성전이 바로 육체다. 그러므로 진아가 드러나 있는 동안에는 그 성전인 육체를 집착된 마음이 아닌, 진리 그 자체로서 순리대로 살아가면 된다.

그리고 육체를 소중히 여기는 사람이나 함부로 굴리는 사람이나 각자의 배역에 따라 주어진 각본에 의해서 저절로 그렇게 되는 것이지, 개체의 자유의지로 그렇게 하는 것이 아니다.

⊙ 깨달음을 얻기 위해 단식을 하는 것은 좋은가?

수행을 잘하는 데에는 몇 가지 좋은 방편이 있다. 그중 하나가 단식이다. 우리 몸속에 음식물이 들어가면 몸의 각 기능과 세포는 계속해서 그것들을 소화 흡수하기 위해 긴장하고 있으며 정신 또한 각 기관들을 통제 운영하느라 바쁘게 된다. 이때 음식물을 끊어주면 몸과 마음에 여유가 생기고 필요한 에너지를 자신의 몸속에 불필요하게 축적된 부분에서 가져다 쓴다. 이 때문에 몸과 마음이 깨끗하게 정화되고 수행에 집중하기가 훨씬 유리해진다. 단 계속 먹었던 습관이 끊긴 데에 따른 괴리감, 즉 배고픔과 싸워야 한다. 수행인이라면 공부의 진전을 위해 한번쯤은 해볼 필요가 있다. 그러나 처음부터 무리해선 안 되고 또한 습관적으로 자주 할 필요도 없다. 근기에 따라 다르지만 열흘 이상은 피하는 것이 좋고 너무 무리하면 정신에 이상이 생기고 환각이나 착각 증세가 나타나기도 한다. 스승의 지도를 받으며 하는 것이 가장 좋다.

◉ 깨닫고 나면 극락세계에 가는 것도 아니고 '무'로 돌아간다면 우주에서 완전히 사라진다는 것인데 너무나 허무하지 않은가? 결국 사라지기 위해서 그 어려운 수행을 할 필요가 있는가?

에고인 개체의 입장에서 보면 완전히 사라지니 허무하겠지만 진아의 입장에서 보면 본래성품 그대로 존재하게 된다. 진아를 깨닫지 못하는 한 그와 같이 어리석은 의문은 끝이 없다. 그러므로 먼저 깨달아야 한다. 도는 허무주의가 아니다. 성불이란 '본래 나 없음'을 깨닫는 것이므로 태어난 내가 없으니 죽어서 사라질 나도 없다는 것을 증득한 상태를 말한다.

◉ 깨닫기 위해서 경전 공부를 하는 것은 도움이 되는가?

참 어려운 문제다. 깨닫지 못한 사람은 어리석기 때문에 도처에 함정이 기다리고 있다. 경전이 성인들의 말씀인 것 같으나 많은 부분이 왜곡되어 있기 때문에 길을 가는 사람들을 엉뚱한 방향으로 몰고 가는 끔찍한 일이 발생하게 된다. 잘못된 표지판을 따라가다 낭떠러지에서 떨어지거나 깊은 산 속에서 헤매다 죽는 사람도 많다. 그러므로 경전에 매달리는 것은 마치 어린아이가 폭탄을 가지고 노는 것과 같다. 그러나 경전에 매이지만 않는다면 무지에서 약간의 지혜를 얻을 수 있는 정도는 된다. 하지만 깨달음은 절대적 체험이다.

⊙ 구도자가 가장 조심해야할 것은 무엇인가?

첫째, 구도자는 수행이외의 세상사에 관심을 갖지 않는 것이 중요하다. 남의 일에 참견하기 좋아하고 남의 말 하기 좋아하는 사람은 마음이 항상 밖을 향해 있기 때문에, 구도자 흉내는 낼 수 있을지 모르지만 진정한 구도자가 될 수는 없다. 구도자는 깨닫기 전까지는 눈 가리고 귀 막고 입을 닫아야 한다. 그리고 오직 내면으로 마음을 집중시켜야 한다.

둘째, 현재 도인임을 자처하는 사람들의 99%가 빠져있는 미세한 착각이 있다. 그것은 바로 '나'라는 존재다. 수행을 열심히 하다보면 욕심과 집착, 시비분별, 희노애락애오욕, 탐진치 등을 모두 극복했다고 착각하고 '나는 마음이 없다' '나는 욕심이 없다'라고 말한다. 그러므로 '나는 부처다'가 되는 것이다. 어떠한 경우에도 끝까지 '나'라는 존재가 붙어있다. 이것이 자기 극대화라는 것이다. 깨달음이란 개체인 나라는 에고는 완전히 사라지고 본래성품만이 영원히 존재하는 것이다.

◉ '참나'는 무엇인가?

이 세상에서 이것보다 더 근본적이고 더 커다란 질문은 없다. 인간이 추구하고 있는 물질과 권력과 명예, 이러한 모든 것을 쟁취하고자 하는 그 '나'의 정체를 밝히는 것이 모든 의문을 푸는 열쇠다. 이 육체 속에 들어있는 눈과 코와 귀와 입은 내가 아니다. 또한 먹고, 숨 쉬고, 소화하고, 배설하는 오장육부도 내가 아니다. 모든 것을 생각하는 의식도 내가 아니고 내면에 숨어있는 잠재의식도 내가 아니다. 내가 지금까지 나라고 생각했던 그 모든 것이 전부 사라지고 나면 그때야 진정한 참나가 드러나게 되는 것이다. 나라고 생각했던 그 모든 것이 사라지고 나면 본래 청정하여 한 티끌도 때 묻지 않은 깨끗한 진아만 남는다. 그것이 곧 본래성품이며 에고가 생겨나기 이전의 참나인 것이다.

우리는 육신이 생기면서 이 육신을 나라고 착각하고 살아왔다. 이 착각에서 벗어나지 않는 한 절대로 우리의 삶은 행복할 수 없으며 원래의 참나를 알 수도 없고 중심이 무너진 상태기 때문에 항상 우리의 삶은 번뇌와 고통으로 다람쥐 쳇바퀴 돌듯 하는 것이다. 그러므로 이제까지 나라고 주장했던 그 모든 생각을 다 버리고 나면 원래 진정한 참나는 저절로 드러나게 된다.

⊙ 유교의 중용과 불교의 중도는 어떻게 다른가?

중용이란 과하지도 불급하지도 않은 적당한 상태, 즉 중간적 입장을 말하는 것이다. 그러므로 중용이란 세간법으로서 세상을 살아가는 지혜라고 볼 수 있다. 양극단에 치우치지 않도록 끊임없는 노력으로 매사에 조절을 잘해야 한다. 그러나 중도는 양극단의 중간적 상태가 아니다. 유무, 선악, 미추, 생사, 피차 등의 상대적 시비분별심이 완전히 사라져서 양극이 나누어질 수 없는 하나로 합일된 상태다. 그러므로 중도란 출세간법으로서 에고를 가지고는 절대로 근접할 수 없는 본래성품이다.

⊙ 종교에서 사탄이나 마구니로 표현되는 악마는 어떤 존재인가?

모든 구도자들에게는 마지막 깨달음을 얻기 전에 각자에게 가장 큰 장애물이 시험으로 다가오게 된다. 그때 그 고비를 당당히 이겨내야만 깨달음을 얻고 세상 모든 번뇌로부터 해탈할 수 있다. 그런데 사람들은 이런 시험을 외부로부터 온 시험으로 잘못 알고 있다.

사탄이나 마구니의 시험은 바로 자기 마음속에서 일어나는 것이다. 시험을 일으키는 것도 자기 마음이요, 그 시험을 극복해내는 것도 자기 마음이다. 그러므로 마음을 벗어나서는 한치도 진리를 논할 수 없다.

⊙ 깨달은 사람도 운명의 적용을 받는가?

인간의 육체는 연기적 인과법칙으로 이 세상에 태어나는 순간부터 운명이 결정되어 있다. 현대 과학에서도 인간 게놈 프로젝트가 완성되면 유전자 분석을 통해서 개인의 타고 난 모든 정보를 손바닥 들여다보듯이 알 수 있게 된다는 사실을 밝혀내고 있다. 연기법칙에 의해 생멸하는 개체로서는 당연한 일이다. 이처럼 각각의 운명은 이 육체가 죽는 그 순간까지 이미 정해져 있다. 그렇다면 깨달은 사람은 운명을 초월한다는 말은 무엇일까?

연기적 인과법칙인 운명의 적용을 받는 육체는 참나가 아니다. 깨달았다고 하는 것은 참나를 깨달은 것이고 깨달은 사람이란 자기 자신이 절대인 본래성품이라는 것을 아는 사람이다. 그러므로 깨달은 사람은 육체가 적용받고 있는 운명에 휩쓸리지 않는다. 그 육체 위에 초월된 상태로 바라보고 있을 뿐, 그 육체가 겪는 그 어떠한 운명에도 들어있지 않다. 만약에 육체가 받고 있는 운명에 대해서 괴로워하거나 자기가 고통을 받고 있다고 인식된다면 그것은 깨달은 사람이 아니다. 육체는 죽는 순간까지 연기성에 의한 운명을 그대로 적용받을 수밖에 없다. 그러므로 운명의 적용을 받는 것은 육체고 깨달은 사람은 육체가 아니므로 운명의 적용을 초월해 있는 것이다.

◉ 깨달은 사람은 죽은 후에 부활하여 영생하는가?

　깨달은 사람은 '나라는 것은 본래없다'는 무아를 증득했으므로 육체가 있든지 없든지 진아로서 절대적 본성으로 존재한다. 그런데 깨달은 사람들의 말씀은 진리를 세상 사람들이 알아듣기 쉽도록 비유로 풀어놓은 것이기 때문에 언어 자체에 매이게 되면 자못 심각한 실수를 하게 된다. 부활이나 영생이라고 하는 그 말 속에 사람들은 형체를 가지고 부활하여 영생하는 것으로 착각하게 된다. 진아는 진리적 근본이므로 하나의 독립적 형태를 띠고 있지 않다. 지금까지 이러한 깨달은 사람들의 비유적 언어 때문에 많은 사람들이 깨달은 후에도 죽게 되면 인간 몸과 닮은 영체를 가지고 부활하여 영생하는 것으로 착각하는 것이다. 깨달은 사람은 자아가 없으므로 태어난 적도 없고 죽음도 없이 본성 그 자체로 존재할 뿐이라는 사실을 알고 있다.

⊙ 깨달은 후에 육체적 삶은 어떻게 살아가는가?

깨달은 사람은 개체적 에고가 없는 상태이므로 너와 나의 시비분별심이 없다. 그러므로 진아적 삶이 순리의 흐름을 따라가는 삶을 살게 되는데 순리적 삶이란 있는 그대로의 삶이다. 깨달은 사람은 어떤 행위를 하건 일체 에고가 들어있지 않으므로 무심으로 행하게 된다. 그러므로 깨달은 사람의 삶은 무아행, 즉 행위자가 없는 순리적 행위다. 이것을 다르게 표현하면 진아의 절대성에 완전히 맡기라는 것이다. 이렇게 할까 저렇게 할까 생각하고 고민하면 번뇌가 된다.

⊙ 사람의 운명이 정해져 있다면 자유의지는 없는가?

인간을 비롯한 현상계의 모든 사물은 그 안에 고정된 자아가 없으므로, 상호의존에 의한 연기성으로 존재하기 때문에 인과법칙이라는 현상이 나타나는 것이다. 어떠한 사물에도 독립된 주체로서의 자아가 없는데 어떻게 자유의지가 있을 수 있겠는가? 설혹 자유의지라는 것이 있다고 할지라도 그것을 행사할 독립된 존재로서의 내가 없으니 허공에 떠다니는 개념일 뿐이다. 이런 실재하지 않는 존재인 에고가 성립될 수 없는 개념인 자유의지를 행사하고 있다고 착각하는 것이 바로 근본무명이다.

◉ 삼매란 무엇인가?

삼매란 의식과 감각이 끊어진 상태를 말한다. 우리는 이 상태를 명상을 통해서 체득할 수 있다. 처음에는 마음이 고요하게 비어진 상태에서 점차적으로 삼매가 이루어진다. 수행이 깊어지면 깊어질수록 삼매의 시간도 길어진다. 그러나 선정삼매가 아무리 깊어져서 일체의 생각이 끊어진 상태가 오래 지속된다 해도 깨달음의 상태는 아니다. 요가 등 사마타 수련을 하는 사람들이 여기에 집착하는 경우가 종종 있는데 이는 잘못된 것이다. 삼매에도 크게 두 가지 종류가 있는데 일시적 삼매와 본연적 삼매가 그것이다. 삼매상태에서 깨어난 후에 나라는 개체의식이 있으면 에고가 그대로 있으므로 무아를 깨닫지 못한 일시적 삼매고, 의식이 있거나 없거나 상관없이 항상 에고가 없는 본래성품으로서 깨달음의 상태가 본연적 삼매다.

◉ 오매일여란 무엇인가?

말 그대로 의식이 있거나 없거나 한결같다는 뜻이다. 오매일여라는 용어가 생겨난 것은 중국의 선사인 설암이 그의 제자인 고봉과 나눈 선문답에서 유래되었다.

설암 : 낮에 분주할 때도 한결 같으냐?

고봉 : 한결 같습니다.

설암 : 꿈속에서도 한결 같으냐?

고봉 : 한결 같습니다.

설암 : 그럼 잠이 콱 들어 있을 때는 주인공이 어디 있느냐?

여기서 고봉은 말문이 막히고 말았다. 사람의 생활 형태는 크게 세 가지로 구분된다. 깨어있는 상태, 꿈꾸는 상태, 깊이 잠든 상태가 바로 그것이다. 이 세 가지 중에 깨어있는 상태와 꿈꾸는 상태는 의식이 있는 상태고, 깊이 잠든 상태는 의식이 없는 상태다. 고봉의 경우 몽중일여는 되는데, 숙면일여에 대해서는 그만 말문이 막히고 말았다. 이때부터 견성을 했는지 알아볼 때 오매일여가 되는지를 물어보게 되었다. 무아를 깨닫지 못하면 오매일여라는 뜻 자체를 오해하게 되어있다. 오늘날 화두를 공부하는 수많은 수행자들이 전부 여기에 걸려있다. 깨어있을 때와 꿈속에서는 한결같이 화두를 놓치지 않고 정진할 수 있는데, 그만 깊이 잠들어버리면 의식이 없는 상태가 되므로 화두를 놓치고 마는 것이다. 그러니 화두를 놓치지 않으려고, 즉 깊은 잠에 빠지지 않으려고 장좌불와를 하는 것이다. 수마에 떨어지지 않으려는 필사의 노력인 셈이다. 진리를 바로 이해하지 못하면 아무 죄 없는 육신만 괴롭히게 되는 것이다. 시비분별할 나라는 존재가 본래 없는 것인데, 어느 놈이 화두를 잡고 있는가부터 바로 알아야 한다. 나라고 집착했던 에고는 본래 없다는 것, 즉 무아를 깨달으면 자든지 깨든지 그대로 한결 같은 것이다. 무아를 체득한 열반의 상태는 생멸마저 없는 생사일여인 것인데 오매일여쯤이야 무슨 시비꺼리가 되겠는가.

깨달음의 노래

태양은 그림자가 없다

태양은 그림자가 없다.
태양은 모든 사물을 비추어
그림자를 만들어내지만
그 어느 것도 태양을 비출 수 없다.
태양 자신도 스스로를 비출 수 없다.
왜냐하면 빛 그 자체이기 때문이다.
깨달음은 설명될 수 없다.
깨달음은 모든 개념을 포용하지만
상대적 개념을 초월해 있기에
그 어떤 언어로도 깨달음을 설명할 수 없다.
깨달음 자신도 스스로를 설명할 수 없다.
왜냐하면 진리 그 자체이기 때문이다.

원래 그 자리

구르는 저 돌멩이 원래 그 자리
하늘엔 구름한점 산새 지저귀고
시냇물 꿈결처럼 흐르고 있네
저 멀리 산천은 그대로 인데
바라보는 주인공은 변해 있구나
생사조차 없으니 오고감이 없어라.

인생

있지도 않은 삶을 저마다 부여잡고
힘들다 괴롭다 원망하네
어떤 이는 저 잘났다 으시대고
어떤 이는 저 못났다 풀이 죽네
살다 살다 지친 후에 허망한 줄은 알아서
"인생은 나그네길이다. 신기루다. 물거품이다.
새벽 이슬이다. 일장춘몽이다." 떠들고 있네
인생에 속고 사는 사람들아
가련하고 불쌍하구나
인생이란 원래 없다네

미륵불

긴 세월 목메어 부르짖던 님
지친 삶 오직 하나의 등불이었네
끝없이 염원하며 기다리던 사람들
하나 둘 한숨 속에 사라졌구나
제 속에 감춰두고 밖으로만 헤매이니
천년 만년 세월가도 찾을 길 없네
그 옛날 한소식 눈앞에 번쩍하니
자기 안에 자기 부처 모두가 미륵일세
아서라 말어라 찾지를 말어라
자기 부처 아니거든 찾지를 말어라

천상천하 유아독존

견성이다 해탈이다 홀로 들떠서
이리저리 진리 찾아 헤매어봐도
마음속 한점의혹 여전히 남네
원래 나 없다는 말 가슴을 치니
확철대오 한 순간에 천지가 아득
시비분별 끊어지니
나라는 존재는 없고
오직 불성만이 홀로있구나

본래모습

있는 모습 그대로이고
바람 부는 모습 그대로이고
구름떠있는 모습 그대로이고
물 흘러가는 모습 그대로이고
꽃이 피는 모습 그대로이고
낙엽 지는 모습 그대로이고
만물이 일어났다 사라지는 모습 그대로이다

초월

내가 없으니
생각을 해도 생각 속에 들어있지 않고
말을 해도 말속에 들어있지 않고
행을 해도 행 속에 들어있지 않고
다투어도 다툼 속에 들어있지 않고
기뻐해도 기쁨 속에 들어있지 않고
슬퍼해도 슬픔 속에 들어있지 않고
사랑을 해도 사랑 속에 들어있지 않고
살아도 삶 속에 들어있지 않고
죽어도 죽음 속에 들어있지 않다.

중생이 곧 부처

본래 자아가 없으니
부처와 중생이 따로 없네
바로 알면 부처요 잘못 알면 중생이라
중생이 부처 되는 것
손바닥 뒤집듯이 쉽건만
저 홀로 무거운 짐지고 걸어가니
인생길이 고달프다.

악순환

에고는 무지를 낳고
무지는 맹신을 낳고
맹신은 종교를 낳고
종교는 또 다시 맹신을 강요한다.

있는 그대로

기쁠 때 기뻐하고
슬플 때 슬퍼하고
사랑할 때 사랑하고
깨어있을 때 깨어있고
살아있을 때 살아 있으라

집착

그대여!
어찌하여 허깨비 인생에
그렇게도 목말라 하는가
그대여!
어찌하여 고통조차도 놓지 못하고
그렇게도 부여잡고 있는가
그냥 놓아버리게
그리하면 그대 삶을
스치고 지나간 고통조차도
아름다웠노라고 말 할 수 있으리라.

외로운 사람들

외로운 사람들이 있다
산에도 들에도 마을에도
진리를 찾아 헤매이는
외로운 사람들이 있다
진리는 새로운 것을 찾는 것이 아니라
본래 있는 그대로 라는 것을
사람들은 모른다

본래성품

이 몸과 마음에서 일어나는
모든 생각과 행위는
내가 한 것이 아니다
그것은 연기에 의해서 저절로
일어났다 사라질 뿐이다
나는 무책임하다
왜냐하면 책임질 나라는 것은
본래 없기 때문이다

대자유인

대자유인은
너와 나의 분별이 없고
옳다 그르다 시비가 없네
늘 본래성품 그대로이기에
일체의 변화무쌍한 가운데서도
흔들림이 없지
세상사 크고 작은 모든 일이
한 찰나에 일어났다 사라지는 물거품이니
마음에 흔적조차 없네
온 적도 없으니 갈 것도 없이
발자국 남지 않는 발걸음으로
물처럼 바람처럼 구름처럼
그 어디에도 걸림이 없으니
그야말로 대자유인이지